존중의 교실 안에서
민주시민으로
성장해 나가는

민주적 학급살이

김연민 지음

푸른칠판

민주적 학급살이

초판 1쇄 발행 2020년 11월 20일

지은이 김연민
발행인 송진아
편 집 아이핑크
디자인 로프박
제 작 제이오앤엔피
펴낸곳 푸른칠판
등 록 2018년 10월 10일(제2018-000038호)
주 소 경기도 안산시 단원구 광덕2로 216
팩 스 02-6455-5927
이메일 greenboard1@daum.net
ISBN 979-11-965375-9-3 03370

이 도서의 국립중앙도서관 출판예정도서목록(CIP)은 서지정보유통지원시스템 홈페이지(http://seoji.nl.go.kr)와
국가자료종합목록 구축시스템(http://kolis-net.nl.go.kr)에서 이용하실 수 있습니다.
(CIP제어번호:CIP2020047671)

교실 속 존중의 경험으로

교사는 학생을 존중한다. 이 명제를 거부하는 교사는 없을 것이다. 학생 한 명 한 명이 모두 소중한 존재라는 것을 머릿속으로 인식하고 다짐한다. 그러나 교사를 힘들게 하는 학생들을 만날 때, 도무지 통제가 되지 않는 상황에 놓일 때, 교사는 그 존중의 끈을 놓아 버릴 수도 있다.

"얘는 도대체 왜 이러는 거지?"
"이런 상황에서도 내가 참아야 하는 거야?"
"이런 학생도 존중받을 가치가 있는 것일까?"

이런 상황이 반복되면서, 학생들에게 강한 어조와 낱말을 사용하서

나 물리력을 행사하게 될 수도 있다. 이런 일이 꼭 교사에 국한된 것은 아니다. 누구나, 다른 이로 하여금 자신의 인내심이 한계에 이르렀을 때, 인간의 천부적 권리인 '존중'은 '선택'하는 낱말이 되어 버릴 수 있기 때문이다. 물론, 그로 인한 결과에 대한 책임은 온전히 자신의 몫이다. 성인과 성인은 서로의 행위에 대해 상호 책임을 진다. 그러나 우리가 머무는 곳은 학교이다. 여기서부터 고민이다.

교사 한 명의 관점으로 바라보는 학생은 수십 명이며, 이들의 성격도 제각각이다. 내 눈에 자꾸 튀는 학생이 '틀리게' 보이더라도, 누군가에게는 '다르게' 보일 수 있다. 내가 학생을 존중한다는 것은 '내 틀 안에 꼭 맞는 학생을 존중할 거야.'가 아니다. 내 생각의 틀에서 완전히 다르게 벗어날지라도 존중받아 마땅함을 인정하는 것이다. 이것은 학생과 학생 사이에서도 마찬가지로 적용된다. 우리는 모두 '그렇기 때문에'가 아니라, '그럼에도 불구하고' 존중받아 마땅한 존재임을 교실 안에 천명해야 한다.

"입장 바꿔 생각해 봐. 너는 기분 나쁘지 않겠니?"

학교에서, 또는 교실에서 학생 간의 문제를 해결하기 위해 많이 쓰는 말이다. 대부분의 학생들은 "상대방의 입장에서 생각해 보면 그럴 것 같다."라고 대답한다. 학생들은 정말 입장 바꿔서 생각하며 상대방에게 감정이입을 하는 것일까?

'역지사지'는 인간관계의 중요한 개념이지만, 이것이 실행되기는 쉽지 않다는 것을 많은 교사들이 알고 있다. 학생들이 입으로는 상대방을 이해한다고 하지만, 실제로 '이해했다면' 다음에는 그러지 않아야 하는데, 그 행동을 다시 반복하기 때문이다. 학생들은 역지사지를 이해했다기보다, 그 순간 교사의 잔소리로부터 벗어나는 방법을 이해했다는 것이 더 맞는 표현일지 모른다. (사실, 역지사지는 어른들도 하기 어려운 것이다.)

그럼 도대체 어떻게 해야 한단 말인가? 그 답을 찾기 위해 몇 년을 고통받았는지 모른다. 내가 찾은 답은 '다름'이 있음을 이해하고 인정하며, 공존하는 길을 모색하는 것이었다. 그리고 존중받는 경험을 통해 자신의 행동을 스스로 더욱 존중받는 길로 이끄는 것이다. 생각보다 괜찮았고, 그 경험을 나누고 싶었다.

이 책에서 소개할 내용들은 지난 6년간 교실에서 민주주의를 실천해 보자고 노력했던 이야기이다. 그리고 여전히 현재진행 중인 삶이다.

CONTENTS

1장

'내 안의 민주성'
깨우기

민주주의 국가에 사는 우리는 스스로를 어떤 시민으로 정의하고 있을까? 그 정의를 토대로 '교사'인 '나'는 어떤 모습으로 학생들을 만나고 있을까?

일상에서 만나는 비합리적인 시스템과 사건에는 분노하면서도, 정작 교실 내 비합리적인 시스템과 문제에 대해서는 '학교'라는 사회의 '특수성'을 핑계로 못 본 척 눈 감고 있지는 않을까? 혹은 통제감을 만끽하고 있는 것은 아닐까?

교실 민주주의를 실천하기 위해서는 교사의 권위 아래 잠자고 있던 민주성을 흔들어 깨우는 일부터 우리에게 필요할 것 같다.

1。민주주의를 모르는 사람도 있나요

"사회 교과 좋아하는 사람?"

의외로 많은 학생들이 손을 든다. 많은 이들이 암기 과목의 최고봉으로 꼽는 사회 교과 아니던가. 사회라면 페이지마다 쏟아져 나오는 수많은 인물과 전문용어와 연도 앞에서 좌절하면서도, 시험이 코앞에 닥쳐서야 공부하는 교과였으니 말이다. 그런데 사회 교과가 좋다고 말하는 학생들은 어떤 이유로 좋다고 하는 것일까? 이유를 들어보니 '역사'가 재밌어서란다.

'역사가 재미있다고?'

그것은 신선한 충격이었다. 왜냐하면 개인적으로는 역사 때문에 사회 교과가 싫었기 때문이다. 나에게 사회는 시대별 사건의 순서와 왕들의 업적, 역사적 인물들과 그들이 쓴 책까지 빠짐없이 외우고 있어야 하는 과목으로 여겨졌으니 말이다.(그나마 중·고등학교로 진학하며 사회와 역사를 따로 배우게 되었지만 일반 사회 교과는 더욱 관심 밖으로 밀려났다.)

곰곰이 생각해 보았다. 학생들이 왜 역사를 좋아하게 되었고, 더불어 사회라는 교과를 좋아하게 되었을까? 이유는 금방 찾을 수 있었다. 요즘의 교사들이 무척이나 많은 노력을 기울이고 있기 때문이다. 교사들은 양이 방대하고 복잡한 역사 이야기를 학생들이 조금이라도 쉽고 재미있게 이해하도록 학습지를 만들고, 수업을 구성해 왔다. 게다가 역사를 예능 프로그램 스타일로 풀어낸 몇몇 스타 강사의 힘도 컸다. 한마디로 스토리텔링의 힘이었다. 역사는 재미있는 스토리가 될 수 있기 때문이다.

사회를 좋아하는 학생이나 싫어하는 학생이나 공통적으로 어떤 부분이 가장 재미없고, 이해하기 힘든지를 물으면 입을 모아 말하는 것이 '정치, 경제' 영역이다. 역사만큼 양이 방대한 것도 아니고, 오히려 지금을 사는 우리에게 더 많은 도움과 통찰을 줄 수 있는 영역이기에 초등학생 때부터 깊은 이해가 필요할 텐데, 왜 학생들은 정치나 경제가 재미없다고 할까?

그 이유를 찾아내기 위해 우선, 교사가 정치, 경제에 관하여 역사만큼이나 많은 지식을 가지고 있는지, 많은 시간과 노력을 투자하여 연구하고 있는지 점검해 보아야 했다. 시중에 발간된 책 중에 초등 교사를 위한 민주시민교육 저서가 얼마나 될까? 혹시 '교사는 중립적 태도를 유지해야 한다'는 것을 방패 삼아 정치, 경제 영역을 애써 외면하지는 않는가? 자신의 정치적 가치관에 따라 확대 혹은 축소하여 수업을 구성하지는 않는가? 고민을 거듭하다 보니, 학생들이 역사에 비해 왜 정치나 경제를 재미없어 하는지 쉽게 알 수 있었다. 교사들은 이 부분에서만큼은 확실히 방어적인 모습을 보인다. 현실적으로, 대입 등에서 역사 교과의 점수를 얻기 위해 투자해야 하는 시간과 노력이 정치, 경제보다 많은 것도 이유가 될 것이다.

그러나 역사가 현재를 이해하기 위해 과거로부터 출발하는 '여행'이라면, 정치와 경제는 현재를 이해하기 위해 현재로부터 출발하는 '도구'이다. 과거를 이해하는 것은 무척 중요하고, 역사를 통해서도 당연히 정치와 경제를 다룰 수는 있다. 다만, 방대한 과거의 이야기에 매몰되어 현재를 사는 우리의 이야기를 다루는 데 많은 시간을 투자하지 못하는 상황에 안타까운 마음이 든다. 당장, 만 18세 선거권이 부여된 상황에서 고등학교 교실을 떠올려 보자. 정치 관련 교육은 매우 중요하고, 논쟁적으로 다루어져야 할 것이다. 만약, 초등학생 때부터 다양한 토의와 이슈에 대한 사유를 경험한다면, 고등학생이 되어 투표권을 행사할 때 더욱 성숙한 민주시민의 모습을 보여 줄 수 있지 않을까? 경제 부분은 어떨까? 초등학생들 대부분이 노동 관련 법이나 최저시급에 무지한 채 상급 학교로 진학한다. 만 15세만 되면 취업이 가능한 법률에 따라 2~3년이 지나면 '알바생'이 될 수 있는 것을 감안할 때, 경제 활동에 대한 지식과 논의 또한 그 이전에 이루어지는 게 바람직할 것이다. 최저시급의 존재를 알고, 주휴수당을 계산할 수 있는 청소년과 철없는 어른들의 부당하고 불합리한 지시에 논리 법률로 맞설 수 있는 학생을 상상해 보자. 이러한 용기를 주는 민주시민교육이 민주주의 국가의 근간이 될 것을 믿어 의심치 않는다.

　최근, 우리 세대는 평화적 시위와 대통령의 탄핵, 세계적 감염병으로 인한 사회적 거리 두기와 격변하는 언택트Untact 문화, 개인과 개인, 개인과 사회의 연결고리, 숭고한 행위와 극한의 이기주의를 동시에 경험하고 있다. 모두 민주주의 국가 안에서 일어나는 일이지만, 누가 옳고 그르냐의 문제에만 집중하고 있을 뿐, 민주적 태도와 자세에 대해서는 궁금해하지 않는다. 그렇기에 학교와 교사는 학생들이 현실 세상의 문제를 민주적으로 해결하고 민주시민으로서 성장할 수 있도록, 교과서를 넘어서는 고민과 노력으로 받쳐 주어야 한다. 교사들이 부족한 교과의 내용, 수업의 한계 등을 다양한 접근과 기술로 넘어서는 것처럼, 교실과 교실 구성원의 '일상의 민주주의'를 몇 쪽 안 되는 사회 교과서 소단원으로부터 구해 내야 하는 것이다.

　"민주주의란 무엇입니까?"

　누군가 이렇게 물었을 때, 가장 먼저 떠올리는 문장이나 낱말은 무엇일까? 평소에 아주 호기심이 강하고 짓궂은 학생이 "선생님, 민주주의가 뭔가요?"라고 묻는다면 어떨까?

　"국가의 권력이 국민에게 있다는 뜻이야."

　"그런데 국가가 뭐예요?"

"권력은 뭔가요?"

"국민은 누구를 말하는 건가요?"

민주주의를 설명하면서, 국가와 국민, 권력을 말하지 않고 이야기하는 방법이 있을까?

"지금부터 정사각형에 대한 정의를 내려 봅시다. 정사각형의 정의에 대해 말해 줄 수 있나요?"

"저요, 저요."

수많은 학생들이 손을 든다. 정사각형의 정의는 무척 간단하다. 네 변과 네 각이 모두 같은 사각형이다. 초등학생 수준에서는 일반적으로 변의 길이를 먼저 이야기한다. 당장 눈에 보이는 것이기 때문이다. 각도를 배운 학생은 네 각의 조건도 같이 말할 것이다. 각은 배움으로 아는 것이지 실제로 눈에 쉽게 띄는 성질이 아니기 때문에, 각을 배운 학생들도 우선 소리치고 보는 건 '변의 길이'이다.

"네 변의 길이가 직선으로 같고, 네 각도 모두 90도여야 합니다!"

"참 쉽죠? 그럼 이번에는 직선, 변, 각이라는 낱말 없이 정사각형을 설명해 볼 사람?"

"저요! 음…… 선이 있어요. 그게 아주 쭉 펴져 있어요."

"잠깐요, 선이 뭔데요?"

"아, 연필 같은 걸로 자를 대고 주욱 그은 거요."

"(웃음)오케이, 계속해 보세요."

"주욱 그었는데, 그걸 똑같은 걸 네 개 만들어야 해요. 그리고……."

다시 학생들은 웅성거리기 시작한다. 책을 대고 네 개의 변을 만들면 정사각형이 된다느니, 각도기를 가져와 90이라는 숫자에 맞게 만들면 된다느니, 말이 안 되더라도 학생들은 선과 각의 본질에 대해 탐구해 보려는 시도를 하는 것이다.

이렇게 가끔 학생들에게 어떤 낱말의 정의를 제대로 알게 하기 위해서 유의어, 혹은 특정 낱말을 쓰지 않고 설명을 해 보라고 할 때가 있다. 우리가 무의식적으로 쓰는(의미를 알고 있다고 믿는) 낱말들을 떠올려 보자. 과연 우리는 그것을 정말 잘 안다고 할 수 있을까?

다시 학생이 짓궂게 던진 '민주주의가 무엇인가'라는 질문으로 돌아와 보자. 마치 꼬투리를 잡는 듯한 질문에 대해 어디서부터 어떻게 답변을 해야 할까?

'民主主義' 라는 한자 뜻풀이에서부터 시작할 수도 있을 것이고, '대한민국 헌법 제1조 2항', '대한민국의 주권은 국민에게 있고, 모든 권력은 국민으로부터 나온다'에서부터 이야기를 풀어 나갈 수도 있을 것이다. 조금 더 역사와 결부시켜 설명을 시도한다면 '민주주의의 반대말을 이야기해 보자'며 시작할 수도 있다. 의외로 민주주의의 반대 개념을 잘 모르는 사람들이 '아직도' 있기에 꽤 재미있는 방법이 된다. 사회 교과를 가르치는 교사나 배우는 학생들은 '독재', '왕정주의' 등을 이야기할 수도 있겠지만 현실적으로는 많은 사람들이 '공산주의, 사회주의'라고 말하기도 하고, 어떤 경우 '자본주의'라고 말하는 사람도 있다. 사전적 의미를 살펴본다면 당연히 틀린 답이지만, 이렇게 답하는 사람들의 정치적 판단을 곁들인 설명을 들어 보면 다른 답 정도로 이해되기도 한다.('자본주의가 자본을 통해 시민을 계급화시켰으니 자본주의는 민주주의의 적이다'라는 주장도 있다. 하지만, 정의상 맞는 답이라 할 수 없다.)

어떤 방식으로 '민주주의' 이야기를 시작하든 간에 '국가와 국민, 권력'이라는 낱말을 빼고 이야기를 하다 보면, '민주주의가 진짜 뭘까?'라는 생각과 함께 본질을 좀 더 생각해 볼 수 있다. 그리고 피할 수 없는 낱말들과 마주하게 될 것이다. 개인과 공동체, 대화와 타협, 평등, 자유, 인권, 편견과 차별 등 교과서에서도 이미 숱하게 다루고 있는 것들 말이다. 그리고 이 낱말들을 다시 한 번 삶의 장면으로 대입시켜 분해해 보는 것이다. 그러면 축구에서 골을 넣고 싶은 개인과, 함께 즐기기 위해 패스를 해야 하는 공동체가 보인다. 키가 작은 학생들에게 유난히 짧게 느껴지는 신호등이 눈에 들어올 것이며, 수학여행 버스 자리를 바꾸기 위해서는 친구와 대화하고 협조를 얻어야 한다는 것을 알게 될 것이다. 민주주의가 교실이란 공간에 녹아 교사와 학생의 삶 전반에 스며듦을 알아차리는 것에 다다르면, '일상의 민주주의'를 실현하는 소중한 경험은 삶의 힘이 될 것이다. 교사 또한 국어의 대화법, 도덕의 배려, 체육의 안전 등 다양한 학습 영역에 걸쳐 분리된 성취기준을 교실의 '민주성'이라는 체계화된 가치 아래 조직화할 수 있고, 일관성 있게 가르칠 수 있는 통찰을 얻게 된다.

2. 시민 수만큼의 민주주의, 교사 수만큼의 민주시민교육

사회 시간에 학생들에게 민주주의를 가르치기 위해서 '민주화 과정' 역사를 먼저 언급하게 되는데, 사건의 전개상 대체로 무거운 느낌을 준다. 따라서 민주화 과정을 통해 쟁취한 민주주의 역사보다는 최초의 민주주의 발생에 대한 이야기로 먼저 운을 띄우는 게 학생들의 흥미를 유발하는 데 도움이 된다. 어원을 파고들면서, 자연스럽게 그리스 아테네의 민주주의 이야기로 시작한다.

> **민주주의**(民主主義, 그리스어: δημοκρατία dēmokratía[*], 영어: democracy)는 국가의 주권이 국민에게 있고 국민이 권력을 가지고 그 권력을 스스로 행사하며 국민을 위하여 정치를 행하는 제도, 또는 그러한 정치를 지향하는 사상이다. −위키피디아

위의 정의에서 몇 가지를 알 수 있는데, 일반적으로 '~주의'가 붙으면 '~ism'(포스트 모더니즘Post Modernism, 자유주의Liberalism 등)으로 표현되지만, '민주주의'는 'Democracy'로 쓴다. '~ism'으로 표현되는 '~주의'가 한 시대의 일반적인 생각과 사상의 흐름이나 집합이라면, 민주주의는 정치체제이기 때문이다. 이것은 민주주의의 어원인 그리스어 Dēmokratía를 살펴보면 더 쉽게 알 수 있다.

* Demos(Δῆμος) : 민중, 혹은 다수를 뜻함.
* Kratos('Κράτος) : 지배, 혹은 통치를 뜻함.
* Dēmokratía : 다수의 민중이 지배, 혹은 통치하는 정치제도

"그런데 그리스에서 시작한 민주주의와 지금 우리가 아는 민주주의 모습은 같을까요?"
"그렇지 않을까요? 이름이 같으니까요."

민주주의가 고대 그리스에서 시작되었음에 많은 사람들이 합의하는 것을 전제로 이야기하자면, 당시의 민주주의는 우리가 지금 생각하는 민주주의와 많이 달랐다. 앞서 언급했듯이 민주주의는 정치제도일 뿐이다. 그 안을 어떤 철학으로 채울지는 시민들이 합의할 문제인 것이다. 당시 그리스는 여성이나 노예, 재외국민의 시민권, 참정권을 인정하지 않았다. 당시에 합의된 민주주의는 그런 양상이었던 셈이다.

"우리보다 민주주의를 일찍 시작한 미국은 어떨까요? 지금처럼 모든 사람이 평등하게 대우받아야 한다는 민주주의였을까요?"

민주주의 역사에서 중요하게 다루는 것이 평등권과 참정권이다. 산업혁명, 세계대전을 거쳐 많은 여성들이 사회에 진출했음에도 불구하고 그들은 여전히 불평등한 환경에 놓여 있었고, 이를 극복하기 위한 움직임이 일어났다. 그중 크게 대두된 것이 여성 참정권이었다. 서구권의 여성 참정권 운동은 이후 여성 인권 향상에 크게 기여하였다. 그러나 시대는 여전히 '유색인종'에 대해서만큼은 많은 편견을 가지고 있었고, 당시의 여성 참정권 운동에서 유색인종은 배제되었다는 비판이 일기도 하였다.

미국 내 여성 참정권을 1919년에 쟁취한 것에 비해, 흑인이 온전한 참정권을 가진 것은 1965년이었다. 그리고 참정권의 논의와 합의는 21세기인 지금까지도 계속되고 있다. (2020년, 대한민국 만 18세 투표 실시)

"민주주의는 완성품이 아니라 그 시대를 사는 사람들이 좀 더 나은 삶과 생각을 위해 같이 노력하는 과정입니다. 그런데 과거 대부분의 국가에서 민주주의를 이루어가는 과정에서 안타까운 일들이 많이 있었습니다. 대한민국 또한 그랬어요. 우리의 민주화 과정은 어떠했는지 알아볼까요?"

과거의 잘못에 대해 비판만 하려는 것은 아니다. 고대 그리스부터,

민주주의 제도를 가지지 못한 집단 혹은 민주주의 제도를 가진 집단들조차도 인간의 기본적 권리인 '인권'을 당연한 개념으로 받아들이기까지는 많은 사람들의 합의와 대화, 혹은 유혈의 역사가 있었다는 것을 알리고자 함이다. 나아가 지금도 우리는 새로운 합의를 계속 만들어 가야 함을 말하고 싶은 것이다.

민주주의는 하나의 정해진 사상이 아니라, 다수가 끊임없이 합의하고 고민하며 만들어 가는 정치체제인 셈이다. 이것이 우리의 교실에도 얼마나 많은 통찰을 줄 수 있을지 이야기하고 싶다. 민주주의에 대한 관점이 이런 합의로 도출되는 점 때문에, 시민들은 자신의 마음속에서 합의한 민주주의적 신념을 토대로 정당을 고르고 투표를 한다. 그러므로 시민들의 마음속에서 정의한 민주주의는 그들의 수만큼 존재하게 된다. 교사 입장에서 '당신은 민주시민인가?'라는 질문을 받았을 때, '아니다'라고 단박에 이야기하는 사람은 드물다. 그렇기에 스스로를 민주시민이라고 생각하는 교사의 교실 민주주의 철학과 방향 또한 교사의 수만큼 존재하게 된다. 그래도 괜찮은 것일까? 교육만큼은 합의를 통해 일정한 방향과 수준을 정할 필요가 있지 않을까? 그러나 나의 걱정은 다른 곳에 있다. 교사들이 가지는 시민성과 교실 민주주의의 '다양성'보다 '불일치'의 문제이다. 교직 생활을 하다 보면, 자신이 민주시민임을 자각하는 것과 교사로서 민주시민교육을 수행하는 것 사이의 간극을 느낄 때가 많다.

'내가 시민으로서 생각한 민주주의의 가치가 교실에서도 그대로 실현되고 있나?'

'교실은 조금은 특별한 공간 아닌가? 다른 잣대의 체계가 필요하지 않을까?'

'내가 뭐 그러고 싶어서 그런 건가? 애들에게는 통제가 필요한 시기 아닌가?'

이런 생각 끝에 우리 반 교실에 자신이 정의한 시민성과 다른 풍경이 펼쳐지고 있다면, 혹은 자신의 시민성과 교사로서의 태도를 분리하여 살고 있다면, 오히려 자신이 생각하고 있는 민주주의의 진정성에 대해 다시 성찰해 보아야 하는 것은 아닐까?

가령, 한 명의 시민으로서 권력에 대한 비판은 자유로워야 한다는 것을 민주주의라고 정의했다면, 교실에서도 그 정의를 실천할 수 있어야 한다. 만약 학생에게만큼은 그 정의를 제한적으로 적용해야 한다, 혹은 불가하다고 생각한다면 어떨까? 모순이 생긴다. 교장 등 지위가 나보다 높은 사람이 나에게 가하는 압력에 대해 할 말이 없어진다. 평소, 외국인에 대한 혐오 감정을 가지고 있는 교사가 학생들에게 다문화, 평등 수업을 진행해야 한다면 그의 입에서 나오는 말들은 어떤 의미를 가지게 될까? 민주시민교육자로서의 의미는 퇴색될 수밖에 없을 것이다.

스스로 정의한 특정 가치를 좇아 자처한 민주시민이라 할지도, 교실에서 학생들과 함께 삶을 꾸려 가는 교사라면 일정한 수준의 합의된 가치를 추구하는 민주시민교육자의 면모를 갖추어야 한다. 자연인인 나와 교사인 나의 시민성과 추구하는 가치가 일치하는 방향으로 삶을 살아가야 한다. 교사에게는 끊임없이 보편적 가치를 탐구하고, 새로운 이슈를 통해 시민성을 학습해야 할 의무가 있다.

3. 현재까지의 민주시민교육, 그리고 교실 민주주의

최근 민주적인 학교, 학교 민주화의 바람이 불면서 민주시민교육에 대한 정책, 연수, 사업 등이 늘어나고 있다. 그러나 내용과 연수 자료를 보면 두껍기도 하고, 눈에 잘 들어오지 않는 낱말들로 단번에 이해하기는 쉽지 않다. 사실 그 말이 다 그 말 같기도 하고, 한편에서 기존에 알던 인성교육과 별 차이를 못 느끼겠다는 의견들도 있다. 그러나 분명한 것은 민주시민교육은 대한민국 교육의 시작부터 존재해 온 낱말이고, 목표라는 사실이다.

교육기본법 제2조(교육이념) 교육은 홍익인간(弘益人間)의 이념 아래 모든 국민으로 하여금 인격을 도야(陶冶)하고 자주적 생활능력과 **민주시민으로서 필요한 자질**을 갖추게 함으로써 인간다운 삶을 영위하게 하고 민주국가의 발전과 인류공영(人類共榮)의 이상을 실현하는 데에 이바지하게 함을 목적으로 한다.

최근 많은 시도교육청에서 민주시민교육을 위한 계획을 학교에 내려 보내고 있다. 몇 개를 입수하여 요약하자면 아래의 한 줄로 정리된다.

'학생은 교복 입은 시민이다.'

'교복 입은 시민'이라는 말을 처음 들었을 때, 매우 많은 감정과 기억들이 교차했다. 학생은 신분이다. 학생이라는 신분을 가진 개인은 신분 이전에 '시민'이다. 그것이 너무나 당연한데, '학생은 학생'이라는 강한 고정관념을 가지고 있었던 것 같다. 그렇기에 우리는 학습을 중심으로, 교육과정 이수를 중심으로, 출석을 중심으로, 그리고 수능을 중심으로 학생을 바라보며 대하려고 했다. 조금만 시선을 바꾸어 보면 금방 감정이입이 된다. 다른 사람들이 교사에게 성직자적 관점을 들이대며 엄격하게 대하거나, 철밥통이라며 영혼 없는 공무원 취급을 할 때 얼마나 많은 상처를 받는가? 교사 뒤에 엄연히 존재하는 인격체를 보지 않고, '교사니까, 선생이니까'라는 말로만 교사를 정의

할 때 어떤 감정이 드는가? 그렇기에 '교복 입은 시민'이라는 말은 그동안 길러져야 하는 존재, 통제받아야 할 대상으로만 생각했던 학생의 이미지에 민주적 자아를 부여하는 것이다. 여전히 '교복'이라는 제한된 수식이 붙기는 하지만, 대중의 하나로서 존중하자는 제안은 확실히 고개를 끄덕거리게 만든다. 더불어 '학생도 시민'이라는 단순한 사고 제안에서 멈추지 않기 위해 3가지 정도 더 보완되어야 하는 것들을 제시하고 있다. (대부분의 민주시민교육 계획은 아래의 내용으로 채워져 있다.)

첫 번째는 학교 공간(디자인, 건축)의 민주화이다. 지금까지의 학교 공간과 시설물, 색상과 배치 등은 교사와 학생 모두에게 친화적인 공간은 아니다. 정형화된 틀과 불편을 감수해야 하는 교실 배치나 좁은 복도, 냉난방의 비효율성 등을 개선해야 한다.

다음은 학교 구성원의 민주시민 역량 강화이다. 자신이 민주시민인지 교사인지 대답하기 어렵다면, 학교 조직과 구성원들의 민주성은 고민과 동시에 답이 나온다. 많은 교사들이 이 부분에서 크게 좌절을 겪는다. 교육청과 교육부의 탑-다운 방식의 명령 전달, 교사 패싱의 의견 수렴, '답정너'(답이 정해져 있는) 교사회의 등이 좋은 예이다. 정확히 말하면 나쁜 예라고 할 수 있겠지만 말이다.

마지막으로 학교운영과 교육과정에 있어 학생 참여를 보장하는

'학생자치'이다. 이 부분은 학교급에 따라 수준과 범위가 조금 다를 수 있지만, 학생들이 스스로 무엇인가를 해 보고, 그것이 실제로 학교가 변화하는 데 기여하게끔 한다는 것이 핵심이다. '구성원이 언제 소속감을 느끼는가?'에 대한 대답은 '내가 구성원에게 영향을 주고 받는다는 것을 확인할 때'라고 말할 수 있을 것이다. 학교에서 가장 많은 수를 차지하면서도, 학교의 주요 의사결정에 선택과 참여를 할 수 없었던 '학생'이라는 존재는 단연 민주시민교육의 핵심적인 존재가 되어야 한다.

위에서 각 시도교육청이 추진하는 민주시민교육의 일반적인 모습을 정리하고 나면 이런 의문이 들 것이다.

'굳이 '민주시민교육'과 '교실 민주주의'를 구분하여 언급하고 있는 까닭은 무엇인가?'

민주시민교육이라는 낱말에서 느껴지는 일종의 진입 장벽 때문이다. 교육청의 '추진 사업'이나 일시적으로 유행하는 교육 방법으로 느껴져 현장과는 괴리된다고 느끼는 교사도 있다. 그러나 교실 민주주의는 지금 당장, 여기 교실에서 학생들과 함께하는 일상을 민주적으로 해결해 나가기 위한 실천 제안이다. 교사의 태도와 학생과의 대화, 문제 해결 전략과 평화적 문화 확산을 '현장' 중심으로 생각하고 정리한 민주적 아이디어의 집합으로도 볼 수 있다.

4。 아직 교실에서는 어렵다고 믿는 교사들에게

앞서 민주주의 정의를 통해 민주주의는 하나의 체제일 뿐이고, 그 안을 채우는 것은 그 시대를 사는 이들, 다수의 참여와 합의라고 이야기하였다. 그렇기에 민주주의가 비효율적이라는 비판을 받기도 한다. 의사결정 과정이 복잡하고 오래 걸리며, 소외된 이들에 대한 대비도 필요하다. 그 과정에서 대화와 타협이 필요하고, 때에 따라서는 격한 논쟁과 갈등이 생길 수 있다. 결국 합의가 되더라도 시간이 많이 걸리거나, 원점 혹은 백지화가 되어 버리기도 한다. 이런 민주주의적 특성을 교실에서 구현한다는 것은 쉬운 일이 아니다. 정확히 말하면, 누구나 이상적으로 꿈꾸는 교실 민주주의는 불가능하다. 그렇기에 다시 한 번 우리는 구구절절이 계속 언급하는 '민주주의'의 본질에 대해 이야기해야 한다. '가능한지?'의 질문보다, 교실 현장에 민주주의적 관점과 실천이 필요한 이유를 생각하고, 어떻게 구현해 나가야 하는지 논의하고 도전해 보자는 것이다.

교실 민주주의와 관련된 이야기를 주변 교사들과 나누다 보면, 가장 많이 받는 질문이 "저학년도 가능한가?" "교사가 시간 투자를 많이 해야 하지 않느냐?" "학생들이 아직 잘 모르는 게 많아서 결국 교사의 능력에 따라 다르지 않겠느냐?" 등의 질문이다. 너무나 당연한 말들이다. 그러나 교실 민주주의는 정형화된 학급살이, 운영법이 아니다. 교실과 학생의 문제를 뚝딱 해결해 주는 프로그램도 아니다. '교실'이라는 삶의 공간에서 어떻게 지낼지를 합의하고 대화하는 공동체의 태도에 대한 문제이다. 저학년이라면 저학년에 맞는 참여와 선택을 하면 되고, 교사가 지나치게 많은 시간을 들이지 않도록 학생과 합의하면 되는 것이다.

민주주의가 좋다는 것을 알면서도 우리는 여전히 교실의 통치자, 혹은 메시아 마인드를 가지고 있는 것이 아닐까? 가끔, 교사들의 교실 이야기를 듣다 보면 '행복한 독재'가 떠오르기도 한다. 실제 우리가 보편적으로 생각하는 독재는 폭압적인 상태를 뜻하지만, 교실에서는 폭력적인 상황이 없는 '행복한' 상태로 독재를 구현해 낼 수도 있다. 솔직한 고백으로 나 또한 젊음을 앞세워 학생들에게 '나를 따르라!' 식의 학급살이를 열정적으로 했다. 당시의 학생들은 즐거운 기억뿐이라고 말하지만, 돌이켜 보면 '이불킥'하고 싶은 일들이 한둘이 아니다. 교사의 카리스마와 노련한 체제 구축, 문제 해결의 통로를 일방향으로 구성한 학급은 외부에서 보았을 때 톱니바퀴처럼 일사불

란하게 돌아가는 것처럼 보인다. 그리고 학생들도 그런 교사를 따르고, 즐거워한다. 전통적인 관점에서 교사는 그렇게 해야 능력을 인정받았다. 여전히 '수능'이 최고의 교육 권력인 대한민국에서 유효한 전략이기도 하다. 그러나 산업 시대가 끝나고 정보화 시대가 도래했듯, 이런 방식의 학급은 위기를 맞고 있다.

'학생들도 좋아하고 인정하는데, 왜 '독재'라고 단정하는가?'
'학급운영의 다른 형태가 아닌가?'

라고 되물을 수도 있다. 그렇다면, 이렇게 대답할 수 있을 것이다. 바로 그 점이 '아직 사회 경험이 적고, 정보격차로 미숙한 사람들을 통제하는 방식'이었으나, 디지털 시대인 지금, 학생들과 교사의 사회 경험 및 정보의 격차가 날로 줄어들고 있으며, 더 이상 학생들이 교사들의 '행복한 독재'에 순응하지 않는다는 것이다. 물론 초등학교 급에서 특히, 저학년의 경우 안전을 위한 통제와 단순한 명령이 반드시 필요할 때가 있다. 그러나 그것은 상황에 맞추어 교사가 학생지도를 위해 취하는 최소한의 조치여야 한다. 그럼에도 불구하고 아직도 '통제와 명령'이 학급의 '코드' 혹은 '태도'가 되어 버린 교사들이 많이 있다는 것을 부인하기는 어렵다.

'행복한 독재'라고 말하는 것은, 당신이 나쁜 교사라는 것을 집어내기 위함이 아니다. 대한민국 대부분의 교사와 학생들이 그렇게 지내

왔고, 그것이 효율적인 방식이라는 생각과 태도로 인해 여전히 불쑥 나오게 되는 것이라는 점을 중요하게 생각해야 한다. 교실 민주주의 실현 가능 여부의 첫 단계는 교사가 어떤 '태도'로 교실과 학생에게 접근하는가에 달려 있다.

최근 교사들의 어려움에 대해 이야기를 듣다 보면, 하나같이 학생들의 '되바라짐'에 대해 성토하곤 한다. 솔직히 교직 경력이 10년이 넘어가면서 매년 학생들의 의사소통 능력이나 학습태도, 감정을 다루는 방식이 쉽지 않다는 점에 동의한다. 신인류를 만나는 느낌일 때도 있다. 교사의 평화롭고 온화한 부탁, 정당한 권한에 의한 지시에도 비웃듯 무시하는 일부의 학생들로부터 상처를 받기도 한다. 어찌되었든 교사는 교사로서의 책임과 의무가 있기에 학생들을 무작정 내버려 둘 수 없음에도, 제도와 인식이 교사의 편에 서 있지 않다는 점이 안타깝기도 하다. 십수 년, 혹은 그 이전의 폭력적인 억압의 주체였던 학교, 그리고 그곳에 군림했던 교사들도 분명 있었다. 그러나 그 때로부터 많은 세월이 흘렀고, 교사의 세대교체가 이루어졌다. 그렇기에 군림 시대의 교사들이 졌던 빚을 지금의 교사들이 갚는다는 느낌이 들 때면, 많은 교사들이 회의감을 느끼는 것도 이해하고 공감할 수밖에 없다. 그러나 과거를 한탄하며, 지금의 학생들을 그저 견뎌내는 것으로는 그럭저럭 괜찮은 교사로도 남아 있기 어렵다. 교실을 유지할 수 없다는 말이다.

"예전에는 말이야, 이렇게 해도 학생들이 다 좋아했었는데!"라며 지난날의 무용담을 늘어놓아 봐야 소용없다. 시간이 갈수록 새롭게

▶ 기성세대의 '꼰대스러운 말'에 '저격'하듯 받아치는 세대가 등장했다. 학생들은 더 이상 훈계나 억압을 참지 않는다. 오히려 조롱하고 풍자할 뿐이다. – S보험사 광고 중 일부

만나는 학생들에게는 전혀 통하지 않을 것이며, 언젠가는 미래의 교사들에게 지금 우리의 기록조차 비웃음거리가 될 수 있기 때문이다. 그렇다면 시대가 흘러도 변하지 않을 교사와 학생의 연결고리를 찾아야 한다. 나는 그것이 교실 민주주의에 있다고 믿는다.

나의 십수 년 교직 경력 동안, 평화로운 학급살이를 구현하려 노력했지만 날이 서 있는 학생은 언제나 있었다. 그 학생으로 인해 고통을 겪은 적도 있었다. 내가 고통을 겪은 이유는 아이러니하게도 이 학생이 (그것은 다소 폭력적인 방식이었지만) 의사표현을 아주 적극적으로 했기 때문이다. 나의 '행복한 독재' 교실 안에는 언제나 민주적 의사표현을 갈망하는 학생이 있었을 것이다. 무리한 압력에 차마 입을

열지 못하는 학생도 있었을 것이다. 폭력적인 방식으로 저항하는 학생 때문에 내가 받았던 고통만큼, 나로 인해 고통받은 학생도 있었음을 동시에 떠올려야 한다. 그러지 않는다면, 교직 생활 동안 내가 맡았던 학급은 '(폭력적이었던) 그 학생'만 없었다면 언제나 행복했을 거라고 착각하는 것이다.

교실 민주주의의 핵심은 결과가 아닌 과정에 있다. '예전에 말이야'가 아니라 '지금도 말이야'로 살아 움직이는 교실에서 교사가 전통적인 방식의 권위로 지배하는 것이 아닌, 학생과 끊임없이 지금을 함께 살아가는 것이어야 한다.

5. 우리는 모두 불편한 게 많았던 사람들

대부분의 어른은 어린이 시절을 거쳐 성장한다. 여기서 '대부분'이라고 표현한 것은 모든 어른이 어른답게 성장하는 것은 아님을 밝혀 두기 위해서다. 어른들의 입장에서 보면, 어린이는 매우 까다로운 존재이다. 시키지 않은 것을 하며, 시킨 것을 하지 않는다. 칭얼거리고, 끝없이 돌봄을 요구한다. 사실 어린이는 모든 것이 처음이며, 두렵다. 어른들 중심의 세상에서는 불편한 게 너무 많다. 모두가 그랬다. 우리는 모두 충분히 프로불편러였던 적이 있다. 다만, 그 불편을 생떼와 울음이라는 방식으로 표현했던 것뿐이다. 어린이들은 왜냐고 묻지 않고, 불편함을 표현하지 않는 것이 미덕인 세상에서 자란다. 그렇게 잘 자란 사람들은 '좋은 교사'가 될 수 있다. (여기서 '좋은 교사'는 훈련된 교사를 뜻한다.) 교사를 탓하는 게 아니다. 그렇게 하지 않으면 교사가 될 수 없기 때문이다. 남들이 보기에 어엿한 이 좋은 교사는 교실의 일인자가 된다. 그렇게 '훈련된' 교사가 학생, 어린이들의 '불편'을 어디까지 참아 줄 수 있을까?

신규 시절, 전교생이 운동회를 마치고 실내화를 갈아 신기 위해 건물 양옆의 현관으로 모여 있었다. 공간도 좁은데 그 많은 학생들이 문을 통과하려니 난리가 났다. 뒤에서 밀고 앞에서는 버티고, 고성과 짜증이 오갔다. 물론 나의 고성과 짜증이었다.

"조용히 들어가세요. 천천히 가세요. 앞 사람 밀지 마세요. 그냥 들어가지 마세요. 신발 탈탈 털고 들어가세요. 실내화 주머니로 때리지 마세요!"

그런 아비규환의 상황에서 뒤에 오던 한 선생님이 학생들 무리를 뚫고 들어와 닫혀 있던 한쪽 문의 잠금장치를 열었다. 그러자 학생들의 행렬이 탁 트이며 속도가 느려졌다. 학생들은 더 열린 공간에서 천천히 자기 할 일을 했다. '문 하나가 더 열리니 교통이 원활해졌구나.'에서 생각은 폭발적으로 뻗어 나가기 시작했다.

'왜 난 문을 열 생각을 못한 걸까?'
'애초에 저 문은 왜 잠겨 있던 걸까?'
'왜 학생들은 문을 하나 더 열어 달라고 이야기를 못한 걸까?'

그리고,
'내 역정과 짜증은 왜 온통 학생들에게만 향해 있던 걸까?'

다른 사람에게 책임을 묻는 일은 쉽다. 그러나 그 책임의 원인을 환경과 우리의 편견에서 찾는 일은 번거롭다. 그리고 귀찮은 일이다. 그렇지만, 그 귀찮은 일에 관심을 가질 때, 우리의 교실에 '개인'이 존재함을 알고 '존중'을 말할 수 있으며, 비로소 민주시민교육의 첫 입을 열 수 있는 게 아닐까? 이런 생각이 머리에 자리 잡은 이후로 학생들과 매일을 지내며 대화하고 수정하면서, '민주적 학급은 어떻게 만들어지는 것일까?'로 생각이 전환되기 시작했다.

2장

교실 민주주의를
위한 준비

교실 민주주의, 민주적인 학급을 구현하기 위해 '민주시민교육'의 정답을 제공하기는 어렵다. 그러나 학생들과의 생활 속에서 민주적 삶을 위한 생각의 실마리와 약간의 활동을 제공하는 것이 큰 도움이 되었다. 창의적 체험활동 프로그램처럼 따로 시간을 내어 실천해 보는 민주시민교육보다는 수업에서, 학생과의 대화에서, 학급살이 약속에서, 곳곳에 씨앗처럼 뿌려져 스며들고 조금씩 성장할 수 있는 교실 민주주의의 실천적 모습을 나누고 싶다.

　이번 장에서는 교실 민주주의에 호기심을 가지고 시작하기에 앞서 꼭 알아 두었으면 하는 것들을 다루고자 한다. 교사 스스로 던져 보고 답해야 할 질문과 교실을 바라보는 관점에 대해 이야기해 보고 싶다. 또한 민주주의 핵심인 권리와 의무, 책임 등을 학생들과 어떻게 합의할 것인지에 대해 다룰 것이다. 이러한 '질문'과 그에 따른 '답'을 고민해 보는 것은 교실살이에 도움이 된다. 수업의 설계, 학생들의 다툼과 따돌림, 의사결정의 갈등에 있어 해결의 실마리를 준다. 교사들은 문제가 생기거나 기회가 될 때마다 파편화되고 정리되지 않은 생각을 주저리 늘어놓는 일들을 할 때가 있다. 이것이 반복되면 잔소리가 된다. 잔소리가 아닌 모두가 공유하는 '배경지식'으로서 꼭 필요한 이야기만을 나누어야 한다. 이것이 공감을 얻으면 교사는 문제를 일관성 있게 다루고, 학생들과 대화하며 합의를 이끌어 내는 힘을 얻게 된다. 함께 고민했던 것들이 일상의 교실 문제를 이겨 낼 코어근육이 되는 것이다.

1. 스스로에게 먼저 던져 볼 질문들

교실에서 가장 편견이 많은 사람은 누구일까?

초등학교 국어 교과서에는 학생들이 모여서 회의를 하는 장면이 삽화로 들어가 있다. 학생들에게 편견과 고정관념에 대한 생각을 나눌 겸, 그 장면에서 익숙하지 않거나 특이하다고 느끼는 점을 이야기해 보자고 한 적이 있었다. 그러나 몇 분이 지나도 학생들은 내가 원하던 대답을 내놓지 않았다.

"빨간 옷을 입었어요."

"혼자 서 있는데요?"

"안경을 끼고 있어요!"

내가 원했던 답은, "흑인 학생이 있어요." "휠체어를 탄 학생이 있어요."와 같은 답이었다. 그러나 그러한 답들은 나의 집요한 유도 질문 끝에야 들을 수 있었다. 당황스러웠다. 그 순간 나는 스스로에게 이런 질문을 던질 수밖에 없었다.

'이 교실에서 가장 편견이 많은 사람이 누구인가?'

정답은 금방 나왔다. 나였다. 그렇다면 요즘 세대의 학생들에게 인종, 장애와 비장애의 문제는 눈에 띌 만큼의 편견 요소가 아니라는 것일까?

몇 년 전 비슷하게 적잖은 문화 충격을 받은 일이 있었다. 2018년 7월 12일, 벨기에에서 북대서양조약기구(NATO) 정상회의가 열렸다. 내가 이 회의에 관심을 가지게 된 것은 정상회의의 의제나 각국 정상들의 모습 때문이 아니었다. 그들의 배우자 모임 기념 촬영 사진 때문이었다. 배우자 모임 사진에는 다양한 국가, 인종의 여성들이 다양한 컬러의 옷을 입고 가지런히 서 있는 모습이 담겼다. 그런데 유독 눈에 띄는 사람이 있었다. 슈트를 차려입은 남성이 서 있는 것이다.

'아, 당연히 남성도 있을 수 있지.'
'여성 총리의 배우자인가 보다. 남자 혼자 저기 껴 있으려면 무척

▶ 2018, 북대서양조약기구(NATO) 정상회의에 참석 중인 각국 정상 배우자들이 벨기에 워털루에서 기념 촬영을 하던 모습이다.

어색하겠네.'

이런 생각들을 하며, 이 남자의 배우자가 어떤 총리인지 검색해 보았다. 이윽고 다시 한 번 놀라지 않을 수 없었다. 룩셈부르크의 총리, '자비에르 베텔'은 남성이었다. 내가 사진으로 봤던 남성은 '고티에르 데스티네'라는 동성 배우자였다. 그리고 조금 더 알아보니, 2010년 아이슬란드의 총리 '요한나 시귀르다르도티르'가 세계에서 가장 먼저 동성 결혼을 한 정상(총리)으로 기록되어 있었다.

내 안의 생각들 중 몇 가지가 깨어져 나갔다. 내가 알고 있던, 눈 감고 있던 세상은 계속 변하고 있는데, 나는 여전히 우물 안에서만 '편견 없는 세상'을 꿈꾸고 있다는 것이었다. 나는 이 자료를 학생들이 어떻게 받아들이고 평가할지 궁금해졌다.

학생들에게 배우자 모임 사진을 보여 주며 특이한 점을 찾아보라고 할 때, 학생과 교사의 대답 양상은 무척 달랐다. 학생들은 '키가 큰 사람이 있다', '혼자 두건을 썼다', '빨간 옷을 입었다' 등의 눈에 금세 띄는 모습을 답하다가, 나중에야 남성이 있음을 언급했다. 성인들은 대부분 단번에 남성이 있음을 특이사항으로 꼽는다. 그리고 이후 질문을 바꿔 보았다.

"그럼 이 남성의 배우자(국가 정상)는 어떤 사람일까요?"

학생들에게 내가 처음 사진을 보았을 때 느꼈던 생각의 흐름에 맞추어 질문을 던져 보았다.

"똑똑한 사람이요!"
"여자일 것 같아요!"
"남자일 수도 있잖아?"
"에이, 설마 남자겠어?"

'보통 이런 질문을 하면 여성 수상이나 총리를 머릿속에 퍼뜩 떠올리는 사람들이 많다.'라고 운을 떼며 이야기하니 많은 학생들이 고개를 끄덕였다. 그러나 '저 남성은 자비에르 베텔 룩셈부르크 총리의 배우자이며, 총리도 남성이다.'라며 둘이 함께 있는 모습을 보여 주면 학생들은 신기하다며 웃기도 하고, 어떤 학생은 말도 안 된다며 너스

▶ 자비에르 베텔(룩셈부르크 총리)(오른쪽)과 동성 배우자 고티에르 데스티네(왼쪽)

레를 떨기도 했다.

　만일, 저 사진이 십수 년 전의 것이었다면, 저 자리에 '남성'이 있다는 사실만으로 놀라웠을 것이다. '아니 그럼, 여자가 대통령(총리)이란 말이야?' 라며 말이다. 그러나 우리는 현재 여성이 리더가 되는 것이 더 이상 이상하지 않은(그렇다고 흔해진 것은 아니다.) 시대에 살고 있다. 저 남성은 당연히 퍼스트 젠틀맨으로 저 자리에 있을 수 있으며, 여성 리더십의 상징처럼 보일 수도 있었을 것이다. 그러나 '고티에르 데스티네'는 우리 안의 또 다른 고정관념과 편견을 시험하는 존재가 되었다.

　여성은 리더가 될 수 없다는 편견이 깨지고 나니, 남성의 배우자는 반드시 여성이어야 한다는 편견이 우리를 가로막고 있는 것이다. 사실, 이 부분에서 학생들에게 '동성 결혼'이 언급되고, 이를 교육 영역에서 이야기한다는 것에 부담을 느끼는 교사가 있을 것이다. 여기서 그것의 옳고 그름을 이야기하려는 것은 아니다. 실제로 이들은 현재를 살아가는 존재들이고, 존중받아야 할 인간이다. 여기서 갈라져 나올 다양성의 가치와 존중을 학급에도 뿌리 내려야 한다는 것이다.

학생들과 대화를 나누어 보면, 이런 부분에서 오히려 아무렇지 않은 경우가 더 많다. (물론 동성애와 성적 지향을 희화화하고, 혐오 표현을 쓰는 학생들도 있지만, 어른들의 그것에 비할 바는 아니다.) 오히려 뉴스에서 이런 이슈를 접할 때마다, 내 안에서 더 깊고 섬세한 차별의 벽을 느낀다. 이는 동료 교사들과 대화할 때도 마찬가지다. 그럴 때마다 교사인 나에게 되묻곤 한다.

'교실 안에서 가장 편견이 많은 사람은 누구일까?'

물론, 이런 수업에서 교사들이 부담과 심리적 벽을 느끼는 것을 이해한다. 나 또한 아직 자유롭지 않다. 그러나 이런 생각들이 머지않은 미래에 무척 부끄러운 일이 될 것은 확실하다. 지난날 학교 안 반공 교육이 그랬고 체벌이 그랬으며, 성적 지상주의와 성차별의 급훈 교육('한 시간 더 공부하면 미래의 아내 얼굴이 바뀐다'. '대학 가서 미팅할래, 공장 가서 미싱 할래?' 등)이 그랬다. 교실 안에 존재하는 불필요한 편견을 극복하기 위한 교육은 어쩌면 '나'부터 제대로 편견 없는 인간이 되는 것에서 출발하는 것이 아닐까 생각한다.

우리 교실에는 선택권이 있었을까?

길을 가다 보면 화장품이나 각종 생활용품들을 파는 상점을 만날 수
있다. (흔히 '드럭스토어drugstore'라고 부른다.) 한번은 핸드크림이 필요해
이 상점을 방문했다. 그런데 들어가는 순간부터, 질문과 친절함의 압
박이 숨을 죄여 왔다.

"찾으시는 물건이 무엇인가요?"
"말씀해 주시면 도와드리겠습니다!"
"아…… 괜찮아요."

나는 몇 가지 물건을 보는 둥 마는 둥 하며 자리를 피해 상점을 떠
났다. 사실, 이러한 점원의 태도는 매우 고마운 일이고 상점의 매출을
위해 필요한 일일 것이다. 그러나 이러한 경계 없는 접근이 부담스럽
고 불편한 건 비단 나만의 일일까? 옷 가게에서 편하게 옷을 보며 입
어 보고 선택하고 싶은데, 점원의 질문과 관심이 불편해서 (혹은 미안
해서) 쇼핑을 아예 포기하거나 다른 곳을 가 보지도 못하고 그 상점에
서 물건 값을 결제해 본 경험이 누구나 한 번쯤 있을 것이다. 또, 치킨

이나 짜장면이 먹고 싶을 때 전화를 걸어, 수화기 너머의 존재와 대화를 나누고 우리 집 주소를 불러 줘야 하는 불편함을 느끼는 것, 먹자골목이나 전자 상가에서 호객 행위를 당할 때 불편함을 느끼는 것, 저녁에 주문한 물건이 다음 날 새벽에 도착했을 때 기쁘면서도 한편으로는 찝찝한 느낌이 드는 것. 분명 서비스인데도 나에게는 그다지 좋게 느껴지지 않았던 경험 말이다.

이 과정에서 잘못한 사람은 아무도 없다. 점원은 최선을 다해 서비스를 했으며, 이것저것 둘러보고 구입하고 싶은 고객은 그것이 불편할 뿐이다. 점원 입장에서도 기껏 베푼 친절함을 누군가가 그저 불편해한다면 서운한 일일 것이다. 점원과 고객이 각각 해야 할 일을 한 것뿐인데 무엇이 문제일까? 왜 친절함 가운데, 불편함이 꽃피었을까? 한 가지 빠진 것이 있기 때문이다. 그것은 바로 '선택권'이다. 선택권은 서로에게 여유를 주고 존중받는다는 감정을 만들어 준다. 이것이 없는 친절함과 따뜻함은 누군가에게 그저 '불편함'일 뿐이다.

그래서 다음과 같은 정책을 모 회사에서 실시한다고 했을 때, 무릎을 탁 쳤다. '서비스'라는 친절함도 '선택'할 수 있게 하는 것, 점원의 친절도 요청한 곳에 '선택'적으로 제공되는 것. 그저 다른 바구니를 하나 더 놓아 선택하도록 만들면 서로의 불편함을 줄일 수 있는 것이었다.

▶ '혼자 볼게요'와 '도움이 필요해요' 바구니. 이 바구니를 통해서 고객은 자신의 구매 성향을 점원에게 드러내고, 그에 맞는 적절한 서비스를 받는다. – I사 매장 모습

이제 우리의 교실을 돌아볼 차례이다. 교실 속 교사와 학생은 함께 지내면서 서로에게 얼마나 많은 선택권을 보장해 주며, 또 보장받고 있을까? 혹시 선택권을 준다는 명목하에, 교사가 원하는 대로 상황을 이끌거나, '거부할 수 없는 선택지', '답이 정해져 있는 선택지'를 내밀지는 않았을까? 교사가 앞장서서 이끄는 교실에서 선택지를 빼앗긴 학생들은 없었을까?

앞서 계속 '선택'이란 낱말을 언급했다. 이것을 헌법의 시각으로 보면 '자기결정권'으로 부를 수도 있을 것이다. 헌법 제10조에는 '모든 국민은 인간으로서의 존엄과 가치를 가지며, 행복을 추구할 권리를 가진다. 국가는 개인이 가지는 불가침의 기본적 인권을 확인하고 이를 보장할 의무를 진다.'라고 명시하며 행복추구권과 자기결정권을 보장하고 있다.

교실에서는 '존중'이란 낱말을 매우 흔하게 사용한다. 그러나 그것의 속성이나 실천 방법은 매우 추상적이고 감성에 치우칠 때가 많다. 나는 존중의 시작을 이 '선택권', '자기결정권'에서 찾아야 한다고 믿는다. 실제로 자신에게 유의미한 선택지를 만들고 선택할 수 있으며, 그 선택이 실현될 때 불편함보다 편안함을 얻을 것이다. 그리고 우리가 그렇게 노력하는 '존중이 있는 교실'을 꿈꿀 수 있을 것이다.

사람이 아니라, 상황의 문제가 아닐까?

"조용히 들어가세요. 천천히 가세요. 앞 사람 밀지 마세요. 그냥 들어가지 마세요. 신발 탈탈 털고 들어가세요. 실내화 주머니로 때리지 마세요!"

앞서 이야기한 운동회 사건(?)에서 나는 세 가지 교훈을 얻었다. 첫 번째, 어려움이 생겼을 때 개인을 탓하는 것은 쉽고 간단하지만, 그것이 실제 문제를 해결해 주지 않는다는 것이다. 두 번째, '닫힌 문' 같이 개인이 아닌 제도나 시스템의 문제는 항상 감시하고 개선해야 한다. 마지막으로, 그 과정은 굉장히 오랜 시간이 걸리고, 아이디어가 부족해지며 책임이 편중되므로 교사 혼자 하면 안 된다는 것이었다.

'하인리히의 법칙Heinrich's law'이라는 통계적 법칙이 있다.

이 법칙을 주장한 허버트 윌리엄 하인리히Herbert William Heinrich는 미국의 트래블러스 보험사의 엔지니어링, 손실 통제 부서에 근무하고 있었다. 그는 업무적으로 많은 사건 사고 통계를 접할 수밖에 없었다. 그는 이 많은 통계들에서 일정한 원인과 결과가 있음을 발견하고 놀라운 사실을 알아냈는데, 산업재해로 사망자가 1명 발생하면, 그전에는 비슷한 원인으로 부상당한 사람이 29명이 있었고, 같은 방식으로 다칠 뻔한 사람이 300명이나 있었다는 것이다. 이 비율이 1:29:300이며, 이것을 '하인리히의 법칙'이라고 하였다.(산업재해 예방 : 과학적 접근Industrial Accident Prevention : A Scientific Approach, 1931년)

이 법칙에서 언급한 1, 29, 300의 숫자가 중요한 것은 아니다. 이 법칙이 주는 시사점은 1건의 큰 사고나 사건이 발생했을 때 그 원인이 되는 환경과 제도, 시스템을 살펴보면 잠재적인 피해가 더 있을 수 있으니 잘 살펴보아야 한다는 점이다. 도로에서 교통사고가 났을 때, 운전자의 부주의에만 집중할 것이 아니라, 도로의 상태나 신호체계 등을 면밀히 살펴야 제 2의 사고를 막을 수 있을 것이다. 운전자의 잘못만 지적하면 사실 문제는 쉽게 해결된다. 운전자만 잘하면 되기

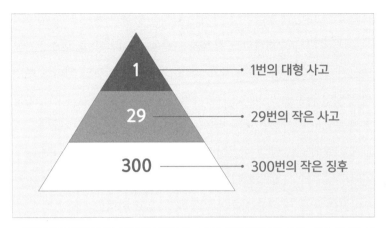

▶ 하인리히의 법칙을 통해, 교실에서 일어나는 수많은 일들이 갑자기 생기는 것도 아니며, 개인의 문제만은 아니라는 시사점을 얻을 수 있다.

때문이다. 그러나 같은 문제는 또다시 반복될 것이다.

  이 법칙의 시사점을 교실로 가져와 생각해 보자.

  수업이 끝나고 쉬는 시간, 한쪽에서는 학생들이 서로 '나 잡아 봐라' 놀이를 하며 종종걸음으로 다니고, 다른 한쪽에서는 두 학생이 가위, 바위, 보를 하며 살살 딱밤 때리기를 하고 있다. 이 모습을 관찰한 교사는 어떻게 행동해야 할까?

  아마, 대부분의 교사가 돌아다니는 학생에게는 자리에 앉거나 걸어 다니라고 할 것이고, 가위바위보 하는 학생에게는 장난으로라도 딱밤 때리기는 하지 말라고 이야기할 것이다. 왜 그럴까? 조금만 그대로 두면, '나 잡아 봐라' 놀이는 '잡히면 죽는다'가 될 것이고, 종종 걸음은 뜀박질이 될 것이다. 도망가는 학생은 더욱 약을 올리고, 잡으려는 학생은 더욱 과격하고 공격적인 수단을 쓸 것이다. 결국 누군가는 넘어지고 만다. 마침 문을 열고 들어오려던 학생이라도 있다면 분명히 부딪혀 피를 보고 말 것이다. 가위바위보 그룹도 마찬가지다. 평화롭게 웃으며 시작했던 딱밤 맞기는 어느새 한 명이 울어야 끝나는 콜로세움 투기장이 된다. 이것이 과연 과장된 예측일까? 교사라면 모두가 공감할 이야기일 것이다.

이렇듯 처음 발생한 사소한 징후에서 크고 위험한 사건으로 번질 기회를 원천적으로 차단하는 것이 교사의 역할이며 필요한 능력이다. 그런데 교사들이 안전사고에 관해서는 이러한 감각이 잘 발달되어 있는 반면, 의사결정과 문제해결 과정에서의 '하인리히의 법칙'은 간과하는 경우가 있다.

어느 학급의 학생이 급식 시간에 교사에게 훈계를 듣고 있었다. 이유는 급식을 빨리 받기 위해 날쌔게 급식대 앞으로 뛰어들었기 때문이다. 당연히 안전사고를 유발할 수 있기 때문에 교사는 학생을 제지하고 교육해야 한다. 이때 이 문장을 한번 떠올려 보자.

"사람이 아니라, 상황의 문제가 아닐까?"

애초에 학생은 왜 뛰었을까? 급식을 빨리 먹고 싶어하는 마음은 지적받을 수 없다. 그것은 기본적인 욕구이기 때문이다. 그렇다면 이 욕구를 더욱 부채질하는 무엇인가가 있는 것 아닐까?

교사는 학생들에게 손을 씻고 먼저 온 순서대로 식사를 할 수 있다는 안내를 했다. 교사는 손 씻기라는 목표를 효율적으로 달성하기 위해 식사 순서를 선착순으로 정했지만, 그로 인해 학생들이 안전을 무시하고 뛰어올 것이라는 부분은 간과했던 것이다. 이렇듯 단순히 학생이 규칙을 어기는 것, 혹은 개인의 인성만을 나무라면 당사자는 억울하다. 여전히 규칙은 그대로이기 때문에 다음에도 또 시도할 확률이 높으며, 이후 적발 시 학생이 다른 방식으로 대응할 수도 있다. 거짓말을 하거나, 다른 학생의 핑계를 댄다. 혹은 교사와 소통을 단절할 수도 있다. 다른 학생이 뛰어서 자신보다 먼저 급식을 받았는데, 교사가 미처 보지 못해 인정이 된다면, 교사의 '말'에 대한 신뢰도 또한 크게 떨어질 것이다.

이처럼 교실의 수많은 약속과 규칙, 교사의 말 속에는 '하인리히의 법칙'이 숨겨져 있다. 그렇기에 '교실 문제'의 범위에 오롯이 학생만 들어 있지 않도록, 계속해서 '상황'을 살펴야 한다. 가끔은 교사의 실수로 인해 상황의 문제가 생기는 경우가 있다는 점도 인정하고 받아들여야 한다. 갈등과 문제 상황에서 개인만을 탓하지 않고 약속과 상황의 문제를 모두가 함께 고민하며 개선해 나갈 때 교실 민주주의 기초를 다질 수 있을 것이다.

2. 먼저 합의해야 할 '권리'와 '의무'

최근 들어 학생들과의 첫 만남에 대한 관심과 중요성이 커지면서 '첫 만남 프로젝트'나 '3월 황금의 주'라고 해서, 많은 교사들이 나름의 교육관과 교육 방법을 프로그래밍하여 학생들에게 적용시키고 있다. 이것은 무척 고무적이고 긍정적인 방향이다. 학생들의 감정을 살펴, 학교에서 즐거움과 소속감을 느낄 수 있는 첫 단추를 끼우는 일이기 때문이다. 그러나 내가 주목하는 점은 그 '프로그램'에 등장하는 낱말과 문장을 학생들이 삶에서 꼭 필요한 요소로 이해하고 있으며, 그것들에 충분한 공감대를 형성하고 있는가이다.

첫 만남에서 '우리 학급이 어떤 학급이 되었으면 좋겠나'라고 물으면 학생들은 자연스럽게 존중, 배려, 경청, 행복 등의 낱말들을 나열한다. 학생들은 알고 있다. 학교교육에서 수없이 들어 온 말이 아니겠는가? 그런데 정말 그 뜻을 알고 이야기하는 것인지, 아니면 그동안 무수히 들어온 이야기 중에 하나이기 때문에 그 말을 하는 건지는 알 수가 없다. 어쩌면 이런 낱말들을 당연히 자신들이 이행해야 할 과제 처럼 느끼고 있을지도 모른다.

가령, 존중이 왜 필요한지, 존중이라는 것이 진정 어떤 의미인지를 묻는다면, 의미는 잘 알지 못한 채 일단 "교실에서는 존중해야 해, 배려해야 해."라고 이야기하게 되는 것이다. '존중'은 나를 인간답게 만드는 가치를 표현한 낱말 중의 하나이다. '인간이기 때문에' 귀하게 대접받는 존재로 무조건 인정해 주는 것이다.

이것은 권리다. 경청, 배려, 행복 또한 같은 속성의 낱말이다.

내가 이 세계에 존재하기 때문에 당연히 지녀야 할 권리가 무엇인가? (이것을 표현하는 낱말은 바로 '인권'이다.) 1년 동안의 학급 목표를 '서로 존중하는 학급'으로 세웠다고 가정해 보자. '왜 나보다 공부도 못하고, 혹은 키 작고, 혹은 능력이 부족한 학생들도 존중해야 할까? 왜 배려해야 하지?'라는 궁금증을 가진 학생은 없을까? 이러한 궁금증을 가진 학생의 입장에서 칠판에 쓰여 있는 학급의 목표는 그저 낱말일 뿐이고, 자신의 생각에는 변함이 없다. 반대의 경우도 마찬가지다. '나는 왜 존중받아야 하지? 왜 배려받아야 하지?'라고 묻는다면 학생들은 어떤 대답을 할까? 혹시 무의미하게 반복되는 이러한 가치들을 학생들은 어른들의 잔소리나 주입식 학교교육의 산물로 느껴오고 있지는 않았을까?

그러므로 이런 추상적이고, 가치가 듬뿍 담긴 낱말을 꺼내기 전에 몇 가지 낱말과 그 속에 담긴 개념들을 학생들과 확인하고 합의하는 일이 꼭 필요하다.

권리는 '내 맘대로 하는 것'이 아니다

"선생님, 도와주세요."

"무슨 일인데요?"

"친구한테 돈을 빌렸는데, 갚을 수가 없어요."

한 학생이 울상이 되어 찾아왔다. 이야기를 들어 보니, PC방에서 천원을 빌렸는데, 조건이 그 다음 날까지 갚지 않을 경우, 매일 100원씩 이자가 붙는다는 것이다. 사실 엄청난 폭리이지만, 당장 천원이 급한 학생에게는 쉽게 셈이 되지 않았을 것이다. 상대 학생을 불러서 물었다.

"친구끼리 그냥 빌려줘도 될 텐데, 왜 이렇게 이자를 높게 받으려고 해요?"

"저번에 빌려줬는데, 너무 늦게 갚아서 그랬어요. 그리고 빌려 갈 때 분명히 그렇게 하겠다고 약속했어요. 약속을 했으니까 제가 받을 권리가 있는 거 아닌가요?"

결국, 원금만 갚는 것으로 조정하여 해결했지만, 찝찝한 마음이 남았다. 종종 학생들이 주장하는 '권리'에 대한 이야기를 들으면서, 개운하지 않을 때가 있었다.

"욕을 하길래 친구들과 함께 가서 따졌어요. 저도 당했으니 그 정도 권리는 있지 않나요?"
"더 많은 점수를 낸 팀이 상품 받는 건 당연한 권리 아닌가요?"

얼핏 들으면 '권리'라는 낱말의 사용이 합리적으로 보이지만, 대한민국에서 어쩐지 '권리'라는 낱말은 자신의 이익을 극대화하거나 상대를 지배하기 위한 수단으로만 사용되는 것 같다는 생각이 드는 건 왜일까?

교실이라는 작은 사회에서 학생들은 매일 크고 작은 분쟁을 일으키거나, 그에 휘말린다. 많은 부분 민주적 의사결정과 문제 해결, 판단의 핵심을 제대로 이해하고 있지 못하기에, 시작과 과정, 결말에서 모두 자신의 권리만 찾다가 끝나 버리고 만다. 권리의 조정과 타협이 없으니, 사과하는 이도 없다. 민주적 학급, 교실의 민주주의를 일구어 내기 위해서는 우선 중요한 몇 가지 낱말에 대한 논의부터 시작해야 한다. 아무래도 이후에 자주 언급하게 될 '권리'와 '의무'라는 낱말의 개념부터 바로 세워야 할 것이다. 이러한 낱말들은 흔히 교실에서 '행복, 존중, 배려, 양보'와 같은 미덕 중심의 추상적인 개념으로 뭉뚱그려서 전달하게 되는데, 여기에는 몇 가지 문제점이 보인다.

첫 번째, 일반적으로 학생들은 존중, 배려, 양보와 같은 낱말들을 '해야 하는' 의무적 요소로 받아들인다. 행복 그 자체를 다루기보다, 행복하기 위해서 '지켜야 할' 의무와 규칙으로 접근한다. 존중도 마찬가지다. '존중받는 문화의 형성'보다 '존중하기'와 같은 기계적인 행위를 실천하는 데 익숙하다. 가장 흔한 '배려와 양보' 역시 학생들이 마땅히 지켜야 할 의무로 느껴질 뿐이다. 이 모든 당위적인 의무가 학생들에게는 뜬구름 잡기 식의 학급 평화와 행복의 수단으로 제시될 뿐이다.

두 번째, 이러한 미덕 중심의 낱말들이 교실의 중요한 구성원인 교사에게는 예외로 적용되는 경우가 더러 있다. 아주 흔한 예로,

"친구가 너한테 똑같이 했다고 생각해 봐! 너는 기분 나쁘지 않겠어? 친구를 존중하라고 배웠잖아? 그래, 안 그래?"라며 다른 학생들이 보는 앞에서 소리치며 훈육하는 교사를 상상해 보자. 이 모습에서 존중의 문화, 미덕은 이미 물 건너가는 것이다.

세 번째, 자신의 권리나 의무를 제대로 알지 못하는 상황에서 존중과 배려, 양보의 지나친 강조는 자칫 체제에 순응하고, 부당한 지시에도 어느 정도는 참을 줄 알아야 미덕이라는 사고를 갖게 만들 수 있다. 이는 민주시민으로서의 성장 날개를 꺾는 일이 될 수 있다.

따라서 학생들에게 저학년 시기 때부터 존중과 배려, 양보의 개념과 더불어 권리와 의무라는 낱말도 분명하게 언급해야 한다. 나아가 학생들이 생활 속에서 직접 느껴 볼 수 있어야 한다.

권리, 어떤 일을 행하거나 타인에 대하여 당연히 요구할 수 있는 힘이나 자격을 뜻한다. 대부분의 민주주의 국가들은 태어날 때부터 인간에게 권리가 주어진다는 이념을 국가의 근간으로 한다. 양보하거나 포기할 수 없는 것이기에 이를 인권, 자연권自然權, 혹은 천부인권天賦人權 등으로 표현하기도 한다. 헌법상 보장된 기본 권리는 자유권, 평등권, 행복추구권, 참정권이 있다. 교실 속 존중과 배려의 근간이 되는 개념들이다.

"선생님이 수업 시간에 자리에 앉도록 여러분을 통제하는 건 여러분의 권리를 침해하는 행동일까요?"

방금 전 수많은 권리에 대해 들었던 학생들은 눈치를 보기 시작한다. 권리를 침해하는 것 같기도 하고, 아닌 것 같기도 해서 교사의 눈치를 살피는 것이다.

"권리를 침해하는 것 맞습니다."
"오! 그러면 선생님 이야기를 들을 필요가 없는 건가요?"

물론 이는 인간의 권리인 자유권을 침해하는 것이다. 하지만, 헌법 제31조 1항 '모든 국민은 능력에 따라 균등하게 교육을 받을 권리를 가진다'는 헌법상의 권리를 보장하기 위해, 교원자격증을 소지한 자에게 수업 진행을 할 수 있도록 학생을 자리에 앉게 하는 권한을 부여하고 있다.

"자유롭게 움직일 권리는 침해할 수 있지만, 여러분의 교육받을 권리를 보장하기 위해 여러분을 통제할 수 있는 거예요."

"만약, 수업 중에 누군가가 심하게 떠든다면, 그 친구의 자유로운 행동을 선생님이 못하게 막아도 될까요?"

"막아야 해요. 비록, 그 친구의 자유로움은 조금 빼앗기지만, 다른 친구들의 권리를 더 많이 지켜 줄 수 있어요."

"그런데, 그 친구가 멈추지 않는 거예요. 그래서 선생님은 매를 들어서 때리기로 결심했어요. 여러분의 권리를 보호하기 위해서죠. 괜찮을까요?"

"선생님은 점심시간에 운동장에서 노래를 부르고 있는 학생을 발견했어요. 선생님은 그 노래가 듣기 싫었어요. 그 친구가 더 이상 노래를 부르지 못하도록 해도 될까요?"

여기서부터, 학생들은 권리의 사용과 교사의 권한(통제)이 서로 어디까지 영향을 주고 견제해야 하는지 토의를 시작할 수 있을 것이다.

학생이 교사의 통제하는 말에 따르지 않는다고 해서 체벌을 가하면, 그것은 학생이 가진 무수한 다른 권리들을 침해하는 것이므로 교사는 법이 정한 '교육할 권리'를 빼앗기게 될 수 있다. 이를 법에서는 '과잉금지의 원칙', '비례의 원칙'이라고 하며 국민의 기본권을 제한함에 있어 국가의 한계를 명시한 것이다. (행위의 목적이 정당한지, 수단은 적합한지, 침해를 최소화할 수 있는지, 법익이 균형에 맞는지 따져 보는 것이다.)

이렇게 교사는 학생들과 권리에 대한 이야기를 하며, 스스로도 '교사로서의 권한'을 정확히 이해하고, 교사의 권한이 어디까지 영향을 줄 수 있는지 학생들과 합의해야 한다. 학급의 의사결정 과정 중, 교사와 학생이 권리와 권한의 맥락을 이해하지 못해 문제 상황에 제대로 된 대응을 하지 못하거나, 교실 민주주의 자체를 포기하는 일도 생기기 때문이다.

"학생들이 엉뚱한 결정을 했을 때 난감합니다."
"학생들이 민주적으로 결정했으니 교사는 무조건 따라야 하는 게 아닌가요?"
"그래서 애들은 강하게 통제해야 해요."
"그래서 이 방법(교실 민주주의)은 안 될 거 같아요."

앞서 말했듯 권리가 인간에게 중요하지만, 모든 상황에서 최우선인 것은 아니다. 교사가 판단하여 교사의 권한을 넘어서는 일, 학생들의 다른 권리를 침해하는 일이라면 정당하게 문제를 제기하고 다른 대안을 제시할 수 있다. 교사도 교실 민주주의의 중요한 일원이기 때문이다. 물론, 이 과정에서 충분히 납득할 만한 설명과 의사결정 과정을 동반해야 하며, 많은 대화가 필요할 것이다. (솔직히 이건 어느 조직에서도 마찬가지 아닐까?) 회피나 남용을 벗어나 교사의 권한을 적절히 최소한으로 사용하고자 노력하는 것 또한 교사의 민주시민성을 보여주는 중요한 지표가 될 것이다.

의무는 '권리를 지키는 힘'이다

의무는 교실 민주주의에서 교사가 정교하게 설계하고, 탐구해야 할 부분이다.

우선, 의무와 책임의 설정이 허술하면 그 자체만으로도 하인리히의 법칙으로 이어져 큰 문제를 야기할 수 있다.

"선생님, 청소 시간에 몇 명이 자꾸 도망쳐요."
"그래요? 그럼 앞으로는 남은 사람이 청소하고 가는 걸로 하죠?"
"네? 그런 게 어딨어요? 억울해요."
"억울하면, 청소 당번들 못 도망가게 붙잡으면 되잖아요."

이런 규칙은 학생들이 서로 청소를 성실하게 할 수 있도록 견제, 감시하는 체계를 만들기 위한 것일 수 있다. 그러나 그 부작용은 상상 이상이다. 실수로 깜빡하고 청소를 못하고 간 학생에 대한 거센 비난과 다툼은 다반사일 것이고, 힘이 약한 학생에게 청소를 맡겨 버리는

'청소셔틀'이 생길 수도 있다.

극단적인 예를 들었으나, 교실 속 의무와 책임을 살펴보면 많은 부분 학생 개인들에게 집중되어 있는 모습을 발견할 수 있다. 앞서 '개인의 문제에서 상황의 문제로의 인식 전환'이 중요함을 이야기했던 것은 바로 이것 때문이다. 모든 문제의 원인과 해결 방법이 학생 개인의 의무로 귀결되지 않는 것, 그것이 교실 민주주의의 지향점이다.

의무를 사전적 의미 그대로 '사람으로서 마땅히 하여야 할 일'로 보고, 권리에 대응하여 생각하기도 한다. 헌법은 국방, 납세, 교육, 근로의 4대 의무를 국민의 의무로 규정하고 있다. (준법의 의무를 포함하여 5대 의무로 보는 견해도 있다.) 법률상으로 의무는 권리의 반대 개념으로 쓰이지만, 실제로 우리가 '의무'를 만든 까닭을 생각해 보면, 권리의 충돌 지점에서 서로가 조금씩 물러나 평화롭고 안전하게 권리를 누릴 수 있도록 만든 장치라고 볼 수도 있다. 그것을 명문화한 게 '법'이다. 그러나 의무가 발생한 까닭이 '권리 보장, 인권 존중'을 위한 것임을 잊은 채, '준법', '규칙 준수', '질서 유지' 그 자체에 매몰되어 있는 교실을 발견할 때마다 안타까운 마음이 든다. 이후로 교실 민주주의에서 의무와 책임을 '권리 보장'의 측면에서 강조할 것임을 미리 밝혀 둔다.

'교사는 학생들을 보호 감독할 의무가 있기 때문에 교육과정 중 학생에게 피해가 발생할 시 그에 따르는 책임을 진다.'
'보호자는 자녀를 교육해야 하는 의무가 있으므로 (학생에게는 교

육 받을 권리) 등교를 소홀히 하거나 학교를 다니는 데 어려움이 있게
할 경우 그에 따른 책임을 진다.'

'**교육법상 학생은 교칙을 준수해야 할 의무가 있으므로** 이를 지키
지 않을 시 그에 따르는 책임을 진다.'

다소 딱딱한 위 세 개의 의무를 담은 문장이 실제로 학교라는 공간
을 움직인다. 그러나 교사와 십수 명의 학생들이 삶을 영위하고 있는
공간을 존중과 민주주의로 채울지, 의무만으로 채울지는 교사의 관
점 변화와 노력에 달려 있다.

이제 권리와 의무를 교실로 가져와 보자. 교내, 혹은 교실의 규칙
과 일상, 교사의 발화에서 크고 작은 의무와 책임이 얼마나 학생들의
어깨 위에 얹혀 있었는지 고민해 보았으면 좋겠다. 그리고 그 의무와
책임이 학생의 권리와 비교하여 얼마나 균형 있게 유지되고 있는지
확인하는 과정 또한 필요하다.

권리와 의무 이해하기

1. 내가 지금 하고 싶은 것들은 무엇일까요?(혹은 학교에서 해 보고 싶은 것) 마음껏 적어 보세요.	2. 그것들을 어떤 권리 낱말과 관련지어 이야기할 수 있을까요? (자유, 평등, 생존, 행복, 참여)
1) 떡볶이를 먹고 싶다.	생존, 행복
2) 친구들과 놀고 싶다.	자유, 행복
3) 우리 반도 피구를 했으면 좋겠다.	평등, 행복

4) 회장 선거에 나가고 싶다.	자유, 참여
3. 위 1번에서 적은 것들을 하는 데 어려움이 생긴다면 무엇 때문일까요?	**4. 3번을 생각하며 1번을 실천하는 방법은 무엇일까요?**
1) 돈이 없음.	용돈을 벌어 떡볶이를 사 먹는다.
2) 지금은 수업 시간임.	선생님께 부탁드려 본다. 아니면 쉬는 시간에 하면 된다.
3) 다른 친구들은 피구를 싫어할 수 있다.	친구를 설득해서 피구를 하자고 말한다.
4) 친구들의 추천을 받아야 함.	평소에 친구들에게 좋은 모습을 보여 준다.

위와 같은 학습지를 만들어도 좋고, 칠판에 자유롭게 브레인스토밍한 것을 적으며 이야기를 진행시켜도 좋다. 학생들이 응답한 풍부한 내용을 바탕으로 권리와 의무, 권한과 책임까지 연계하여 설명해 보자. 위 예에서 언급된 '떡볶이를 먹고 싶다'는 욕구는 인간의 생존을 위해 당연히 보장받아야 할 생존의 권리로 볼 수 있다. 그러나 그 권리를 행사하기 위해서 필요한 것에 대해서도 고민해 보아야 한다. 실제 수업 당시 '돈이 없음.'을 쓴 학생이 4번에 이르러 '떡볶이 주인이 안 보고 있을 때 몰래 먹는다.'라고 쓴 경우가 있었다.

"그래요, 그럼 주인 아저씨에게는 어떤 일이 일어나게 될까요?"

"돈을 못 벌게 돼요. 가게가 망할 수도 있어요."

"그래요, 주인 아저씨가 그 돈으로 음식을 사거나 병원을 가야 할 수도 있을 텐데, 그러면 ○○이의 생존을 위해 주인 아저씨의 생존을 위한 권리가 보장받지 못할 수도 있겠어요. 하지만, 사실 ○○이는 그렇게 하면 안 된다는 걸 알고 있을 거예요. 왜 그럴까요?"

"그렇게 하면 감옥에 갈 수도 있어서죠."

"누가 ○○이를 감옥에 집어넣어요?"

"네, 경찰이나 판사가 감옥에 사람을 넣을 수 있잖아요."

"아무나 막 잡아서 넣던가요?"

"아니요. 죄를 지은 사람만 감옥에 가요."

"맞아요. 우리가 아주 오래전에 이렇게 서로의 권리가 충돌했을 때, 한쪽만 일방적으로 권리를 누리는 것을 막기 위해 약속을 했어요. 그게 시간이 흐르면서 법이 되었어요. 그런데 만약 경찰이나, 검사, 판사가 없다면 어떤 일이 생길까요?"

"아무도 법을 지키지 않아요."

"맞아요, 그래서 법은 우리의 권리를 수호하면서 동시에 무한정 권리가 커지지 않도록, 경찰, 판사와 같은 수호자를 만들었어요. 또 우리의 권리를 보호하기 위해서 우리의 행동에 제약을 두거나 의무를 질 수 있게 권한이라는 것을 줬습니다. 경찰이나 소방관, 선생님 같은 사람들에게 그러한 권한이 있답니다. 선생님에게는 어떤 권한이 있을까요?(중략)"

"그런데, 한 가지 잘 생각해 보세요. 만약, 정말로 배가 고파서 죽기 직전이라면 떡볶이를 훔쳐서라도 먹어야 하지 않을까요?"

"맞아요. 죽을 수는 없잖아요."

"그래서 국가는 그러한 사람이 생기지 않도록 도와주어야 하는 의무가 있어요. 국민이 인간답게 살 수 있는 최소한을 보장해 주어야 해요. 국민만 법을 지킬 의무가 있는 게 아니라 국가도 그런 의무가 있는 거죠. 그러니까 만약 ○○이가 너무 배가 고파 떡볶이를 훔쳐서라도 먹을 지경에 이르렀다면 ○○이만의 잘못은 아니라는 거예요."

위 이야기처럼, 개인의 자유로운 행위가 어떤 권리에 해당되는지 알아보고, 제약은 무엇이며 다른 이와 어떤 지점에서 권리의 충돌이 발생하는지 이야기를 나누어 본다.

> 우리가 가진 권리(자연스런 욕구와도 관련 있음) 이야기하기
> ① 권리의 충돌 상황(딜레마) 제시
> ② 발생하는 의무 알아보기
> ③ 의무로 인한 권한과 책임 이야기하기
> ④ 권리와 의무가 적절히 조화된 상황 이야기하기

위 과정에서 발생하는 의무와 권한 있는 자의 조율, 개인과 국가(학교)의 책임은 어디까지인지 학생들과 이야기를 나누어 보자.

3장

교실 민주주의
시작하기

교실 민주주의를 시작하기에 앞서, 교실에서 누가 가장 편견이 많은
지에 대해, 선택권과 문제를 보는 관점의 변화에 대해 스스로 생각해
보는 시간을 가지기를 제안했다. 그리고 권리와 의무에 대한 교사와
학생의 이해가 필요하다는 것도 이야기하였다. 앞으로 맞게 될 크고
작은 문제 해결의 기준과 실마리가 될 것이기 때문이다. 그렇다면 교
실 민주주의를 통해 문제를 해결하고, 구성원이 서로 존중받는 문화
를 만들려면 어떻게 해야 할까? 막상 어디서부터 어떻게 시작해야 할
지 난감할 수 있다. '놀이를 하듯 그냥 재미있고 의미 있으면 되는 거
지!'라는 식으로 접근하기에도 '민주주의'라는 말은 무게감이 있기
때문이다. 나의 경우, '만약 내가 교실에서 민주주의에 대해서 설명한
다면 어떻게 해야 할까?', '민주시민의 자질을 키우기 위해서는 어떻

게 해야 할까?', '교실에서 그것을 지속시키기 위해서는 어떻게 해야 할까?' 등의 질문부터 스스로에게 던져 보기로 했다.

그리고 다음과 같이 크게 세 가지 관점에서 민주주의를 다루어 보고 탐구하기로 결심했다.

> 1. **민주주의에 대한 교육** : 민주주의가 뭘까?
> – 사회과에서 다루는 **교과 지식적 측면**의 민주주의 학습하기
> 2. **민주주의를 위한 교육** : 민주시민의 자질은 어떻게 성장할 수 있을까?
> – 교실 내 민주주의를 위한 **감수성 측면**의 문화 조성하기
> 3. **민주주의를 통한 교육** : 교실 민주주의는 어떻게 유지되어야 할까?
> – 교실의 **시스템 구축, 형식적 측면**을 위한 의사결정, 자치활동

위와 같은 고민에 따라 지난 수년간 시행착오를 겪어 오면서, 꼭 필요하다고 생각하면서도 많은 도움이 되었던 이야기와 활동들에 대해 풀어 보고자 한다.

이번 장에서는 교실 민주주의 시작의 첫걸음이 되는

> 2. **민주주의를 위한 교육** : 민주시민의 자질은 어떻게 성장할 수 있을까?
> – 교실 내 민주주의를 위한 **감수성 측면**의 문화 조성하기

와 같은 '교실 문화 만들기'를 다루고자 한다.

1. 평등한 대화 나누기

어떤 기준으로 학급의 민주성을 판단할 것인가에 대해서는 다양한 관점이 있을 수 있다. 교사의 태도, 학급 내 문제의 의사결정 과정 등 다양한 모습을 통해 교실 민주주의 상태를 가늠해 볼 수 있을 것이다. 그럼에도 누군가 나에게 교실 민주주의의 시작이 무엇이냐고 묻는다면, 단연코 '대화'와 '소통'이라고 말할 수 있다. 우리는 그동안 문제의 본질보다도 낱말의 선택과 어조, 표정과 태도 때문에 진흙탕이 되는 TV 토론회를 얼마나 많이 봐 왔던가?

초등학교 사회 교과서에서도 민주주의와 의사결정 과정의 중요한 지점을 대화와 타협에 두고 있다. 말이 통해야 서로의 생각을 이해하고 입장 차이를 분명히 하여 간격을 좁힐 기회가 생긴다. 그러나 대화가 꼬이기 시작하면, 그 이후부터는 감정 싸움이 되기 십상이다.

그렇다면 많은 사람들이 하루 종일 함께 지내는 학교 그리고 교실 속에서 수없이 오가는 대화들은 어떨까? 민주주의적 관점의 평등한 대화와 소통이 제대로 이뤄지고 있을까?

교실 대화를 살피기 전에, 우선 아래의 대화부터 살펴보자.

"김 선생, 요즘 연애하느라 정신이 없나 봐."

"아니, 교대에서 뭐 배워 왔어?"

"별 기대 안 했는데 제법이네."

"그 정도 계속 실수했으면 이제는 고쳐야지……."

"SNS 보니까 잘 놀던데, 수업 준비는 언제 해?"

"뭘 어려워…… 하다 보면 늘어, 불평하지 말고 해."

실제로 한 선배와 관리자로부터 들었던 말들이다. 한 사람은 앉아서 그리고 상대방은 서 있어야 하는 공간에서 이런 말들이 오간다면, 우리는 이것을 대화 혹은 소통이라고 부를 수 있을까? 직접적인 비난은 물론이거니와 비꼬는 형태, 그리고 지위에 따라 가해지는 압력, 숨은 의도를 파악하게 되는 이런 말들이 한 번이라도 오고 간다면, 이후 상대방과의 솔직한 의견 개진이나 따뜻한 대화 같은 것은 기대할 수도 없을 것이다. 이번에는 교직원 회의 시간을 떠올려 보자.

"선생님들, 뭐 어떤 결정을 하셔도 좋지만, 그에 앞서 학생들을 위한다는 생각으로 검토해 주셔야 합니다."

"아, 그리고 사안들을 감정적으로만 생각하지 마시고, 객관적으로 생각해 주시기 바랍니다."

어떤가? 말에서 압력이 느껴질 뿐 아니라, 개인의 생각에 대한 검열이 생기고 만다. 앞선 말에서 '학생들을 위한'이란 틀을 정해 버려서, 뒤이을 상대의 자유로운 생각을 비교육적으로 만드는 것, 개인의 의견을 강하게 주장하는 것이 마치 '감정적'인 생각과 상황이 되어 버리게 만드는 것은 모두 말하는 사람이 듣는 이보다 높은 위치에 있는 사람이기 때문이다.

이는 분명 불평등한 대화다. 우리는 불편한 권력 상황에 놓일 때, 흔히 말하는 '을'이 되었을 때, 상대방과의 대화 중 맥락 속 숨은 의도와 압력을 쉽게 느낄 수 있다. 그럼 입장을 바꾸어 내가 더 많은 권력을 지닌 상태, 즉 갑이 되어 대화를 하게 될 때에도 상대방이 느낄 압력을 쉽게 알아챌 수 있을까?

"경민아, 쉬는 시간, 점심시간에 뭐 했니?"
"아니, 3학년 때 배웠을 거 아냐."
"네가 숙제를 다 해 온 거 보니 우리 반 다 해 온 거네."
"똑같은 걸 몇 번을 틀리냐, 정신 안 차릴래?"
"아니, 학원 숙제 할 시간은 있고, 쌤 숙제는 안 해?"

실제로 학생들에게 자주 했던 말들이다. 나는 모르고 있었지만, 그

말들로 인해 학생들은 무척이나 속상하고 섭섭했음을 뒤늦게 토로하였다. 솔직히 내 입장에서는 학생들이 너무 까불어서, 숙제를 해 오지 않아서, 열심히 노력하지 않는 것 같아서 내뱉었던 말들이다.

그러나 나는 오로지 교육적 목적을 달성하겠다는 이유만으로 그리 말했던 것은 아니었던 것 같다. 그 학생들이 좀 더 경각심을 갖게 하기 위해서, 혹은 강하게 인식했으면 하는 바람만이 전부는 아니었다는 것이다. 바로 말해 줘도 되는 것을 일부러 언제 하는지 보기 위해 말없이 지켜보고, 비꼬는 듯한 말을 쓰기도 했다. 우리 교실에서가 아니라면, 상대가 학생이 아니라면 다른 누구에게도 쓸 수 없는 말들이다. 그 누구도 참아 주지 않을 말들이라는 것도 잘 알고 있다. 모든 교사가 앞서 언급한 것 같이 말하지는 않겠지만, 교사라면 아래 문장에 연결되는 말들을 한 번쯤은 해 보았을 거라 확신한다. 한 번씩 읽어 보며 자신만의 뒷말을 만들어 보자. 자신의 입에 짝짝 붙는 어떤 말들이 있을 것이다.

누가 수업 시간에 막 _____

뭐 하는지 알면 _____

선생님이 시키는 대로 _____

한 번만 더 그렇게 _____

이러한 말들은 나도 모르게 습관적으로 교실에서 쓰는 말들이지만, 교실이 아닌 공간에서는 일부러라도 쓰기 어려운 말들이다. 교실 속 권력을 더 많이 가진 사람이 교사라는 사실을 어느 정도는 인정할 수밖에 없는 것이다.

학생 A 선생님, 이번 주 안건을 제안하고 싶습니다.

교사 뭔데?

학생 A 방과 후 청소를 아침이나 점심에 하는 것에 대해서……

교사 스읍……(인상을 쓰며 교사가 숨을 들이쉼) 그래? 더 이야기해 봐.

학생 B (학생A를 쳐다보며) 야, 너 집에 빨리 가고 싶어서 그런 거지?

학생 A 아, 아니야! 내가 넌 줄 알아?

학생 B 내가 뭘? 만날 네가 청소 안 하고 도망가잖아! (이후 엉망진창)

위 학급회의의 장면에서 가장 잘못한 사람은 누구일까? 눈에 띄는 잘못은 B가 했다. 분명 발표자의 의견에 끼어든 것이 문제다. 그러나 학생 B가 학생 A의 의견에 공격적으로 대응하게 된 원인이 있다. 그것은 학생 A의 의견 제시 후 교사가 보인 비언어적 행동 때문이다. 교사가 의도하지 않았더라도, 학생 A의 의견에 대해 표정과 말투로 나타낸 부정적 태도는 친교사 성향을 띤 학생들에게 '시그널'로 작용한다. '교사의 눈치'를 보는 행위 말이다. 요즘 같은 시대에 어떤 학생이 교사의 눈치를 보며 말하냐 하겠지만, 초등학교에서 교사가 학생과 어느 정도 친밀감을 유지하는 경우, 학생들은 교사의 의견에 크게 동조하는 경우가 많다. 그렇기에 교사의 민주적 태도가 학생들의 민주시민성의 성장에도 큰 영향을 미치는 것이다. 교사가 별 의미 없이 던지는 낱말과 비언어적 표현도 학생들에게 큰 영향력이 작용한다는 점이 부담스러워, 교사 스스로 자신의 역할을 축소시키고 싶은 마음이 들지도 모른다. 그러나 교사는 학생을 보호하고 교육을 해야 할 권한 있는 자이기에, 원하든 원하지 않든 교사의 영향력에 대한 책임감을 늘 염두해야 한다.

그렇다면, 앞의 상황처럼 교실 속에서 이루어지는 수많은 대화들을 좀 더 민주적으로 이끌려면 어떻게 해야 할까? 간단하다.

학생 A   선생님, 그러면 지구 자전 방향이 반대가 되면, 과거로 갈 수 있는 건가요?

학생 B   야, 그게 말이 되……

교사   (B의 핀잔 섞인 말을 가로채며) 아주 좋은 질문이에요. (엄지척을 하며) 그런 발상을 할 수 있다는 건 선생님도 생각 못했어요.

학생들   오……!

교사   좋은 질문이지만, 지금 내용과는 벗어나 있으니 정리 시간에 같이 이야기해 봅시다.

교사의 권위를 활용해 학생들의 발언에 언어적, 비언어적 힘을 실어 주면 된다. 교사는 학생들이 본능적으로 나타내는 미묘한 서열 경쟁의 분위기를 읽고, 격려와 칭찬으로 힘의 균형을 맞추어 주는 것이다. 만약, 교사마저 학생 A의 질문이 엉뚱하다며 무시하는 말이나 태도를 보이면 어떻게 될까? 일반적인 학급경영의 관점에서는 학생의 정서를 부정적으로 만들고, 발표 의지를 꺾는 것 정도로 해석될 수도 있다. 그러나 교실 민주주의 관점에서는 '자유로운 의사 표현'에 대한 자기검열, 다른 사람의 의견에 대해 합리성의 판단 없이 무시해도 된다는 부정적 문화 형성에 일조하는 게 된다. 그렇기에 교사의 언어적 · 비언어적 권력을 스스로 감시하고, 학생 개개인의 말에 힘을 실어 주는 체계를 만들어 함께 연습하는 것이 필요하다.

'배.경. 없는 대화'로 비언어적 존중 표현하기

학생 A   엄마, 나 왔어.

엄마   (설거지 중)어, 왔어? 얼른 씻고, 식탁 위에 있는 빵 먹고 학원 가.

학생 A   알았어.

위 대화는 한 학생이 '최근 부모님과의 대화 중 가장 속상했던 일'로 언급한 내용이다. 이 짧은 대화 속 어떤 부분에서 학생이 속상함을 느꼈을까? 글로 적힌 대화 내용만 보면 문제될 것이 없어 보인다. 그러나 학생들과 이 예시를 들어 대화하면, 생각보다 아이들은 어른들과의 대화에서 상처받는 일이 많음을 알 수 있다. 구체적으로 어떤 감정이었을까? 그 감정을 바로 체험해 볼 수 있는 방법이 있다. 바로

'배.경. 없는 대화' 체험하기 활동을 해 보는 것이다.

배.경. 없는 대화 체험하기

첫 번째 활동

① 2인이 짝이 되어 이야기할 순서를 정한다.

② 말하는 사람(이하 A)은 1분 동안 말하고, 듣는 사람(이하 B)은 자연스레 경청한다.

③ 1분이 지나 A에게 'B의 듣는 모습에서 칭찬할 점을 3가지 찾기', 반대로 B에게는 'A의 말하는 모습에서 칭찬할 점 3가지 찾기'를 하게 한다.

④ 서로의 칭찬할 점을 이야기해 준다. 이번에는 역할을 바꾸어 대화를 시작하고, 1분이 지난 뒤 3가지 장점 찾기를 해 본다.

＊ 성인의 경우에는 자신이 최근에 경험한 중요한 일, 영화나 드라마 추천, 최근에 잘 샀다고 생각하는 물건 등을 화제로 삼는다.

＊ 학생의 경우에는 1분이란 시간 안에 스스로 말하기 어려워하는 경우가 있으므로 학기 초 교사들이 준비하는 '나 소개하기', '나의 뇌 구조', '나의 취미와 특기' 학습활동을 사전에 작성한 뒤 연습할 시간을 주는 것이 좋다.

▶ 단체 활동이지만, 교사가 관찰한 뒤 훌륭한 태도를 보이는 학생들을 따로 불러내 대화 활동 후 칭찬할 점을 이야기해 주는 것도 좋다. 학생 대신 교사가 직접 참여하여 시범을 보여 주면 학생들끼리 할 때는 몰랐던 부분을 알게 하는 데 도움이 된다.

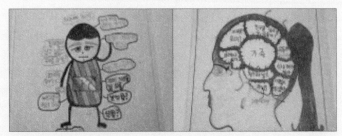

▶ 초등학생의 경우 1~2분을 아무 준비 없이 이야기하기 쉽지 않다. 그러므로, 우선 말할 거리, 생각할 거리 자료를 작성하게 하고 이것을 보며 이야기를 이끌어 내도록 한다. 단, 이 활동은 비언어적 의사 표현을 이해하는 활동이므로 반대로 상대의 얼굴과 눈을 보고 해야 함을 꼭 상기시킨다.

두 번째 활동

⑤ 이번에는 앞서 한 ①~④의 순서대로 진행하고, 말한 이야기 내용도 다시 한 번 그대로 하되, 듣는 사람의 태도를 바꾸는 미션을 준다. 아래와 같이 따르게 한다.

 * 듣는 사람이 1분 동안 지켜야 할 미션
   - 상대방이 하는 말에 호응하지 않는다.
   - 딴짓을 하거나, 귀 파기, 머리나 스마트폰 만지작거리기, 하품하기 등의 행동을 한다.
   - 중간에 웃음이 나와도 진지하게 행동하며 포기하지 않는다.

⑥ 역시 1분 동안 A가 말하고, B는 미션을 수행한다.
⑦ 1분이 지나면, 역할을 바꾸어 미션을 수행한다.
⑧ 각자 느낀 점을 서로 이야기 나누게 한 뒤, 자신의 생각을 발표하여 공유한다.

초반에 서로의 말하기, 듣기 자세에 대해 칭찬하는 활동을 학생들은 쑥스러워하거나 어려워한다. 그런데 억지로라도 3가지, 혹은 5가지씩 장점을 찾게 한 뒤 역할을 바꾸어 대화하면, 바로 말하는 태도와 듣는 태도가 바뀌는 것을 볼 수 있다. 방금 자신이 칭찬한 내용과 들은 내용이 자신의 태도를 교정해 주기 때문이다. 그리고 이 대화가 끝난 뒤, 서로의 장점에 대해 이야기해야 한다는 점 때문에 더욱 적극적으로 말하고 듣는 성의를 보인다.

두 번째 활동이 이 활동 전체의 핵심이다. 활동 중 보이는 모습은 어른이나 아이 모두 비슷하다. 분명 활동 방법 지시에 따라 상대방이 연기를 하는 것을 알고 있는데도 고통스런 반응을 보이는 것이다.

"분명 아까랑 똑같은 내용을 말하는데, 말을 이어 갈 수가 없어요."
"말이 뚝뚝 끊기고, 머리가 하얗게 되는 기분이에요. 이 사람이 나한테 왜 이러나 하는 마음도 들어요. 분명 연기라는 걸 아는데도요."
일부 학생들의 경우에는 격한 반응을 보이기도 한다. 활동 시작 전에 '이건 선생님이 시킨 거고, 상대방은 아무 잘못이 없어요, 연기일 뿐이에요.'라고 약속했음에도, 대화를 포기하거나 분통을 터뜨리는 학생들이 속출한다. 활동이 끝난 다음 교사는 학생들의 감정을 차분히 달래 주면서, 상대방의 어떤 태도에 기분이 나빴는지, 어떤 기분이 들었는지 이야기를 나누어, 이 활동의 목적을 분명히 상기시킨다. 그리고 이 활동의 이름을 다시 한 번 언급하며 칠판에 적어 본다.

'배( ) 경( ) 없는 대화 체험하기'

학생들에게 괄호 안의 낱말이 무엇인지 이야기를 나누도록 해 보자. 배려와 경청을 먼저 가르치는 것도 좋지만, 그것이 부재한 상황의 대화가 나에게 어떤 기분이 들게 하는지 알게 될 때, 배움의 효과가 커진다. 무엇을 해야 할지보다, 무엇을 하지 말아야 할지를 경험할 때 개념은 더욱 와닿기 때문이다. 특별한 존중의 행동을 하는 것보다 불필요한 비언어적 행동만 피해도, 대화 중 상대방은 존중받고 있다는

▶ [추천 활동 : 대화 거리 좁히기] '배려란 상대방을 위해 서로 한 발자국씩 가까이 가는 것', '좋은 대화를 위한 가장 적절한 거리는 어느 정도일까?' 서로의 의자를 적당히 멀리 떨어뜨린 뒤 마주 본 사람과 대화를 시작한다. 금방 교실은 소란스러워지고, 학생들의 주의력은 급격히 떨어질 것이다. 이후 같은 방식으로 하되 의자에서 내려와 서로에게 한 발짝씩 다가와 앉아서 같은 방식으로 대화를 시작해 본다. 그리고 두 방식의 대화의 차이점, 자신의 생각을 나누도록 한다. 배려란 무엇이고, 어떤 상황에서 경청이 가능한지의 체험을 통해 배려와 경청의 개념을 학생들에게 각인시킬 수 있을 것이다.

느낌을 받을 것이다. 혹시 앞서 소개한 활동이 아이들의 감정적인 부분 때문에 걱정된다면 '대화 거리 좁히기 활동'으로 대체해 보자.

위 활동들을 통해서 대화의 영역을 수업 중인 교사, 발표하는 학생의 감정으로 확대해 볼 수도 있다. 학생들과 아래의 질문을 함께 나누며 이야기해 보자.

· 이제 친구들을 살펴보면, 어떤 방식으로 대화하는지 알 수 있을까?
· 대화를 하며 묘하게 나의 기분을 나쁘게 만드는 친구에게 어떻게 말하면 좋을까?
· 발표할 때 다른 친구들이 딴청을 피우는 모습을 보면 어떤 기분일까?
· 선생님이 수업할 때 열심히 들어 주는 학생을 더 쳐다보게 되는 이유는 뭘까?
· 선생님에게 상담을 하러 왔는데 선생님이 모니터만 보며 말한다면 어떤 기분일까?
· 열심히 수업 중인데 누워 있거나, 하품을 하는 학생들을 보면 선생님은 어떤 기분일까?

이와 같이 교실 속 다양한 대화의 풍경에서 '배.경.'이 사라진 순간들과, 이제는 관찰할 수 있게 된 점들에 대해 충분히 이야기 나누어 보자. 앞서 교실 민주주의의 시작은 '대화'에 있다고 했다. 대화의 내용도 중요하지만 대면하며 문제를 해결하는 과정에서 '배.경.'

있는 비언어적 의사 표현은 교실 속 수많은 대화를 보다 평화롭게 만들어 줄 것이다. 학생뿐 아니라 교사도 이 점에 유의해야 함은 물론이다.

'감정의 걸음과 물컵'으로 대화 감수성 높이기

학생 A (씩씩대며 소리 지른다.) 내가 뭘 어쨌다고 그래?

학생 B 됐다. 말을 말자. 너랑 이제 이야기 안 해.

교사 무슨 일이에요?

학생 B 아니, 급식 줄 똑바로 서라고 이야기했는데 계속 버티고, 안 듣잖아요.

교사 A야, 갑자기 왜 화를 내는 거야? 무슨 일 있어?

학생 B 아녜요, 괜찮아요. (얼굴이 빨개져 그대로 있는다.)

교사 아니야, 선생님이 안 괜찮아. 무슨 일인데 소리까지 질러?

학생 B 아니라고요. 그냥 내버려 두세요.

교사 선생님이 이렇게까지 묻는데, 오늘따라 행동이 지나치구나. 밖으로 나오렴.

     (외마디 욕설과 함께 식판이 던져져 와장창 소리를 낸다.)

그런 날이 있다. 등교부터 몸이 무겁고, 작은 소리에도 민감해진다.

웃고 넘길 수 있는 것도 꼭 집어내야 직성이 풀리는 날이다. 이런 날은 모두에게 가끔씩 찾아온다. 이런 날 우리는 대화를 평화롭게 이어 가기가 어렵다. 그렇다고 상대방이 내 상황을 알아주어야 할 의무도 없을 뿐더러, 나 또한 내 상황을 설명하기도 귀찮다. 그나마 성인들은 그럴 때의 상황과 자신의 감정을 인지하는 편이라, 스스로 조심하거나 상대방의 표정과 분위기를 읽고 자신의 행동을 조절하려고 한다. 자신이 처한 감정을 이해하고 그 한계를 인식하며, 상대방 또한 다양한 감정에 놓일 수 있다는 점을 이해하는 것은 공동체 사회에서 무척 중요한 능력이다. 일종의 '선'을 아는 것이다. 배려가 적극적인 실천 행위라면 '선을 아는 것'은 최소한의 지식이다.

그런데 학생 중 일부는 그 감정을 그저 '짜증' 정도로만 인식하고, 그로 인한 결과를 예측하고 조절하는 데 어려움을 겪을 수도 있다.

앞의 사례에서 학생 A는 평소보다 과도하게 화를 내고 있으며, 그것을 인지한 교사는 자신에 대한 도전으로 여겼다. 그래서 그 자리에서 해결하고자 했다. (나도 그렇지만, 일부 교사들은 문제가 생기면 바로 그 자리에서 해결해야 한다는 일종의 강박 같은 것을 느끼기도 한다.) 결국 학생이 먼저 대화의 '선'을 넘어 버린 상황까지 온 것이다. '급식 줄 관련 행동'과 '소리 지르기', '교사의 지시에 따르지 않기' 등은 사실 표면적 문제일 뿐이다. 어쩌면 학생 A는 줄 서라는 친구의 말에 "응, 미안. 실수했네."라며 넘어갔을 수도 있었을 테니 말이다. 그렇기에 교사는 평소와 다르게 과민한 반응을 보이는 학생이 있다면 '문제행동 너머의 문제'를 파악할 수 있어야 한다. 그리고 학급 내 학생들도 서로에게 그러한 부분이 있을 수 있다는 감정의 경험과 합의가 있어야 한다. 어떤 행동과 말들이 상대방의 감정을 자극하거나 '선'을 넘게 만드는지, 왜 사람마다 그 반응이 다르게 나오는지를 알아야 한다. 학생들의 대화는 성인들처럼 정치적이거나 이해타산적이지 않은 경우가 많다. (상대방의 의도가 기분 나빠도 이내 참고 웃으면서 대화해 주는 어른이 아니라는 뜻이다. 혹자는 그걸 '사회생활'이라고 부르기도 하더라.) 대화가 주는 감정에 많은 부분이 휘둘리고 이어질 대화의 양상에도 큰 영향을 미친다.

교사 또한 학생과의 '평등한 소통'을 위해 감정을 이해하고 '선'을 구분하는 훈련을 함께해야 한다. 이것은 일종의 감각이라고도 볼 수 있는데, 말하자면 대화의 '감수성'이다. 최근, '성인지감수성' 개념이 부각되면서, '감수성'이란 낱말이 많이 거론되는데, 다음과 같이 이해하면 된다. '상대방이 불편해할 수 있는 상황이나 낱말을 이해하고, 되도록 그러한 상황과 낱말을 피해 가려고 노력하거나 불편하다고 말하는 것' 정도로만 생각해도 많은 것이 눈에 보일 것이다. 자신이 대접받고 싶은 대로 남을 대접하라는 '황금률'도 이와 같은 맥락이다. 그런 감각을 타고난 사람도 있겠지만, 훈련과 경험, 학습으로 쌓아 나가는 경우가 대부분이고, 상황에 따라 증폭되거나 둔해지기도 한다. (학생 앞에서 교사가 권력자라는 말이 상황에 따라 잘 와닿지 않을 때도 있지만, 교사 앞에서 교장이 권력자라는 말은 크게 와닿고 할 말도 많아진다.) 그러므로 당연히 감정의 선에 대한 교사의 인식과 노력도 필요하다.

학생 간의 대화에서는 보통 감정이 날것으로 드러나기 마련이지만, 교사와 학생의 대화에서는 교사의 권력에서 오는 압력으로 학생이 하고 싶은 말을 다 하지 못하고 숨기거나, 반대로 그에 반발해 왜곡하여 표현하는 경우(소리 지르거나 욕설 등)가 있다. 그렇기에 교사는 학생 문제를 접할 때 이러한 감정을 이해하고, 문제의 본질을 파악하려는 태도를 보여 주어야 한다. 물론, 교사도 인간이기에 학생의 파괴적인 말과 무례한 행동에 감정이 흔들리는 것은 당연하다. 그렇다면 그 감정 또한 빠르게 파악해야 한다. 그렇지 않으면 교사는 자신에게 닥쳐온 부정적 감정의 돌파구로써 강력한 낱말과 권한을 사용하고자 할 것이기 때문이다.

교사라고 모든 상황에서 스스로를 통제하는 것이 쉬운 일은 아니다. 가장 좋은 방법은 학급 구성원 모두의 대화 감수성을 끌어올리는 것이다. 초임 시절 선배로부터 성희롱적인 발언을 들었다고 한 선배의 이야기가 떠오른다.

"예전에는 몰랐어. 당연히 참아야 하는 줄 알았지. 그런데 지금 생각해 보면 그러지 말았어야 했어. 참지 않고 말하는 사람들이 있었으면, 그 사람이 지금도 그러고 있진 않겠지. 그런데 요즘은 말하잖아. 그게 이상하지 않은 거잖아. 그럴 수 있어서 좋아."

학생들이 대화 속에서 불편하다고 느끼는 감정을 "나 지금 불편해."라고 표현할 수 있는 길을 열어 주고 성장할 수 있도록 하면, 그 자체로 교사에게도 스스로를 점검하고 훈련할 수 있는 기회가 많아지는 셈이다. 이후 소개할 감정의 걸음과 물컵 활동은 이런 맥락에서 구성한 활동이다.

감정의 걸음 활동하기

① 먼저, 감정의 걸음 활동을 위한 약속을 이야기한다.
- 역할극이 진행되는 동안에는 절대 웃거나 떠들지 않고, 역할극의 참여자에게 집중하며 감정과 생각을 읽으려고 노력한다.
- 역할극에 참여하는 학생은 진지하게 임하며, 억지로 상황을 만들거나 코믹한 상황으로 연출하려 하지 않고, 평소의 자신으로 참여한다.
- 교사는 역할극의 참여 학생에게 이 모든 상황이 '연기'일 뿐이며, 만약 도중에 힘들다고 느껴지면 언제든 포기해도 좋다고 미리 이야기해 둔다.
② 교실 한쪽에 선을 긋고(마킹 테이프 등 활용) 선 뒤에 물러나 서 있도록 한다.
- 학생 수가 많아 모두 서 있기 어려운 경우 두 그룹으로 나눈다.
- A그룹이 선 뒤에 서면, B그룹은 선 반대편이나 옆면에 앉아서 대기한다.
③ 선의 반대편에는 의자 등을 준비하여 무대를 만든다.
④ 규칙을 설명한다.
- 선 뒤에 대기 중인 학생들은 교사가 정한 학생의 머릿속으로 들어가 그가 불편한 감정(슬픔, 두려움, 걱정 등)을 느낄 때마다 한 걸음씩 앞으로 나오면 된다. 많이 불편하면 두 걸음을 나와도 된다. 그러나 보폭은 일정하게 걸을 수 있도록 한다.
⑤ 교사가 준비한 역할극으로 대화를 시작한다.
   (대본을 준비해도 좋고, 즉흥극으로 진행해도 좋으나 인물에 대한 성격을 명확히 설명해야 한다.)

- 역할극은 기본적으로 교사가 직접 참여하여 극을 이끄는 것이 좋으나, 대본이 충실히 준비되면, 학생 간의 극으로 이끄는 것도 좋다.
- 역할극 준비가 부담스럽다면, 활동 전에 학생들로부터 최근에 가족들과 대화 중 속상했던 일, 친구들과 대화 중 속상했던 일을 설문 받아, 그 속에 나왔던 문장들을 정리하여 읽어 주거나 영화의 한 장면을 함께 보거나 지문을 읽어 주는 방식으로 대체할 수 있다. 저학년의 경우 그림책 등을 활용해도 좋다.

⑥ 학생들이 걸어 나와 역할극 무대까지 다가오거나 역할극의 상황이 더 이상 진전이 없을 때 활동을 멈춘다.

⑦ 학생들의 서 있는 위치와 나온 걸음의 차이를 확인하고, 아래와 같은 질문들을 주고받는다.

- 제일 처음 걸어 나오게 한 말은 무엇이었나요? 그때의 감정은 어땠나요?
- 어떤 상황과 말에서 걸음을 많이 걷게 되었나요?
- 상대방이 어떻게 말을 했으면 더 좋았을까요?
- 친구들마다 감정의 걸음이 다른 이유는 무엇일까요?

▶ 동일한 감정의 선에서 시작하지만, 활동 후에는 저마다 서 있는 위치가 다르다. 이러한 차이를 보이는 이유를 함께 이야기하고 탐구하는 과정도 필요하다.
불편한 감정이 생길 때마다 앞으로 걷는 활동이 어렵다고 느껴진다면, 행복이나 고마움 등 긍정적인 감정이 생길 때마다 걷는 방식도 추천한다. 학생들이 감정의 걸음 활동 시 눈치를 보는 경우도 있기 때문에, 참여 학생 수를 더 줄여 안전을 확보한 뒤, 안대를 쓰고 온전히 자신의 감정에 집중하여 걸어 나올 수 있게 하는 방법도 있다.

감정의 걸음 활동은 대화의 상황과 낱말이 나에게 직접적으로 미치는 감정을 표현해 보는 활동이다. 학생마다 서 있는 위치가 달라질 수 있다는 점을 어떻게 해석해야 할까? 같은 상황과 낱말에도 사람마다 느끼는 불편함의 정도와 크기는 다르다는 것이다. 실제로, 무대까지 걸어온 학생이 생겨 역할극이 끝났을 때, 다른 학생은 겨우 두 걸음을 뗀 경우도 있었다. 그 이유가 궁금하여 물었더니 '너무 자주 듣는 말이라 익숙하다.'고 말해 안타까운 마음이 들기도 했다. 하지만 이러한 감정의 다양함에 대해 서로 눈으로 확인하고 합의할 수 있는 기회는 무척 드물다. 너무 예민하거나 또는 둔감한 사람 모두 나와 멀리 있는 존재가 아니라, 마치 점분포도처럼 자연스럽게 펼쳐져 다양하게 나올 수 있음을 함께 확인할 수 있는 것이다. 똑같은 상황에서 나는 화가 나지 않을 수 있지만, 누군가는 화가 날 수도 있겠다는 생각, 상대방이 화를 내지 않는 건 내 말이 괜찮아서가 아니라, 애써 참고 있거나 아직은 눈치채지 못할 수 있기 때문이라는 생각을 나누어야 한다. 감정의 걸음 활동이 상황과 대화의 다양한 반응을 볼 수 있는 활동이라면, 이후 소개할 감정의 물컵 활동은 감정의 수용과 이해를 돕는 활동이다.

감정의 물컵 활동하기

① 감정의 걸음 활동과 본질적으로 같은 태도를 취하나, 이 활동의 취지는 물컵의 상징에 있다는 것을 주안점으로 한다.

② 교사는 다양한 크기의 종이컵을 학생 수만큼 준비한다. 다양한 종류를 준비하기 어려우면 종이컵의 윗부분을 잘라서 담을 수 있는 용량을 다르게 하면 된다. (컵의 크기 차이가 심하게 드러나도록 하는 것이 좋다.)

③ 학생들은 2인 1조가 되어 '감정'과 '행동'이 된다. '감정'은 일반적인 크기의 컵을 받고, '행동'은 크기가 제각각으로 구분된 컵을 받는다. '감정' 역할을 받은 학생은 자신의 컵에 물을 2/3만 채워 온다. 그리고 무대와 등을 지고 서서 들려오는 이야기에 집중한다. 이야기와 상황에서 불편한 감정을 느낀다고 생각할 때마다 맞은편 '행동' 학생의 컵에 물을 따른다. 물은 천천히 따르되, 물의 양은 자신이 느낀 감정의 크기만큼 따를 수 있다. '행동'의 컵에 물이 가득 차거나 자신이 더 이상 따를 물이 없으면 '감정'은 그 자리에 앉는다.

④ 교사가 준비한 역할극, 영상 자료 등으로 이야기를 진행한다.

⑤ 준비한 이야기를 마치거나 '감정' 학생이 모두 앉아 있으면 활동을 마친다.

⑥ 먼저 앉아 있거나 서 있는 '감정' 학생들에게 아래와 같은 질문들을 해 본다.
 - 제일 처음 물을 따르게 된 상황이나 말은 무엇이었나요?
 - 언제 가장 많은 물을 버리고 싶었습니까?
 - 앉게 된 (혹은 서 있게 된) 이유는 무엇인가요?

⑦ 다음으로 물을 받은 '행동' 학생들은 교사의 지시에 따라 미션을 수행한다.
 - '물을 최대한 흘리지 않고, 반대편까지 걸어갔다가 오기'

⑧ 미션을 수행한 '행동' 학생들에게 아래와 같은 질문을 해 본다.
 - 컵 속의 물을 제대로 가져올 수 있었나요?
 - 쉬웠거나 어려웠던 이유는 무엇인가요?
 - 어떻게 하면 컵 속의 물을 안전하게 가져올 수 있을까요?

▶ 각기 다른 크기로 준비한 종이컵을 무작위로 학생들에게 나누어 준다.

▶ 처음 교사가 감정 친구에게 물을 따라 주기 위한 큰 주전자를 준비할 때 이미 정답을 공개하는 셈이다.

▶ 앞에서는 친구 간의 역할극이 이루어지고 있다. 등을 지고 대화를 듣고 있는 '감정' 역할 친구들은 감정을 이입해 물을 따르기 시작한다.

▶ '감정' 역할을 맡은 친구들은 자신의 감정에 따라 '행동'의 컵에 물을 따르지만, 컵의 크기가 제각각이라 물을 다 따르거나, 따르지 못할 경우가 생긴다. 마찬가지로, '행동' 컵을 받은 학생들은 감정 컵의 물이 조금 왔을 뿐인데, 이미 컵의 물이 가득 차 버린다. 반대로 물을 가득 채워도 여유가 있는 행동 컵도 있다. 그 상태로 교실 반대편까지 컵을 옮기는 것이 누군가에게는 무척 쉬운 일이지만, 누군가에게는 물을 흘리거나 쏟지 않고는 불가능한 일이 되어 버린다. 컵의 크기와 바닥에 쏟아진 물이 상징하는 것은 무엇일까?

2인 1조가 된 '감정과 행동'의 활동에서 '감정 컵'이 따르는 물은 '감정' 그 자체가 될 것이다. 특히, 부정적인 감정이라고 볼 수 있다. 부정적 감정은 '행동 컵'으로 옮기며 채워지는데, 컵의 크기가 다른 것은 감정의 수용 능력을 표현한 것이다. 다음의 예처럼 학생들에게 설명하면서 이해를 돕자.

"같은 코미디를 봐도 나는 재미없는데, 어째서 짝꿍은 재미있다고 할까요?"
"같은 영화를 봐도 나는 아무렇지 않은데, 왜 엄마는 눈물을 흘리실까요?"

감정의 물컵 활동은 같은 상황과 말 속에서 자신이 담을 수 있는 감정의 그릇이 사람마다 다르다는 것을 비유적으로 표현하기 위한 활동이다. 그러나 여기서 학생들에게 정확히 짚어 주어야 할 부분이 있다. 감정의 컵이 작다는 것을 '속이 좁다'와 같은 성격의 문제로 이해하면 안 된다는 것이다. 감정의 컵은 사람마다 다르고 상황에 따라 달라지며, 내 앞에 있는 사람이 누군지에 따라 달라지고, 심지어는 날씨에도 영향을 받는다는 것을 알려 주어야 한다.

"평소와 달리 비가 많이 오는 날, 혹시 몹시 습하고 더운 날은 친구의 장난이 더 기분 나쁘게 느껴질 수 있을까요?"
"나와 너무 친한 친구와 오늘 처음 본 사람이 동시에 '나 100원만 빌려줘.'라고 할 때 어떤 감정 차이가 있을까요?"

"매일 아침 학교에서 똑같은 장난을 치던 친구가 있습니다. 그런데 오늘은 아침에 아빠에게 준비물 때문에 혼이 나고 학교에 왔어요. 오늘 그 친구의 장난을 평소처럼 받아 줄 수 있을까요?"

이제 그날 처한 상황에 따라 감정을 수용할 수 있는 크기, 컵의 크기는 달라질 수 있다는 점을 이해했다면, '컵을 옮기며 물을 흘리게 되는 행위는 무엇을 표현하고 있을까?'라는 질문을 던지며 학생들과 이야기 나누어 보자.

예상한 대로, 물이 부정적 감정을 의미했으므로, 물을 흘리는 행위는 부정적 감정의 표현이 될 것이다. 짜증 내기, 소리 지르기, 인상 쓰기, 욕설 등이 바로 바닥에 엎질러진 물이다. 교사는 많은 부분을 이야기해 볼 수 있다.

"작은 컵을 가진 친구들은 물을 옮기기가 어려웠습니다. 결국 작은 흔들림에도 물을 바닥에 쏟고 말았습니다. 그런 것처럼 바닥에 흘려 버린 물과 같이 남에게 쏟아 낸 감정은 온전하게 다시 주워 담을 수 없습니다."

혹시 대화 중 이유 없이 격한 반응을 보이는 친구가 있다면, (물론 나의 감정을 상하게 만든 상대방에게도 분명 문제는 있겠지만) '오늘 친구의 감정 컵이 작은 것은 아닐까?', '오늘은 저 친구와 대화할 때 조금은 주의해야겠다' 하고 생각해 보는 순간도 필요함을 설명하는 것이다. 그리고 자신이 평소와 달리 격한 행동을 보인다면, 내가 가진 문제와 작은 컵에 담긴 물을 그저 상대방에게 쏟고 있는 건 아닌지 되돌아보자고 이야기한다. 이렇게 자신과 상대방의 감정에 대한 이해가 선행되어야 문제의 본질을 이해할 수 있고, 시간이 흘러 사과의 시간을 가질 때 진정성이 느껴지게 된다.

이러한 활동 후 한동안은 학생들과 대화 시 자신의 감정을 구체적으로 표현하도록 연습해 본다.

"짜증 나요."

"왜 짜증이 나요?"

"제가 읽고 싶은 책을 B가 빌려 가서 안 갖고 오는 거 같아요."

"B한테 화가 난 건가요? 아니면 책을 못 봐서 속상한 건가요? 어떤 마음이 더 큰가요?"

"음, 책을 못 봐서 속상한 거요."

학생들은 대부분의 부정적 감정을 '짜증' 정도의 낱말로만 표현하기 때문에 스스로 문제의 본질이 무엇인지를 파악하기 어려워하고 어떻게 문제를 해결해야 할지에 대한 도움도 받기 어렵다. 이런 연습 과정은 교사도 학생의 문제 상황을 이해하는 데 도움을 받는 훈련이 될 수 있다. 그리고 학생들과 상담할 때 학생들이 자신의 감정을 구체적으로 체크하는 도구로써의 역할도 톡톡히 한다.

"지금 저 친구와 대화하면서 감정 컵에 어느 정도 물이 찬 것 같나요? 곧 흘릴 정도일까요? 아니면 괜찮은 상황일까요?"

"오늘 감정 컵의 크기는 어느 정도일까요?"

"감정 컵이 작다고 이야기했는데, 오늘따라 감정 컵이 작아진 이유는 무엇인가요?"

"오늘, 혹시 자신이 느끼기에 나는 감정의 컵이 작을 것 같다고 생각하는 친구가 있다면 이야기해 볼까요?"

감정의 컵 활동 막바지에는 큰 컵을 받아 안전하게 물을 이동시킨 학생에 대한 언급도 반드시 해야 한다. 학교에서 친구의 장난을 대수롭지 않게 생각했는데, 집에 가는 길에 혹은 자려고 누운 방 안에서 갑자기 화가 나거나 속상했던 경험들을 하는 학생들이 있을 것이다. 앞서 이야기했듯 컵의 크기는 상황마다 달라질 수 있다. 그러나 물은 사라지지 않는다. 지금은 괜찮아 보여도 작은 컵으로 바뀌면 채워져 있던 물은 바로 다 쏟아질 것이다. 그리고 더 많이 쏟아질 것이다.

"그러니, 내가 함부로 하는 말에도 상대방이 아무렇지 않아 보인다면, 그건 정말 괜찮은 게 아니라 담아 두고 참고 있을 뿐인지도 모릅니다. 그렇다면 그 감정은 언젠가는 분명 쏟아질 겁니다."

이처럼 감정의 걸음과 물컵 활동은 대화 속에서 다양한 감정들을 정확히 이해하고 표현하며, 나와 상대방의 감정 수용성에 관심을 가지게끔 하는 데 목적이 있다. 교사와 학생, 학생과 학생 간 소통의 평등함은, 상대방과 자신의 감정을 이해하고 존중하는 데에서부터 출발해야 한다.

감정의 걸음, 물컵 활동을 위한 시나리오

역할극 상황(보호자 vs 학생) #1

(1) 등장인물(2명)

엄마(혹은 아빠), 학생

(2) 상황 설명

- 학생은 오늘 친한 친구 집에 가서 놀기로 약속하였다. 그런데 학원에 가는 날이라 학원을 하루 쉬어야 할 것 같은 상황이다.

- '학생' 역의 경우 대본대로 하지 않아도 무관하다. 단, 보호자 역은 흐름대로 해야 하므로 교사가 하는 것을 권장한다.

학생(참여 학생) (집에 문 열고 들어온다.) 엄마, 나 왔어.

엄마(선생님) (설거지하느라 미처 못 봄.) 어, 그래 왔구나. 손부터 씻고 학원 갈 준비해.

학생 아, 엄마 다른 게 아니라 할 말이 있는데······.

엄마 뭐? 뭔데?

학생 오늘 친구 집에서 놀기로 했는데, 오늘 하루만 학원 좀 쉬면 안 될까?

엄마 친구 누구?

학생 아, 우리 반 00이라고······.

엄마 엄마도 잘 모르는 친구네? 그런데 얼마 전에도 힘들다고 학원 쉬었는데 또 쉬어? 주말에 놀면 되잖아. 왜 꼭 학원 가는 날만 친구를 만나려고 그래?

학생 그게, 어쩌다 보니 그렇게 돼서······. 친구랑 약속을 했는데 오늘만

	허락해 주면 안 돼?
엄마	넌 항상 그러더라? 그냥 주말에 만나서 놀아.
학생	아, 진짜…… 허락해 주세요.
엄마	엄마, 화내기 전에 방에 들어가서 학원 갈 준비해. 알겠어?

역할극 상황 #2

(1) 등장인물(2명)

선생님, 학생

(2) 상황 설명

- 여러 차례 과제를 해 오지 않아, 결국 방과 후에 남게 된 학생과 선생님. 선생님은 오늘 학생이 과제를 마치고 집에 가기를 원하고, 학생은 남아서 공부하기가 무척 싫은 상황이다.

- 교사는 숙제 하기 싫은 학생 역을 맡고, 학생은 끝까지 지도하려는 교사 역을 맡는다. 역할을 바꾸어 하는 역할극으로 학생들은 교사 역할을 하는 학생의 감정을 느껴 본다.

학생	(책상에 엎드려 몸을 배배 꼬며) 선생님, 집에 가면 안 돼요? 집에 가서 해 올게요.
교사	선생님이 몇 번이나 기회를 줬잖아요. 계속 해 온다고 하고 안 해 왔으니까 오늘 꼭 하고 가야 합니다.
학생	아, 선생님…… 이번에는 진짜 꼭, 정말 꼭 해 올게요.
교사	안 됩니다. 지금 떼쓰는 시간에 열심히 하면 금방 할 수 있어요. 어서 하세요.
학생	(울상 지으며) 아, 진짜…… (책상 위에 엎드리며) 아, 하기 싫다. 집에 가고 싶다…… 선생님, 진짜 내일 꼭 해 올게요. 제발요.
교사	정말 내일까지 해 올 수 있어요? 그럼 선생님이 믿고 보내 줄 테니까 집에 가서 꼭 해 오세요. 알겠죠?
학생	네, 그럼요! 꼭 해 올게요. (가방 챙겨서 나간다.)

(다음 날, 수업 시간)

교사	오늘은 숙제 해 왔죠?
학생	아, 맞다! 선생님 제가 진짜 해 오려고 그랬거든요. 그런데 제가 수학 익힘책을 책상 속에 두고 간 거예요! 그래서 못했어요.
교사	에휴, 그럼 오늘 남아서 하고 가야겠네요.
학생	네? 진짜 해 올 수 있어요. 쌤, 제발요.

* 참고 영화

<우리들> (2015, 윤가은 감독)

영화 내용 전반적으로 감정의 걸음을 하기 좋은 장면들이 많다. 특히 영화 초반의 피구 장면에서 주인공 '선'에 감정이입하여 감정의 걸음 활동을 해 보는 것을 추천한다. 대화뿐 아니라 놀이, 체육 활동 등에서 외면 당하는 친구의 감정을 생각해 볼 수 있을 것이다.

<인사이드 아웃> (2015, 피트닥터 감독)

사람의 감정이 행동에 미치는 영향과 개인마다 머릿속에서 어떤 판단을 내리는지 유쾌하게 풀어 가는 애니메이션으로, 기쁨부터 슬픔까지 모든 감정은 존중받을 자격이 있음을 알려 주는 영화이다.

'평'화롭고 '평'등한 대화를 위한 '평평 대화 5원칙'

앞서, 교실 민주주의 확립을 위한 기초로 '대화'의 중요성을 강조했다. 교사와 학생 사이에 생길 수 있는 대화 권력의 간극을 좁히고, 학생들 스스로 자신의 감정을 잘 유지하여 대화에 참여하며, 다른 이의 감정을 존중하는 말하기를 할 수 있을 때, 수업이나 학급의 문제들을 민주적으로 풀어 나갈 수 있을 것이다.

'배.경. 없는 대화' 활동을 통해 비언어적 표현이 말하는 사람과 듣는 사람의 태도에 어떠한 영향을 주는지 알아보았고, '감정의 걸음과 물컵 활동'으로 대화 시작부터 마지막까지 자신과 다른 이의 감정을 살피며, 존중하는 마음과 감각을 성장시킬 수 있는 기회를 제공하였다.(지식과 감수성 측면) 그러나 태도와 감정만으로 대화의 질을 유지하는 것은 쉽지 않다. 그렇기에 이를 잘 지킬 수 있도록 일정한 약속이 있어야 한다.(형식적 측면) 앞에서 소개한 활동은 학급 내에서 수없이 오고 갈 대화에도 약속이 필요하다는 것을 공감하기 위한 활동이었다. 이러한 약속을 수업과 생활지도에서 자연스럽게 활용한다면, 교사와 학생의 언어 사용과 비언어적 태도를 점검하고, 서로의 감정을 살피며 존중하는 연습이 될 것이다. 이는 불필요하고 소모적인 다툼을 줄이고, 한 사람의 대화 독점을 방지하는 데에도 큰 효과가 있다.

다음은 형식적 측면에서 대화의 질을 높이기 위한 평화롭고 평등한 대화, '평평 대화'이다. 학급 내 대화의 방법을 5가지로 정리하여 학생들과 함께 약속으로 삼은 것이다.

평평 대화를 위한 5가지 규칙

1. 대화 번호 정하기 : 대화의 차례 정하기
2. 좋아-서로-많이 : 존중 마음 세우기
3. Think-Pair-Share : 생각할 시간 주기
4. 고 / 기 / 질 / 리 : 듣는 방법 알기
5. 정리하기 : 대화의 독점 방지하기

첫 번째 규칙, 대화 번호 정하기

몇 년 전 공개수업을 할 때였다. 학생들에게 협업 과제를 내 주고 둘러보고 있는데, 한 모둠이 과제를 내준 지 5분이나 지났는데도 활동은 하지 않고 계속 다투고 있었다. 곧 학생들은 가위바위보까지 하고 있었다. '활동하기에도 부족한 시간인데……' 하며 걱정이 되어 모둠에 가까이 가서 이유를 물으니 돌아오는 답변이 무척 황당하였다.

"누가 먼저 할지 정하는 중이에요."

교실에서 학생들이 학습 내용에 대한 토의를 시작하기도 전에 많이 삐걱대는 것 중에 하나가 차례를 정하는 일이다. 이 부분에서 합이 맞지 않으면 감정이 상하고 편을 가르게 되며, 소수 학생이 독단적으로 활동을 이끌거나 소외되는 등 이후의 학습활동에 부정적인 영향을 준다. 따라서 '대화 번호 정하기'로 학생들이 각자 자신의 차례에 맞게 대화에 참여할 수 있도록 한다. 학생들은 이미 정해진 차례로 인해 마음의 준비를 할 수 있고, 불필요한 논쟁을 하지 않아도 될 것이다. 또한 교사가 학생에게 발문을 할 때에도 학생들에게 골고루 발표 기회를 줄 수 있다. 일반적으로 교사가 질문을 던지면, 학생이 손을 들어 지명된 학생이 발표하는데, 이런 방식은 (지원했다지만) 일부 학생에게만 기회가 돌아가는 것이고, 손을 들 용기가 없거나 수업 이해가 느린 학생은 참여할 수 없게 된다. 반면, 교사가 정해진 번호를 순차적으로 불러 학생과 소통하면 학생 모두가 참여 기회를 얻고, 개인의 학습 성취도를 파악하는 데도 도움이 된다.

대화 번호를 정하는 방식은 여러 가지가 있다. 숫자 부여하기, 계절/과일/색으로 부여하기 등이 있다. 숫자 부여 방식은 아주 간단하다. 1모둠 4인 기준으로 하였을 때, 1번부터 4번을 부여한다. (계절의 경우, 봄, 여름, 가을, 겨울이 된다.) 만약 모두가 4인 기준인데 3인만 있는 경우에는 3번까지만 부여하고, 5인인 경우에는 4번까지 부여하되, 원하는 숫자를 중복하여 부여한다. (같은 번호가 2개 있는 셈이다.)

수업 장면에서는 이렇게 활용한다. 학기 시작이나, 새롭게 모둠이 구성되면 먼저 대화 번호를 정한다. 번호, 계절 등 학급 특색에 맞게 정할 수 있으나 가급적이면 단순하게 정하고 연속성이 느껴져야 한다. '1, 2, 3, 4'나 '봄, 여름, 가을, 겨울', '빨, 주, 노, 초' 등이 좋은 예이다. 모둠별로 번호가 정해지면 제대로 분배되었는지 확인한다.

"각 모둠의 1번 친구 일어나 주세요."

가령, 4인 기준 6모둠이 있다면, 6명이 일어나야 한다. 그리고 학습이나 활동의 특성에 따라 임무를 지정해 줄 수도 있다. 대화 순서 또한 매번 1번이 아니라 돌아가며 할 수 있도록 지정해야 한다. 그렇지 않으면 모두가 1번 맡는 것을 기피할 것이다.

"오늘은 1번 친구가 친구들의 의견을 기록합니다."
"3번 친구는 준비물을 정리해서 제출해 주세요."

"오늘 토의 의견은 '여름'부터 시작할게요."

"1교시에는 1번이 먼저 시작했으니, 2교시는 2번부터 대화를 시작할게요."

발표 시간에도 특별히 손을 들 필요 없이, 대화 번호를 활용하여 많은 학생들이 골고루 참여할 수 있도록 한다.

"이번 실험의 관찰 결과를 발표해 보겠습니다. 1번 학생들이 발표할 예정이니 준비해 주세요."

각 모둠의 1번 학생들은 분주해질 것이다. 6명의 1번 학생들은 모두 일어나 각자 자신의 생각을 말하고 앉는다. 만일 의견이 없거나 생각이 더 필요하면 다시 앉아 발표를 준비할 시간을 가지도록 한다. 모둠원들로부터 도움을 받도록 해도 좋다.

6명의 발표가 모두 끝나면 다음 번호를 지명하여 발표 준비를 하도록 한다. 이때, 교사는 여러 가지 변주를 통해 학생들의 소통을 더욱 원활하게 만들 수 있다.

"3번 학생은 모둠 내 친구들의 답변을 다 듣고 요약해서 발표해 주세요."

"4번 학생은 1번 학생의 의견을 듣고 자신의 생각과 함께 비교해서 발표해 주세요."

위와 같은 방식을 활용하면 한 사람이 일어나 발표하지만, 그 과정에서 다른 이의 의견을 듣고 요약, 수렴하는 과정을 거치기 때문에 여러 학생의 의견이 반영되어 많은 수의 참여를 이끌어 낼 수 있다. 특히, 학습이 어렵거나, 자신의 의견을 펼치는 데 어려움을 겪는 학생들은 친구들의 도움을 받아 발표에 참여할 수 있고, 이를 통해 교사로부터 긍정적인 피드백을 받을 수 있는 기회가 생기므로, 자존감 회복과 학습력 향상에 도움이 된다.

두 번째 규칙, '좋아 – 서로 – 많이' 존중 마음 세우기

학급 모둠 구성 시 일반적으로 남, 여 비율을 적절하게 맞추는 경우가 많다. 학습활동 시 학생들은 자연스럽게 성별을 나누어 활동을 하게 되는데, 가끔 이로 인한 갈등이 생기기도 한다. 갈등이 해결되지 않으면, 교사를 찾아와 비슷한 하소연을 한다.

여학생들의 경우에는 "남학생들이 활동에 참여하지 않는다. 쓸데없는 것만 한다. 집중을 하려 하지 않는다."고 토로하고 남학생들의 경우에는, "여학생들이 내 의견을 무시한다. 가만히 있으라고 한다. 하기 싫은 것만 시키려고 한다."고 토로한다.

갈등 상황 중간에 교사가 개입하면 해결될 수 있겠지만, 대부분 이미 폭발한 상황이기 때문에 교사가 달래어 봉합시켜도 결국 그 시간의 수업과 모둠활동은 냉랭한 분위기로 이어질 수밖에 없다. 그렇기에 학생들이 그런 최악의 상황으로 치닫지 않도록 언어를 점검하고,

마음을 다잡을 수 있는 말들을 정해 보았다. 언어는 사고에 영향을 주고, 사고는 다시 언어에 영향을 준다. 실제로 갈등의 조짐이 보일 때 순간적으로 튀어나오는 말들이 갈등을 완화하거나 악화시킬 수 있다는 점에서 큰 도움을 받았다.

"오늘 활동을 시작하기 전에 서로 마주 보며 이야기해 볼까요?"
"(서로에게 엄지를 내밀며) 좋아좋아,
(서로 어깨에 손을 올리며) 서로서로,
(양손으로 크게 원을 그리며) 많이많이."

'좋아좋아'는 우선 친구들이 낸 의견에 대해서 비판을 금지하는 것이다. 그 의견에 대한 최종 판단은 민주적 의사결정 과정에 따르며, 그에 따라 의견은 추천되거나 폐기될 것이다. 의견을 낸 직후 "그게 말이 되냐?"와 같은 반응은 의견에 대한 비난이고, 참여자의 의욕을 꺾는다. 그러므로 초기 아이디어를 모으는 상황에서 학생들은 위와 같은 리액션으로 의견을 존중하도록 한다.

'서로서로'는 대화의 독점을 막기 위한 것이다. 소위 말 잘하고 목소리가 큰 학생이 모둠의 대화나 활동의 방향을 정해 버리는 경우가 많다. 학생들이 각각 한 번씩은 의견을 내어 활동의 참여 지분을 늘려 나가도록 한다. 활동의 결과에 대한 책임을 물을 때, 한 사람의 책임이 되지 않도록 하고, 무임승차가 발생하지 않도록 하는 것이다.

'많이많이'는 아이디어의 질보다 양을 추구하는 것이다. 앞서 비판 금지와 같은 맥락이지만, 일단 주제와 관련된 것이라면 어떤 의견이나 생각도 많이 모아 보자는 격려의 의미가 크다. 학생들은 의견을 내고 싶지만, 이 의견이 활동에 도움이 될지 걱정되어 주저하는 일이 있다. 또한 아이디어와 대화의 선택지가 적으면, 말을 잘하는 학생의 의견에 따라가는 상황도 발생한다. 실제로 학교교육의 학습활동은 아이디어의 질보다는 양이 중요한 경우가 훨씬 많다. 학생들이 의견 내기를 쉽게 포기하지 않도록 교사가 개수를 지정해 달성하는 미션을 주는 것도 좋은 방법이다.

'좋아 – 서로 – 많이'를 대화 전략으로 반영하면 친구들의 의견을 적극적으로 존중하고 수용하는 훈련도 가능해진다. '미.더.덧.'이라고 부르는 대화 방식을 활용해 보자.

미	미루어 두기– "그 의견 참 좋아요. 일단은 기억해 둡시다. 나중에 사용하기로 해요."
더	더 캐내기– "그 의견 참 좋아요. 의견에 대해 이유나 근거를 더 이야기해 줄 수 있어요?"
덧	덧붙이기– "그 의견 참 좋아요. 이 의견을 듣고 생각나는 거 더 말해 볼까요?"

더불어 교사도 학생들을 독려하며 구호와 전략을 생활화하는 것이 좋다. 학생들과 체육활동을 할 때에도 저 구호를 사용하며 지도하면

더욱 효과가 좋다. 특히 경쟁 게임에서 '좋아 - 서로 - 많이'는 격려와 협력을 위한 낱말로 활용될 수 있다. 학급에 저러한 낱말들이 익숙해져서 학습활동, 사적인 대화, 체육활동 등에서 익숙하게 나올 때, 대화의 분위기가 훨씬 부드럽고 평화롭게 유지되는 상황을 경험할 수 있을 것이다.

세 번째 규칙 '생각할 시간 주기' Think-pair-share 전략

Think-pair-share(이하 TPS)는 메릴랜드 대학교의 Frank Lyman이 제안한 수업 전략으로, 학생들이 개별 생각을 그룹과 나누고 개인에서 전체로 공유하여 사고의 폭을 넓히는 데 도움을 준다. TPS 전략을 수업에 다음과 같이 적용할 수 있다.

> **Think(생각하기)** : 최소 5~30초 정도 충분히 생각하고 숙고함. 학생들은 이때 먼저 손을 들거나 답을 말하지 않음.
> **Pair(짝과 마주 보기)** : 상대방도 준비가 되었는지 확인하고, 대화를 시작할 준비를 함.
> **Share(생각 공유하기, 대화하기)** : 발문에 대한 자신의 생각을 짝과 나눔. 이때 교사가 2분간 대화하라고 이야기하였으면 1분씩 대화 시간을 나누어 가짐. 자신의 시간이 끝나면 무조건 대화 주도권을 상대방에게 넘겨야 함.

TPS 전략의 핵심은 최소 단위인 '2명'을 중심으로 먼저 대화를 시작하여 자신의 생각을 확장한다는 것에 있다. 일반적으로 많은 학급에서 4인의 모둠을 대화 시작의 기준으로 삼는 경우가 있는데, 이는 특정 학생의 대화 독점, 무임승차의 원인이 될 수 있다. 모둠 협업의 상황이라고 해도 우선 대화의 최소 단위는 2명으로 하는 것이 좋다. 그렇게 2명이 의견을 나눈 뒤 4명, 6명, 8명으로 의견을 확장시켜 나가는 것이다.

상황 1

교사 팀별로 무용 만들기를 할 예정입니다. 각 팀별로 함께 상의하여 어떤 노래에 맞추어 할 것인지를 먼저 정해 주세요. 토의 시작해 주세요.
(학생 ABCD 강당 한구석에 모임.)

학생 A 어떤 노래로 할까? 나는 요즘 팝송 중에 주토피아 주제곡 'try everything'이 좋더라. 난 그걸로 했으면 좋겠어.

학생 B 나도 그 노래 알아. 그 노래 좋더라.

학생 A 그럼 그 노래로 하자.

학생 C, D 그래, 그렇게 하자.

상황 2

교사 팀별로 무용 만들기를 할 예정입니다. 각 팀별로 함께 상의하여 어떤 노래에 맞추어 할 것인지를 먼저 정해 주세요. 토의 시작해 주세요. 단, 모둠 안에서 두 명씩 먼저 대화한 뒤 모여서 다시 이야기 나누세요.

(학생 AB와 학생 CD 강당 한구석에 모임.)

학생 A 어떤 노래로 할까? 나는 요즘 팝송 중에 주토피아 주제곡으로 'try everthing'이 좋더라. 난 그걸로 했으면 좋겠어.

학생 B 나도 그 노래 알아. 그 노래 좋더라.

학생 A 그럼 쟤네들 대화 끝나면 물어보자.

학생 C 춤에 어떤 노래가 어울릴까?

학생 D 신나는 노래가 좋지 않을까?

학생 C 뭐 아는 노래 있어? 난 잘 모르겠어.

학생 D 요즘 '지코'의 '아무노래'가 듣기 좋더라.

학생 A 노래 결정했어?

학생 C 우리는 '지코'의 '아무노래' 추천할래.

학생 B 그럼 두 개 들어 보고 선택하자.

상황 1에서도 학생 C, D는 분명 다른 노래를 추천할 수 있었을 것이다. 그런데 왜 자신의 의견을 밝히지 못했을까? 일반적으로 다수가 모인 자리에서 최초에 나온 의견에 찬성하는 의견이 나오기 시작하면 다른 의견을 내는 것이 쉽지 않다. 최초 의견 반박에 대한 책임을 져야 한다는 생각 때문이다. 그렇기에 의사결정 과정의 초기 단계, 아이디어 제시에서는 대화 인원을 최소 단위에서 시작하는 것이 좋다.

가장 좋은 것은 교사가 미리 학생들에게 과제로 무용 만들기를 위한 추천 노래 목록을 작성해 오도록 하는 것이다. 그러면 개개인의 의견을 존중함과 동시에 더욱 많은 아이디어를 검토하고 확인하는 과정을 거칠 수 있기 때문이다.

TPS는 교사가 학생에게 시간을 충분히 주는 훈련이 되기도 한다. 일반적으로 교사의 발문이 끝나면 바로 손을 들어 대답하는 학생들이 많다. 이는 다른 학생들의 사고와 상상의 기회를 빼앗는 것이다. 그러므로 교사는 의문형이 아닌, '생각해 보자'고 제시한 후 최소 5초 정도의 침묵과 생각할 시간을 가진다. 그리고 5초 후 짝과 대화하는 시간을 갖도록 한다. 짝과 비언어적 소통을 유지하며, 대화를 시작하는 것이다. 그리고 나서 모둠 협업이나 전체 발표로 연결한다. 이때, '대화 번호 정하기', '좋아 - 서로 - 많이'를 연계하여 사용하면 효과가 매우 좋다.

"우리 고장의 중심지는 어떤 곳들이 있을지 다 같이 생각해 봅시다. 생각하는 동안은 대화하지 않습니다."

(생각하는 시간 갖기, 교사는 뒷짐을 지고 손가락으로 5초 내지는 10초를 센다.)

"그럼, 이제 짝과 1분 동안 대화해 주세요."

(학생들은 30초간 자신의 생각을 상대방에게 이야기한다.)

"대화가 끝났으면 모둠원들과 이야기를 나누어 보세요."

"4번 학생이 대화 중 나온 중심지를 정리하여 5개 이상 발표하도록 합니다. 1분 뒤에 발표해 보겠습니다."

위와 같이 개인에서 2인, 2인에서 다수로 가는 방식을 통해 학생이 수업에 실질적으로 참여하는 구조를 만들어 나가, 모두의 의견이 존중되고 활용될 수 있도록 한다. 이것이 '평평 대화법'의 핵심이라고 할 수 있다.

네 번째 규칙, 듣는 방법을 위한 고/기/질/리

'배.경. 없는 대화'에서 충분히 비언어적 표현의 중요성을 다루지만, 그때 느낀 감정과 감각은 시간이 지나면 금방 날아가 버릴 수 있다. 그렇기 때문에 듣는 방법을 위한 형식을 만들어 교사와 학생이 함께 연습한다. '고/기/질/리'는 말하는 이를 존중하기 위한 실천 방법을 압축해 놓은 것으로 한때 유행한 '고기는 진리'라는 말을 살짝 비틀어 입에 잘 붙기 위해 만든 나름의 언어유희이기도 하다.

고	고개 끄덕여 주기
기	몸을 상대방에게 기울이기
질	질문하면서 듣기
리	리액션(Reaction)해 주기

'고개 끄덕이기'가 상대방의 이야기를 잘 듣고 있다는 신호라는 점,

교사 또한 그런 반응에 격려받는다는 점을 충분히 설명해 주자. '몸을 상대방에게 기울이는 것'에 대한 필요성은 '배.경. 없는 대화'에서 충분히 공감했을 것이다. '질문하며 듣기'는 상대방의 이야기를 그냥 듣거나 흘려듣지 않고 집중하고 있다는 표현이며, 갑자기 말문이 막혀 이야기를 이어 나가기 어려울 때 어색한 침묵이 흐르지 않도록 돕는 장치이기도 하다. TPS 전략 사용 시 한쪽에서 경청하는 것이 정석적인 흐름이지만, 상대방이 대화에 어려움을 겪을 경우 이를 도울 수 있는 적절한 질문을 하는 것을 허락해도 좋다.

| 질문하며 듣기의 예 |

학생 A 내가 가 본 중심지는 시장밖에 없는 거 같아. 다른 건 잘 안 떠오르네.

학생 B 그래? 영화관은 안 가 봤어?

학생 A 아, 나 영화관 가 봤어. 그럼 중심지 중에서 시장과 영화관을 가 본 거 같아.

'리액션reaction하기' 또한 좋은 대화를 위한 방법으로 많이 제시되는 것이다. '오, 와, 진짜? 정말? 그렇구나.'와 같은 감탄사 리액션과 '대단하다, 좋은 생각이야, 괜찮네.' 등의 긍정적 리액션은 상대방이 대화를 이어 나가는 데 확신과 힘을 준다. '고/기/질/리' 안내 전에 교사가 학생과 역할극을 하면서 학생들과 같이 탐구하는 시간을 가져 보는 것을 추천한다. 같은 상황을 두고 '고/기/질/리'가 잘될 때와 그렇지 않은 경우를 교사와 학생, 혹은 학생끼리 역할극을 해 보고, 학생들로 하여금 어떤 차이점이 있는지, 내 기분과 상대방의 기분은 어떠할지 알아보자. 그리고 실제로 역할극에 참여한 학생은 어떤 기분이 들었는지 이야기하면서 '고/기/질/리'의 필요성을 이야기하는 것이 좋다. '배.경. 없는 대화' 활동 후 '고/기/질/리'를 배운다면 더욱 의미 있게 연결될 것이다.

다섯 번째 규칙, 정리하기로 대화의 독점 방지하기

가끔 대화를 독점하는 학생들을 보면, 욕심이 많고 언변이 뛰어나서이기도 하지만, 자신이 해야 할 말을 정리하지 못해 산만하게 늘어놓는 경우가 대부분이다. 결국 시간만 잡아 먹으며 핵심도 전달하지 못할 뿐 아니라, 다른 학생들의 의사 표현 기회를 뺏는 셈이 된다. 이런 경우 대화 상대나 모둠에서 역할을 맡은 사람이 이야기를 간단하게 정리하고 요약해 주는 활동을 생각해 볼 수 있다. 다음과 같은 활동을 통해 정리하기를 연습해 본다.

정리(요약)하기 전략 연습하기

1단계, TPS로 대화를 나눈 뒤 발표할 때, **자신의 의견이 아닌 짝의 의견을 정리해서 발표**한다. 상대방 의견을 발표해야 하기 때문에 잘 듣게 된다. 짝에게 방금 발표한 내용이 본인의 의도와 맞는지 확인하고, 맞지 않는 경우 다시 대화할 수 있도록 한다.

"짝은 자신이 가 본 중심지를 영화관과 시장이라고 말했습니다."

2단계, 짝과 자신의 의견을 같이 말하되, **공통점과 차이점 중심으로 말한다.**
"짝은 자신이 가 본 중심지를 영화관과 시장이라고 말했는데, 저도 영화관을 가 본 적이 있었습니다. 시장은 못 가 봤고, 구청에는 가 보았어요. 짝은 구청에 가 본 적이 없대요."

3단계, 짝과 TPS한 이후, 모둠과도 대화하여 **모둠의 공통 의견과 차이점을 말한다.**
- 이때 발표자를 제외한 모둠원은 자신의 의견을 최대한 요약해서 말해야 하며, 필요한 경우 메모한다.

"모둠 친구들이 가 본 중심지 중 자주 나온 것은 영화관, 구청, 시장, 마트 등이 있습니다. 그리고 영화관은 모두 가 보았다고 말했습니다."

3단계까지 진행되는 경우, 발표자가 모둠 전체 의견을 정리하기가 쉽지 않기 때문에 모둠원은 자신의 의견을 최대한 요약하고, 관련된 내용을 메모해야 한다. 이런 활동이 반복되면, 학생들은 자신의 의견을 요약해서 말하고, 친구의 의견을 요점만 잡아 이해할 수 있는 감각이 생긴다.

'평평 대화'의 5가지 원칙을 배웠다면, 실제로 학생들이 이 방법을 잘 활용하여 대화를 나누고 문제를 해결하는지 알아볼 필요가 있다. 아래 소개할 '7가지 거짓말 찾기' 활동이 이에 도움이 될 것이다.

우선 활동 전 학생들에게 안내해야 할 것이 있다.

① 내용을 보고 문제를 해결하되, 절대로 답을 말하거나 짝과 대화할 수 없음.
② 교사가 정한 시간이 지나면 쪽지를 덮어야 함. (혹은 교사가 화면을 끔.)

위 주의사항을 확실히 인지시킨 후 교사는 학생에게 A4 종이를 하나씩 나누어 준다. 그리고 종이의 반을 접고 왼쪽 상단에는 '혼자' 오른쪽 상단에는 '함께'를 적어 둔다.
프레젠테이션이나 쪽지로 아래와 같은 사건 일지를 만들어 학생들에게 보여 준다.

영국의 어느 호텔에서 일어난 살인 사건입니다.
어둡고 안개가 많이 낀 밤이었습니다. 검은 모자, 검은 정장, 검은 구두의 남자가 호텔로 들어왔습니다.
"가까운 방을 주시오."
종업원은 그에게 1층 방 키를 주었습니다.
"절대 들어오지 마시오."

의문의 말을 남긴 채 남자는 사라졌습니다. 그런데 이상한 느낌이 든 종업원은 방에 들어갔습니다. 문을 열고 들어가자 불이 꺼져 아무것도 보이지 않았습니다. 방에는 그가 입고 온 코트가 보였습니다. 그리고 그 옆으로 창문이 열려 있는 것이 보였습니다. 황급히 창문으로 다가가 보니 아까의 그 신사가 떨어져 죽어 있는 것이 보였습니다.

이 이야기에는 7가지의 거짓말이 있습니다.

모두 찾아보세요.

그리고 나서 아래와 같이 진행한다.

① 게임은 탐구 시간과 해결 시간의 반복으로 이루어진다. 각 시간에는 규칙이 있다.

- 탐구 시간 : 학생들의 수준에 맞게 1분 내지는 2분의 시간 동안 화면을 보고 문제를 파악한다. (혹은 교사가 배부한 사건 쪽지를 본다.) 탐구 시간에는 모두 침묵하고 사건에 몰입한다.

- 해결 시간 : 시간이 지나면 정답을 '혼자'라고 적혀 있는 칸에 적게 한다. 정답을 쓰는 동안(2분)에는 사건 쪽지를 뒤집어 놓거나 교사는 화면을 꺼 둔다.

② 다시 <탐구 시간> 후 <해결 시간> 이번에는 짝과 대화를 할 수 있다. 단, 평평 대화 규칙을 지키며 대화한다. 짝과 대화하며 알게 된 답은 '함께' 칸에 적어 둔다. (3~5분)

③ 다시 <탐구 시간> 후 <해결 시간> 이번에는 모둠원들이 함께 대화할 수 있다. 교사가 지정한 대화 번호의 학생이 전체 의견을 정리하여 '함께' 칸에 정리한다. (3~5분)

④ 다시 <탐구 시간> 이번에는 보는 동안에도 모둠원들은 서로 대화가 가능하다. 탐구 시간이 끝나면 <해결 시간> 동안 모둠과 모둠이 서로 의견 교환이 가능하다. 각 모둠원들은 다른 모둠원들과 만나 의견을 교환한다. 새롭게 알아 온 사실을 기록한다. (5분)

⑤ 마지막으로 사건 일지를 한 번 더 볼 수 있다. 확인하는 시간이 끝나면 이번에는 학급 회장, 부회장의 주도하에 전체 의견을 수렴하여 칠판에 정답을 적는다. 각 모둠별로 지정된 학생이 한 가지씩 발표를 하며 모둠에서 정한 가장 유력한 정답 의견을 내놓는다. (10분)

교사들이 활동 진행 시 주의해야 할 점은 이 활동의 핵심이 '7가지 거짓말을 찾아내는 것'이 아님을 잊지 않는 것이다. 혼자 고민할 때보다 2명, 그리고 다수가 함께 고민하고 의견을 내놓을 때 점점 더 문제 해결의 실마리가 보일 수 있다는 점을 강조해야 한다. 종이를 반으로 나누어 '혼자'와 '함께' 영역으로 나눈 것도 학생들이 생각하는 정답의 질과 양의 차이를 비교하기 위해서다. 그러므로 학생들이 문제 해결에 집착하고 과열될 때 교사는 '평평 대화'가 잘 지켜질 수 있도록 중간에 참여하여 조언을 해야 한다.

그리고, 7가지 거짓말을 찾는 데에는 아무런 보상이 없음을 활동 전에 명시하며, 이 놀이 최종 승리 방법은 ⑤번 단계 직전에 공개하는 것이 좋다. 학급 전체가 합심하여 7개의 거짓말을 찾아내면 되는 것이다. 이 활동이 끝나면 교사는 정답을 공개한다

영국의 어느 호텔에서 일어난 살인 사건입니다. (1. 살인 사건이 아님.)
어둡고 안개가 많이 낀 밤이었습니다. 검은 모자, 검은 정장, 검은 구두의
남자가 호텔로 들어왔습니다. "가까운 방을 주시오."
종업원은 그에게 **1층 방 키를** 주었습니다. (2. 호텔은 1층에 방이 없음. 로비)
"절대 들어오지 마시오." 의문의 말을 남긴 채 남자는 사라졌습니다. 그
런데 이상한 느낌이 든 종업원은 방에 들어갔습니다. 문을 열고 들어가자
불이 꺼져 아무것도 보이지 않았습니다. 방에는 그가 입고 온 **코트가 보였
습니다.** (3. 아무것도 보이지 않기 때문에 확인할 수 없음. 4. 게다가 코트를 입고
오지도 않았음.) 그리고 그 옆으로 창문이 열려 있는 것이 보였습니다. 황급
히 창문으로 다가가 보니 아까의 그 신사가 떨어져 죽어 있는 것이 보였습
니다. (5. 1층에서 떨어져서는 죽을 수 없음. 6. 어둡고 안개가 낀 밤에 보일까?)
이 이야기에는 7가지의 거짓말이 있습니다.
(7. 7가지인 것이 거짓말. 이야기에는 6가지의 거짓말만 있음.)
모두 찾아보세요.

앞서 언급했듯이 이 놀이의 핵심은 정답을 찾아내는 것이 아니다.
교사가 정답을 공개하기 전까지 학생들은 무수히 많은 가능성과 엉
뚱한 의견을 낼 것이다. 평소 엉뚱하고 주제에 맞지 않는 의견을 자
주 내서 핀잔을 들었던 학생에게는 실력을 발휘할 기회가 될지도 모
른다. 어떤 것도 해결 가능성이 될 수 있는 문제 앞에서 학생들이 '좋
아좋아/서로서로/많이많이'를 언급하면서 존중하며 경청하는 모습
을 기대하는 것이다. 물론, 모두가 같은 마음으로 움직이지는 않을 것
이다. 흥분해서 큰 소리를 내는 한편, 발표와 참여에 소극적인 학생들
도 나타날 것이다. 그러면 이러한 모습들을 교사는 기록해 두고, 놀이

가 끝난 후 소감 시간에 피드백하면 된다. 이러한 과정을 통해 문제를 해결하고 잘못을 수정해 가는 경험은 교실 민주주의의 소중한 자산이 된다. 되도록이면 교사는 이 첫 '평평 대화'를 큰 격려로 시작했으면 한다.

"비록 7가지 중 5개밖에 못 찾았지만, 여러분의 '평평 대화'를 잘 지키는 모습, 적극적으로 참여하고, 의견을 존중하는 모습을 칭찬하고 싶습니다. 그 점은 제가 그동안 가르쳤던 그 어떤 학생들보다 훌륭했던 것 같습니다."

실제로, 지난 학생들보다 나았는지, 아니면 교사의 하얀 거짓말인지는 알 수 없다. 학생들은 확인할 길이 없으니까 말이다. 그러나 작은 성공의 경험과 반복되는 연습으로 평화롭고 평등한 대화가 교실에 꼭 필요하다는 것만큼은 확실하게 알게 될 것이다.

▶ 혼자 생각하고 해결하는 문제도 함께 생각하고 해결해 나갈 때, 더 나은 해결 방법이 도출될 수 있다는 것을 알려 주기 위한 활동이다.

▶ 처음엔 혼자에서 2인, 모둠, 모둠 2개, 학급 전체로 대화의 대상을 넓혀 간다. 마지막에는 교사가 나가고 창문 밖에서 학생들이 의견을 조율하는 모습을 지켜보기만 하였다.

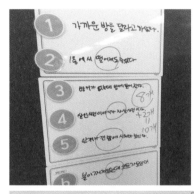

▶ 학급 전체 토의로 최종 결정한 7가지의 거짓말. 학생들에게는 7가지의 거짓말을 찾는 게 중요하지만 목적은 그게 아니므로, 교사는 최대한 격려하고, 과정에서 서로의 평화로운 대화와, 의견 공유와 나눔에 대해 고마움과 칭찬을 아끼지 않는다.

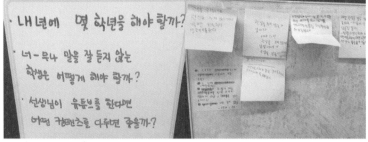

▶ 이런 주제들은 지식보다는 개인의 경험과 흥미가 더 중요해 대화에 활기를 띠게 하는 데 도움이 된다. 두 주제 중 마음에 드는 주제를 합의하여 대화를 통해 내용을 정리한 뒤에 포스트잇 한 장에 같이 적어서 내게 해 본다.

'평평 대화'를 연습하기에 '일곱가지 거짓말 찾기' 활동이 조금 부담스럽다면, 답이 정해져 있지 않지만 누구나 즐겁게 이야기할 수 있는 토의 주제로 이야기를 이끌어 보는 것도 좋다.

"여러분, 선생님이 지금 아이돌로 데뷔한다면 어떨까요? 가능성이 있을까요?"

"푸하하, 장난하지 마세요."
"음, 트로트 가수면 가능……"
"개그맨도 괜찮아요!"

"그럼 이제 '평평 대화'로 자신의 생각을 짝과 나누어 보세요!"

평등한 대화 나누기 활동 정리

1. 배려와 경청 없는 대화 체험하기
- 활동 1 : 1분간 서로 대화한 후 서로의 말하기와 듣기 태도의 장점 3 가지씩 찾아 말해 주기
- 활동 2 : 같은 내용으로 1분간 말하되, '딴청 피우기'로 듣지 않기
- 정리 : 내 몸과 감정의 변화 말하기, '평평 대화'의 '고기질리'로 연결 하기

2. 감정의 걸음과 물컵 활동하기
1) 걸음 활동
   ① 역할극 진행 중 선 뒤에서 불편한 감정이 들 때마다 걸어 나오기
   ② 걸어 나온 이유, 감정, 위치가 다른 이유 톺아보기
2) 물컵 활동
   ① 역할극 진행 중 감정 컵은 행동 컵에 불편한 감정마다 물 따르기
   ② 물 흘리지 않고 이동해 보기, 물과 컵의 상징 함께 생각해 보기

3. 평화롭고 평등한 대화, '평평 대화' 5가지 규칙
   ① 대화 번호 정하기 (숫자, 계절, 색깔, 과일 등)
   ② 존중 마음 세우기 (좋아-서로-많이)
   ③ 생각할 시간 주기 (Think-Pair-Share)
   ④ 듣는 방법 알기 (고/기/질/리)
   ⑤ 정리하기(요약하기)
- 7가지 거짓말 찾기 활동(혹은 재미있는 토의 주제)으로 평평 대화 연습 하기

2。다름을 이해하고 존중하기

초등학교 사회 교과서에서는 현대사회를 지식, 정보사회로 정의하고, 세계화의 중요함을 강조하고 있다. 실제로 인터넷, 게임, K-pop 등 엔터테인먼트 문화 전반에서 세계화가 가능한 우리의 콘텐츠가 많아져 가는 것을 느낄 수 있다. 세계 각국에서 우리의 문화를 빠르게 흡수하고 활용할 줄 아는 사람들이 늘어나는 모습을 보면 그저 신기할 따름이다. 한국의 가수가 빌보드에 오르고, 한국의 영화가 권위 있는 국제 영화제에서 상들을 휩쓸며, 각국의 뉴스에서 한국의 방역 시스템을 칭찬하는 모습을 보고 있다. 세계화는 세계 속의 우리면서, 우리 안의 세계이기도 하다. 이는 우리가 다양성 안에 존재하고, 존재 안에 다양성이 있음을 뜻한다. 그런데 현재 세계화 속의 대한민국은 이 다양성의 가치까지 내면화하고 있을까? 우리나라는 얼마 전까지 단일

민족, 단일 문화를 자랑스럽게 여기던 문화가 있었다. 그런 나라의 시민들이 세계화의 물결에서 어떤 내적 고민을 하고 있을까? 당위로서의 다양성은 인정하면서도 내면과 욕구에 있어서는 단일성을 옹호하는 태도를 지니는 이중적인 자신을 발견한 적이 있지는 않은가?

우리나라 사회문화 전반에 '통일성', '튀지 말 것 문화'가 아직까지 강하게 남아 있다는 것을 부정할 사람이 있을까? 이 통일성이 매우 효율적인 것은 인정한다. 그러나 문제는 통일성을 벗어나는 개념이나 사람이 등장했을 때 드러나는 우리의 태도이다.

중화요리점에서 다수가 음식을 주문할 때, 메뉴를 한 가지로 '통일'하는 것은 음식이 빨리 나올 수 있기 때문이다. 만약, 이 상황에서 "난 다른 거 고르고 싶어. 짬뽕 먹을래."라고 말하는 사람이 있다면 우리는 그를 그대로 인정하고 존중할 수 있을까?

당연히, 우리는 짬뽕을 고른 사람의 의견을 인정하고 존중한다고 대답할 것이다. 오히려 누구나 다른 메뉴를 주문해도 괜찮다고 할 것이다. 이 정도의 다름은 대체로 수용 가능한 것이기 때문이다. 나에게 직접적인 불편함을 주지 않기 때문에 '허락'해 주는 것뿐이다.

"무슨 소리예요. 저는 다름을 존중합니다."
"틀린 게 아니라, 다른 거죠. 그렇게 가르쳐야죠."

그러나 뉴스 기사와 다양한 이슈를 접할 때, 우리 안의 다름을 '존중'하는 것이 진정 내면화되었다고 확신할 수 있을까? 내가 이해하기 힘들고, 받아들이기 어려워도 그 존재와 사실을 인정하고 존중하겠다는 태도와 실천할 의지를 지니고 있을까? 반성되는 부분일 것이다.

교실 안 학생들은 다양한 관계를 맺으며 살고 있다. 그룹을 이뤄 몰려다니기도 하고, 혼자 있는 것을 즐기기도 한다. 다양한 학생들이 존재하는 와중에도, 그들을 통제하고 가르는 잣대는 존재하며, 그 기준에 따라 존중받지 못하는 학생들이 생긴다. 그 안에서 교우관계는 결코 평등하지 않다. 다름은 인정되지 않고, 구성원들이 정한 기준에 따라 '기준 미달인 자'와 '그렇지 않은 자'가 생긴다. 차별이 생긴다.

생각과 존재의 다름, 공존의 인정

"우리는 서로를 정말 이해할 수 있을까?"
"정말로 입장을 바꾸어 생각할 수 있을까?"
"나와 생각이 다른 사람을 인정할 수 있을까?"

이런 질문에 교사와 학생들은 어떤 대답을 할까? 어쩌면 뻔한 대답이 나올지도 모른다. 혹은 극소수라도, "그건 좀 어려울 것 같은데요."라는 대답이 나올 수 있다. 서로를 이해하거나 입장을 바꾸어 생각해 보는 일은 실생활에서 빈번하게 일어나는 것 같지만, 막상 수업 시간에 그 체험을 구현해 내는 것은 쉬운 일이 아니다. 그래서 착시 사진을 통해 학생들의 마음을 들여다보고, 열띤 토론을 이끌어 낼 활동을 소개한다.

"자, 여기 이 사진을 볼까요? 뭐가 보이나요?"

"오리요."

"토끼요!"

"토끼가 보인다고? 어? 정말 그렇게 말하니까 보이네!"

"난, 아무리 봐도 오리가 안 보이는데?"

"자, 봐. 저 귀 같이 보이는 걸 부리라고 생각하고……."

"아, 이제 보인다!"

착시 사진 토의 활동

첫 번째 활동

① 먼저, <착시 그림 1>을 보고 무엇이 보이는지 머릿속으로 떠올린다.

② TPS를 통해 무엇이 보였고, 왜 그렇게 보였는지를 짝과 대화한다.

③ 발표를 통해 학생들의 의견을 공유한다.

④ 교사는 아래와 같은 활동 및 발문을 할 수 있다.

- 토끼와 오리 중 어떤 동물이 먼저 보였나요? 두 동물을 모두 확인할 수 있나요?

- 토끼 혹은 오리가 보이지 않는 친구가 있나요? 있다면, 다른 친구가 다른 동물을 보는 방법을 설명해 주세요.

⑤ 이 활동에서 꼭 짚고 넘어가야 할 포인트
- 두 가지 동물이 모두 이 한 그림 안에서 보인다는 사실을 인정할 수 있는가?
- 다른 동물이 먼저 보인 사람이 이상하게 보이거나 낯설게 느껴지는가?
- 토끼 혹은 오리만 보이는 사람은 다른 동물이 보이지 않는다고 싸울 필요가 있는가?
⑥ 이 그림에서 보이는 동물에 대한 의견은 모두 이해 가능하고 수용할 수 있으며 이상한 게 아니라는 결론을 내리면 학생들도 동의할 것이다.

<착시 그림 1> 1899년 미국의 심리학자 조셉 자스트로가 처음 사용했던 착시 그림

"앞서 본 오리-토끼 그림에서 친구들이 각각 다른 동물을 보는 것을 이해할 수 있나요?"

"네, 이해해요."

"그림, 이 그림에 두 마리 동물이 있다는 것도 인정할 수 있을까요?"

"당연하죠!"

"그럼, 이 사진을 함께 볼까요? (〈착시 사진 2〉를 보여 준다.) 자, 이 사진은 인터넷에서 한참 유명했던 사진이에요. 왜 유명했을까요? 바로 색깔 때문입니다. 선생님은 (실제) 이 드레스가 (부위를 가리키며) 흰색과 황금색으로 보여요. 그런데 어떤 사람들은 파랑과 검은색으로 보인다고 하더군요?"

"네? 저게 어째서 흰색과 황금색이에요?"

"말도 안 돼요. 저 부분은 검은색, 저기는 파란색이에요."

"그런가요? 선생님은 아무리 봐도 흰색과 황금색으로 보이는데. 그럼 우리 반 친구들 각각 어떻게 보고 있는지 알아볼까요?"

두 번째 활동

① 이번에는 〈착시 사진 2〉를 보여 준다.
② 이 사진을 보는 사람들은 이 드레스의 색을 두 가지로 나누어서 본다고 한다.
 - '흰색과 황금색' VS '파란색과 검은색'
③ TPS를 통해 자신은 무슨 색으로 보고 있는지, 짝과 대화한다.
 - 학생들이 흥분하며 의견 충돌이 생길 수 있으니 잘 주의 관찰한다.
④ 교사는 아래와 같은 활동 및 발문을 할 수 있다.
 - 우리 반은 어떻게 색을 보고 있는지 알아봅시다. 어떤 색 조합이 많을까요? 손을 들어 봅시다.
 - 흰색, 황금색으로 보이는 친구는 파란색, 검은색으로 보는 친구들의 의견이 이해되나요?
 - 파란색, 검은색으로 보이는 친구는 흰색, 황금색으로 보는 친구들의 의견이 이해되나요?

- 각 색깔이 존재한다는 것을 인정할 수 있나요?
- 저런 주장을 하는 친구들이 이상하거나 낯설게 느껴지나요?
⑤ 이 활동에서 꼭 짚고 넘어가야 할 포인트
- 도저히 이해하기 어려운 주장과 의견이 존재하는가?
- 그 의견이 때로는 다수와 소수로 나누어질 수 있는가?
- 내가 이해하지 못하는 주장과 의견은 틀린 것인가? 다른 것인가?

<착시 사진 2> 인터넷상에서 화제가 된 색깔 논쟁 드레스

스코틀랜드의 가수 케이틀린(https://swiked.tumblr.com/)은 결혼하는 신부의 친구들이 드레스의 색깔을 두고 논쟁을 벌인 사연을 텀블러에 올렸고, 이는 많은 사람들에게 폭발적인 반응을 불러일으켰다. 포털 검색창에서 '드레스 착시'로 검색하면 위와 같은 사진을 쉽게 구할 수 있다.

"오리 – 토끼랑 비교해 보면 어떤가요? 어떤 차이점이 있나요?"

"오리 – 토끼는 두 동물이 다 보였지만, 이 사진은 친구가 이야기해도 도저히 못 믿겠어요!"

"그럼, 친구가 색을 잘못 이해하고 있을까요? 다른 색을 보는 건 잘못된 걸까요?"

"네…… 뭔가 잘못 알고 있는 것 같아요. 왜냐하면, 파랑, 검정으로 보는 친구들이 더 많으니까요."

"그럼 이 사진을 함께 볼까요? (〈착시 사진 3〉 함께 보기)

"아…… 이렇게 보이는 거구나. (짝꿍을 보며) 너도 저렇게 보였어?"

"이렇게 보니 정말 흰색, 황금색이 보이네."

"다시 물어볼게요. 지금도 다른 색으로 보는 친구들은 잘못된 걸까요? 다수의 의견이 항상 옳은 걸까요?"

"그렇지 않은 것 같아요."

"오늘은 간단히 드레스 색으로 보는 것으로 끝나겠지만, 실제로 사회에는 이와 비슷한 수많은 일들이 존재한답니다. 탕수육의 부먹과 찍먹처럼요."

"당연히, 부먹이죠!"

"아니에요. 부먹이든 찍먹이든 맛있게 먹으면 돼요. 서로 한 번씩 해 보면서요."

"정답이네요!"

① <착시 사진 2>와 <착시 사진 3>(햇빛이 내리쬐는 상태의 드레스로 인해 두 가지 조합의 색을 모두 볼 수 있는 사진)에 대한 학생들의 의견과 행동의 공통점과 차이점에 대해 이야기한다. 교사가 설명해도 괜찮고, 학생들을 통해 탐구하는 것도 좋다.

② <착시 사진 2>에서 아무리 노력해도 보이지 않는 색깔은 우리 주변의 삶과 비교해서 생각해 본다. 놀이의 방법으로 다투는 학생들, 미술 시간에 어떤 색을 쓸지에 대한 의견들, 탕수육은 찍먹인가 부먹인가 등 수많은 논쟁에서 내 주장만이 옳다고 생각한 경험들을 공유한다.

③ 상대방을 이해할 수 없는 순간에도 그 의견과 생각이 존중받고, 인정될 수 있는지 이야기를 나누어 본다.

④ <착시 사진 3>을 함께 보며 두 의견이 실제로 공존 가능하며, 이해할 수 있음을 이야기해 본다. 그리고 실제로 학교와 사회에는 이러한 존재와 의견 대립이 수없이 많다는 결론으로 이어 준다.

⑤ 교사는 아래와 같은 활동 및 발문을 할 수 있다.
  - 흰색, 황금색과 파란색, 검은색으로 의견이 나뉘는 사람들이 서로 이해하고 평화롭게 지낼 수는 없을까요?
  - '아, 그렇게 보일 수도 있나 보다.' '그럴 수 있겠다'하고 인정할 수는 없을까요?
  - 다른 생각과 의견을 존중한다는 것은 (내 눈에 보이는) <착시 사진 2>만 가능한 것일까요?

④ 이 활동에서 꼭 짚고 넘어가야 할 포인트
  - 내가 도저히 이해할 수 없는 의견과 생각도 존중받을 수 있는가?
  - 의견뿐 아니라 개인도 다양함을 인정하고 공존하려는 마음을 가질 수 있는가?
  - 다름을 존중한다는 것은 어떤 마음과 실천을 의미하는가?

131

* <착시 사진 2>와 <착시 사진 3>을 함께 비교하여 함께 보면 각자가 드레스의 색을 어떻게 보고 있는지 알 수 있게 된다. 실제 드레스 색은 파랑과 검은색의 조합이다. 그러나 두 사진을 나란히 놓고 보면, 빛으로 인해 두 색상의 조합이 어떻게 나타나는지 볼 수 있다. 빛을 어떻게 감지하는가에 따라 사진 속 드레스의 색을 다르게 인지하는 것이다. 역광으로 인한 색 변화에 익숙한 사람들은 뇌에서 역광 개념을 사용하여 역광색인 '흰색, 황금색' 조합으로 인지하고, 익숙하지 않은 사람들은 본연의 색인 '파랑, 검정'을 인지하는 것이다. 만약, 드레스를 실제로 보았다면 모두가 본연의 색 조합에 동의했을 것이다. 그러나 사진으로 한정 지어 생각하면, 역광과 색에 대한 경험의 차이에 따라 우리 뇌는 일종의 '고집'을 만들어 낸다고 볼 수 있다. 중요한 점은 사진만 놓고 보았을 때 색의 두 조합 모두 '틀린' 사실이 아니라는 것이다.

이 활동의 핵심은 우리 눈에 쉽게 보이고 이해할 수 있는 다름뿐만 아니라, 이해하기 어렵고 눈에 띄지 않는 '다름' 요소도 존재할 수 있음을 아는 것이다. 특히, 내가 수용하기 어려운 다름을 만났을 때 배척하고 틀렸다고 하는 것이 아니라, 다름이 존재할 수 있으며 '공존의 길'을 모색하는 태도를 갖추자는 것이다.

당신에게는 어떤 색으로 보이는가?

드레스 색깔 논쟁에 이어 색 조합의 논란을 일으킨 운동화이다. 이 운동화의 색에 대한 의견은 흰색, 핑크색 조합과 회색, 민트색 조합으로 나뉜다. 원리는 드레스 색의 인식과 같지만, 재밌는 점은 드레스 색은 웬만해서 그 조합이 바뀌지 않지만, 운동화는 때에 따라 색 조합이 다르게 보일 수도 있다는 것이다. 오늘 흰색, 핑크색 조합으로 보였다가도 내일은 회색, 민트색으로 보일 수 있다. 도저히 보이지 않던 색 조합이 어느 순간 보이는 현상을 경험하면서 다양성의 특징은 고정된 것이 아니라 변화될 수 있으며, 나의 생각과 관점은 언제든 바뀔 수 있기에 상대방의 생각과 의견에 대한 존중은 곧 내가 받을 존중이라는 점을 강조하여 말할 수도 있다. 사진은 포털 검색창에서 '신발 착시'로 검색하면 찾을 수 있다.

보이지 않는 '000' 찾기로 생각의 한계 깨닫기

세상에는 아주 단단한 것이 세 가지 있다.
강철,
다이아몬드,
그리고 자신에 대한 인식이다.

_ 벤저민 프랭클린

가끔 다른 이의 존재나 생각, 의견을 이해하지 못하고, 인정할 수 없을 때가 있다. 사실 하고 싶지 않기도 하다. 이유는 '아무리 생각해도 내 말이 맞기 때문에', '다른 경우에는 네 생각이 맞을 수도 있어. 하지만 이번에는 내 생각이 확실하게 맞아.' 라는 생각이 강하게 들기 때문이다. 분명히 세상의 많은 논의와 지식에는 '맞는 것'과 '틀린 것'이 존재한다. 틀린 것도 '다양성'의 일부로 여겨 존중해야 하는 것일까? 인정하고 존중해야 하는 것은 지식이나 의견 자체가 아니라, 그것을 주장하는 존재의 인격이다. 솔직히, 주장하는 내용과 생각이 그리고 대상이, 표현하는 '형태'가 나에게는 터무니없이 느껴져 그 뒤에 서 있는 인간 자체를 경멸하거나 무시하는 마음이 생겼던 적이 없었는가?

한국에서는 드문 이슈지만, 현재 미국에는 '지구가 평평하다'고 믿는 사람이 전체 인구의 2%나 된다고 한다. (2019, 내셔널지오그래픽 조

134

사) 미국의 인구가 3억 명 정도라고 보았을 때, 600만 명 정도가 지구 평면설을 믿고 있는 것이다.

"이렇게 확실한 사실을 믿지 않는 사람들이 있다고?"

제목에 끌려 보게 된 〈그래도 지구는 평평하다〉(다큐멘터리, 2018, 다니얼 j 클라크)에서는 흥미로운 장면이 나온다. 어찌 보면 얼토당토 않은 이 가설을 왜 이렇게 많은 사람들이 믿으며 따르고 있는가에 대한 과학자의 답변이 꽤 인상 깊었다. 내용을 간추리면 이렇다.

"처음에는 지구 평면설을 주장한 극소수의 사람들을 미친 사람 취급하고, 대화와 토론을 통해 이야기하려는 시도조차 하지 않았습니다. 그래서 그들은 자신들의 이야기를 들어 주고 이해하며, 논리를 강화해 줄 사람들만을 찾았습니다."

이 부분이 나에게는 무척 흥미로웠다. 비록 말이 안 되는 이야기일지라도, 그들이 왜 그런 주장을 하는지 들어 주고 토론해 주는 사람이 있었다면, 그런 문화가 형성되어 있었다면, 지금 그들의 모습은 달라져 있지 않을까? 벤저민 프랭클린은 '자신에 대한 인식'을 강철과 다이아몬드에 비유했다. 이렇게 단단한 자기인식은 또 다른 단단한 존재와 만나며 상처를 주고받을 수 있다. 당연히 이런 과정은 교실 안에서도 흔히 일어나는 일이며 이런 상황에서 상처받고 소외되는 학생들이 생긴다.

> (학예회 당일 교실 꾸미기를 위해 모인 학생들)
> 학생 A 선생님께서 풍선 준비해 주셨으니까, 여기 한번 하트 모양으로 꾸며 보자. 그게 제일 예뻐.
> 학생 B 그래, 알겠어.
> 학생 C (풍선 하나를 뒤로 가져가 문 쪽에 붙이려 한다.)
> 학생 A 뭐 해? 그거 여기에 붙일 건데?
> 학생 C 문 앞에도 하나 정도 붙이면 예쁠 거 같아서.
> 학생 A ????

학생 A는 어떻게 대답하였을까? 교사들이 상상하는 이상적인 답과 최악의 답 사이에 다양한 형태가 존재하겠지만, 결과는 예측 가능하다. 학생 A가 학생 C의 생각에 동의했는지의 여부도 중요하지 않다. C가 이후의 대화에서 동등한 존재로 존중받을 수 있는가 없는가의 문제만 남을 뿐이다. 자신의 경험과 생각만이 옳다고 믿고 강하게 주장하는 사고를 조금은 말랑말랑하고 부드럽게 만들 수는 없을까?

'보이지 않는 000 찾기'는 내가 확실하다고 믿는 의견과 경험이 가끔은 인지의 오류로 한계를 지닐 수 있으며, 완벽하지 않다는 사실을 깨닫게 하기 위해서 함께 나누는 활동이다.

이 활동을 하기에 앞서 교사가 활동의 핵심이 되는 동영상을 먼저 시청하기를 추천한다. 이 책을 읽는 독자라면 잠시 멈추고, 다음의 영

▶ 방법은 아주 간단하다. 영상이 진행되는 동안 흰옷을 입은 여성이 공을 몇 번 주고받는지 세면 되는 것이다. 생각보다 쉽지 않으므로 집중해서 보아야 정확히 맞출 수 있다.
  〈The Monkey Business Illusion〉(유튜브 영상 중 일부 장면)

상을 먼저 보고 오는 것이 좋겠다. 뒤에 이어질 내용이 영상을 보는 재미를 반감시키는 스포일러가 될 것이기 때문이다. 먼저, 유튜브에서 〈The Monkey Business Illusion〉(1분 41초, Daniel Simons 채널)을 검색하자. 위와 같은 영상을 찾을 수 있을 것이다.

먼저, 영상을 시청하고 왔다면 '공은 몇 번 주고받았나요?'라는 영상 속 마지막 질문에 답할 차례이다.

"정답은 열 여섯 번입니다."
"아하~!"

"그런데 혹시 지나가는 고릴라 보셨나요?"

영상을 정말 집중해서 본 사람이라면, 깜짝 놀랄 소리이다. 고릴라가 지나갔다고? 영상 속 설명에 따르면 실험에 참가한 (나와 당신을 포함한) 사람들의 절반이 고릴라를 보지 못했다고 한다.

"고릴라를 보셨다고요? 그럼, 중간에 여성 한 명이 빠져나가고, 커튼 색이 바뀌는 것을 알아차리셨나요?"

고릴라까지는 보았더라도, 중간에 여성 한 명이 사라지고, 커튼 색까지 바뀐 것을 알아차린 사람은 절반의 절반밖에 되지 않을 것이다. (일반적으로 이것을 모두 눈치챈 사람은 실제로 사회자가 강조한 '흰옷 입은 여성이 공을 주고받는 것에 집중할 것'을 처음부터 지키지 않았거나 중간에 세는 것을 포기한 사람일 확률이 높다. 특히 집중력이 약한 학생이라면 충분히 그럴 가능성이 있다.)

어떻게 이런 일이 생길 수 있을까? 분명 눈앞에서 벌어진 일인데도 전혀 인지하지 못하는 것이다. 만약 이것이 영상이 아니라, 길에서 우연히 본 행위 예술이었다면 어떤 일이 생길까?

"와, 흰옷 입은 사람들, 농구 잘하더라."

"그래? 난 중간에 지나가는 고릴라가 웃기던데."

"뭔 소리야? 농구 경기에 고릴라가 왜 지나가?"

"진짜야, 내가 봤다니까? 고릴라 지나가는 거 말야!"

"웃기고 있네!"

이 실험은 인지편향을 알아보기 위한 것으로 《보이지 않는 고릴라》(2011, 크리스토퍼 차브리스 외)의 저자들이 고안해 낸 것이다. 책에서 저자들은 인간 인지 능력의 한계를 주의력 착각, 기억력 착각, 자신감 착각, 지식 착각, 원인 착각, 잠재력 착각 등으로 세분하여 인간의 인지에 얼마나 많은 오류와 착각이 생길 수 있는지 증명한다. 분명 같은 경험을 하고 같은 시야를 가졌음에도, 본 것과 느낀 것이 달라질 수 있다는 점은 '우리가 왜 이렇게 다양한 생각과 의견을 가질 수 있는지'를 보여 주는 좋은 예이다. 그와 동시에, 자신의 생각만이 옳고 다른 이는 틀리다는 생각이 얼마나 경솔하고 위험한지를 보여 준다.

"이제 왜 선생님이 보이지 않는 '○○○'이라고 했는지 알겠죠? 활동 소개하면서 고릴라 이야기를 했다면 모두 고릴라가 언제 나오는지만 생각했을 테니까, 그러면 아마 공을 주고받는 횟수는 몰랐을 거예요."

"그런데 고릴라를 본 친구도 있고, 못 본 친구도 있는 거예요?"

"그건 우리의 뇌가 한 가지에 집중하면 다른 행동이나 예상치 못한 사물을 인지하지 못할 수 있기 때문이에요. 예를 들면, 여러분이 게임을 열심히 하고 있으면 "밥 먹어!"라는 말을 못 들을 때가 있죠? 그런 비슷한 경험이 있을까요?"

"있어요, 선생님 옷에 스티커가 붙어 있었는데 그게 자꾸 신경 쓰여서 그날 수업 하나도 못 들었어요."

"말해 주면 떼어냈을 거 아닌가요?"

"근데, 제가 붙인 거거든요."

이러한 활동을 통해 내가 가진 생각과 알게 된 사실, 경험이 완벽하지 않을 수 있으며, 같은 경험을 했어도 무엇에 집중했는가에 따라 판단과 결과는 달라질 수 있음을 이야기 나누어 볼 수 있다.

우리는 누구나 실수할 수 있으며, 다르게 생각할 수 있다. 그것은 당연한 것이다. 눈에 보이는 모습과 의견에 집중하기보다, 그 뒤의 사람에게 집중하자. 존중받아야 할 사람과 공존하려는 태도를 먼저 취한다면, 다양성에 대한 존중은 저절로 이루어질 것이다. 우리가 결국 그 논의에서 서로 합의점을 찾지 못한다고 하더라도 말이다.

다양성에서 중요한 것은 나와 다른 '존재'를 바라보는 마음이다. 보이지 않는 고릴라 활동은 단순히 '내 의견에 착각이나 오류가 있을 수 있음.', '상대방의 의견도 이해해 보아야 함.'을 넘어 새로운 관점을 줄 수 있다.

"보이지 않는 고릴라 영상을 통해 우리가 평소 친구들과 지내며 아쉬운 상황을 이야기할 수 있을 것 같습니다. 바로, 눈에 보이는 한 가지 사실에만 집중하면 유쾌한 '고릴라'를 보지 못할 때도 있다는 것입니다. 이것은 우리에게도 적용됩니다."

"나의 단점에만 집중하여 나의 장점을 보지 못하는 것"
"키가 작다고 생각하여 그 친구의 존재와 개성을 '키 작음'으로만 연관 지어 생각하는 것"
"남성 혹은 여성이라는 성별에만 집중해서 상대를 보는 것"
"공부를 잘하는 것, 체육을 잘하는 것 하나만으로 상대를 판단하는 것"
"친구의 잘못된 행동, 말 하나로 인격 전체를 부정적으로 생각하는 것"

"우리가 영상을 다시 보았을 때 모든 장면들에 편안하게 관심을 두면, 고릴라와 그 밖의 모든 변화를 관찰할 수 있습니다. 그처럼 친구를 바라볼 때, 좀 더 넉넉하고 편안하게 구석구석을 관찰하면 친구에게 숨겨져 있던 '유쾌한 고릴라'를 발견할 수 있을 것입니다."

그리고 이 활동 이후에 자신과 서로를 관찰하는 시간을 두어 글짓기 혹은 그리기 활동으로 연계하면 나와 친구를 새롭게 발견하는 기회가 될 수 있을 것이다.
"내가 이렇게만 보이겠지만, 나에게는 사실 이런 고릴라가 있어."
"너를 이렇게만 봤는데, 너에게는 이런 고릴라가 있는 것 같아."

다름을 이해하고 존중하기 활동 정리

1. 착시 사진 토의 활동하기
① 오리 – 토끼 사진 보기 : 이해 가능한 다른 의견과 존재 파악하기
② 드레스 사진 보기 : 이해 불가능한 다른 의견과 존재를 파악하고 인
   정하기
③ 내가 이해할 수 없고 전혀 다른 생각을 가진 존재가 있으며 공존해
   야 함을 설득하기

2. 보이지 않는 000 활동하기
① 영상을 보고 고릴라 등을 보고 있었지만 놓친 것들 이야기하기
② 뇌는 언제나 착각을 일으킬 수 있으며 내가 아는 사실과 경험이 절
   대적이지 않음을 알기
③ 나와 다른 존재인 타인에게서 눈에 보이지 않는 것들을 찾아보기

3. 차별과 평등(형평) 이해하기

"평등 의식은 학습되는 것이 아니라 본능이다."

_사라 브로스넌 박사, 동물들의 도덕적 행동 실험에서

영장류 연구학자인 프란스 드 발은 TED 강연에서 동물들의 도덕적 행동을 주제로 차별이 주는 스트레스에 대하여 이야기하였다.(Two Monkeys Were Paid Unequally: Excerpt from Frans de Waal's TED Talk)

강연에서 소개된 실험의 내용은 이렇다. 우리 안의 두 원숭이에게 일정한 양의 조약돌을 준 다음, 조약돌을 연구자에게 건네주면 보상으로 오이를 주는 간단한 실험이었다. 처음에는 두 원숭이 모두 조약돌을 건네주는 대가로 오이를 보상받는다. 두 번째 조약돌을 건네는 순간부터 한 원숭이는 오이 대신 포도를 받는다. 그걸 지켜본 다른 원숭이는 바로 조약돌을 건넨다. 그러나 희망과는 달리 포도가 아닌 오이를 받는다. 오이를 받은 원숭이는 그 자리에서 오이를 연구자에게 던져 버린다. 이 와중에 다시 다른 원숭이는 조약돌을 건네고 포도를 받는다. 이걸 본 원숭이는 자신의 조약돌에 혹시 문제가 있는지 검사해 본다. 이상이 없다고 판단한 원숭이는 다시 연구자에게 조약돌을 건네지만, 결과는 역시 오이를 받는다. 화가 난 원숭이는 오이를 던지고 우리를 흔들기 시작한다.

원숭이 실험 연구진은 상황을 바꾸어 여러 방식으로 확인했지만, 결과는 같았다. 연구진은 욕심이나 가난 등이 아닌 '차별'이 분노의 원인이라고 밝혔다. 실험을 함께 진행한 미국 조지아주립 에모리대학교의 사라 브로스넌 박사는 "평등 의식은 학습되는 것이 아니라 본능"이라고 설명하였다.

차별이 주는 스트레스

"선생님, 00이가 이 장난감을 부러뜨렸어요!"

"왜 그런 거예요?"

"아니, 얘가 다른 애들은 다 가지고 놀게 하는데, 저는 안 된다고 하잖아요."

"얘는 평소에도 제 장난감 가지고 가서 자주 망가뜨렸거든요. 그래서 안 줬어요."

"이번에는 정말 조심히 다루려고 했어요. 그런데 계속 부탁하는데도 안 주니까 화가 났어요."

"아무리 그래도 그렇지, 그렇다고 친구 물건을 함부로 망가뜨리면 되나요?"

교실에서 정말 하루에도 몇 번이고 일어나는 갈등, '왜 나한테만 이렇게 대하는 것인지'에 대한 논쟁은 앞서 소개한 놀이 장면에서, 학생들의 교우관계, 학급과 학급 간의 비교 등 넓은 범위에 걸쳐 빈번히 발생한다. 심지어 6학년 학생 그룹 간의 문제를 해결하고 화해하고자 조사를 했더니 그들의 문제가 유치원 때부터 시작된 것임을 발견한 경우도 있었다. 기본적으로 소외되고 따돌림 당하는 차별의 문제에 관련된 학생들은 모두 극심한 스트레스를 받고 분노를 표출하거나, 은둔하며 세상과 단절하는 등의 모습을 보이기도 한다.

앞선 대화에서 학생이 '물건을 망가뜨린' 건 분명 잘못이다. 그러나 진행 과정에서 '따돌림'을 받았다고 생각한 학생이 '충분히 화가 날 수 있음'을 예측할 수는 없었을까? 혹은 그런 문제는 '평소에 전력이 있으니 그 정도는 당해도 된다'는 식으로 그냥 가볍게 지나가도 괜찮은 걸까?

'만약, 사소한 행위라도 그것이 상대방에게 차별의 감정을 느끼게

한다면, 큰 스트레스와 분노를 유발할 수 있다.'

이 감정을 학급 구성원이 공감할 수 있다면, 학생 간의 대화와 교사의 생활지도에서도 누군가의 '잘못'에만 초점을 두지 않고, 개인의 존엄성에 좀 더 집중하는 기회를 얻을 수 있다.

"아무래도 차별을 받는다는 느낌 때문에 화가 많이 난 것 같은데, 다음에 같은 일이 또 발생한다면 그때는 어떻게 할 건지 각자 말해 볼까요?"

"저는 차별하려는 건 아니고, 제 물건을 지키고 싶었어요. 저 친구가 만지면 자꾸 고장 나니까요."

"그럼, 물건이 망가지는 게 더 걱정된다는 뜻이니까 그 점을 더 강조해서 말해 주면 좋겠네요. 무조건 '안 돼.'라기보다 이해할 만한 이유를 이야기하는 게 더 나아 보입니다."

"저는 저를 무시한다는 생각이 드니까, 제 안 좋은 감정을 친구도 느꼈으면 좋겠다고 생각했어요."

"그런데, 물건을 망가뜨려서 다시 사 줘야 하는 결과가 되었죠. 결국 또 속상한 일이 하나 더 생긴 거네요. 문제가 해결되지 않은 거죠? 그럼 그 불편한 감정을 확실히 이야기해서 사과를 받는 게 더 나았을 것 같습니다."

▶ 차별에 분노하는 카푸친 원숭이. 해당 원본 영상은 'Two Monkeys Were Paid Unequally: Excerpt from Frans de Waal's TED Tal'(영문)으로 볼 수 있으며, 유튜브 등에서 '차별이 주는 스트레스', '차별 대우 카푸친 원숭이'로 검색을 하면 편집 요약, 한글 번역 영상을 쉽게 찾을 수 있다.

① 영상 시청 전, 학교생활을 하며 가장 화가 날 때는 언제인지 이야기하며 정리한다.

② 교우관계나 성적 등으로 자신이 화가 났을 때 그 이유를 고민해 보는 시간을 가진다.

③ '차별이 주는 스트레스, 원숭이 실험 영상'을 함께 보고 그동안 자신의 분노 중 차별로 인한 것이 있었는지 탐색한다.

④ 학급 활동에서, 학생 간의 대화에서 그리고 교사의 발화에서 차별이라고 여겨져 부정적인 감정을 느꼈던 경험들을 솔직히 이야기하는 시간을 갖는다.

교실에서 차별이나 불평등으로 발생하는 문제는 베테랑 교사도 풀기 어렵다. 난데없이 '선생님이 차별 대우한다'고 주장하는 학생, 차별받는다며 우울해하는 학생, 다른 학생을 차별하며 따돌리는 학생들을 만나면 난감하다. 어디서부터 풀기 시작해야 할지 모르겠다. 실험에서 알려주듯 이러한 문제들은 분노로 표출되거나 억압의 감정으로, 관련 학생들에게 학교생활을 어렵게 만든다.

앞서 다양성 존중에 대해 깊은 이야기를 나누었다면, 이제 차별이 주는 스트레스를 이해하고 공감하면서, 교실 내 평등은 어떻게 실현되어야 하는지에 대해 이야기한다.

야구장 관람 그림으로 공평과 형평 이해하기

차별은 교실 민주주의를 원숙한 분위기로 이끌어 가는 데 가장 큰 난관이며, 실제로 해결하는 데 많은 어려움이 있는 문제이다. 차별은 학교 문화, 교실 문화, 학생과 학생, 교사와 학생 사이에 우리가 눈치채지 못할 정도로 미세하게 숨어 들어 있다. 또한, 너무 오랫동안 차별이 자연스럽게 이어져 왔기 때문에 이것을 인지하는 데 어려움이 있고, 인지했다 하더라도 '이런 것도 차별일까?' 하는 등의 내적 갈등과 혼란이 생길 수 있기 때문이다.

'학교 문화의 평등과 민주화가 당연하다고 생각하지만, 업무 분장시 경력에 따라 혹은 다른 이유로 업무의 양과 질이 달라지는 데에는 침묵하고 있지 않은가?'

'학벌주의와 과도한 성적 경쟁이 사회적 차별을 야기하는 것을 알면서도, 학교 내 특목고 진학 학생을 위한 특별실을 마련하는 것은 차별로 느끼지 못하고 있지는 않은가?'

'성 평등이 당연하다고 생각하고 학생들에게 가르치지만, 학생들이 부여받은 학급 번호를 남녀로 나누거나, 배부하는 학습지나 물건에 남학생은 파란색, 여학생은 분홍색으로 구분하고 있지는 않은가?'

'학생들의 인격은 언제나 존중받아야 된다고 생각하지만, 수업 방해 행위를 하고, 다른 학생을 존중하지 않는 학생은 존중받을 권리가 없다고 생각하는 '선택적 판단'을 하지는 않은가?'

이 외에도 우리가 내세우는 평등과 달리 상황에 따라 한 번쯤은 멈칫하게 되는 다양한 사례들이 존재한다. 그것들이 차별인가 아닌가에 대한 생각은 저마다 다를 수 있다. 자유를 강조할 것인가, 평등을 더 강조할 것인가에 따라 입장이 달라질 것이다. 확실한 것은 대의와 정당성으로 세운 평등과 반(反)차별이 교실의 모든 상황에 일관성 있게 적용되기란 매우 어렵다는 것이다. 교사나 학생 모두 완벽한 '평등 기계'가 아니기 때문이다. 그렇기에 더더욱 이런 개별적이고 논란이 될 만한 사안을 꺼내어 공론화하고 대화를 나누는 것이 중요하다. 한 번도 논의되거나 합의되지 않은 차별과 평등 이슈는 계속해서 누군가에게 '카푸친 원숭이'가 겪은 스트레스와 분노를 느끼게 할 것이다. 자연스럽게 이러한 과정에서 교사나 학생 누구나 틀릴 수 있다는 점도 선언해야 한다. 같이 이야기하며 개선해 나가는 과정이 교실 민주주의 그 자체이다. "차별하면 안 돼요. 차별은 나쁜 거예요."라는 천편일률적인 인성 수업의 결론만으로는 도덕 교과서 속의 '존중'이나 '사랑'처럼 머릿속에만 맴돌고, 실천과 고민은 없는 허황된 낱말이 되고 말 것이다.

"단원평가 90점을 넘긴 학생에게는 초콜릿을 주는 일, 달리기 1등으로 들어온 학생에게 선물을 주는 일은 차별일까요?"

"차별이 아니라고 생각합니다. 단원평가와 달리기 모두 자신의 노력이 들어갔기 때문에 보상을 받는 건 당연하다고 생각합니다."

"점수가 아닌 노력이 보상의 기준이 되는군요. 그럼 90점을 못 받은 학생은 노력을 하지 않은 걸까요? 선천적으로 키가 작아 빨리 달릴 수 없는 학생은 어쩌죠? 솔직히 여러분은 그런 친구를 보며 속상하거나 안타까운 마음이 없었나요? 혹은 그런 일을 직접 경험한 적은 없었나요?"

"솔직히 있었어요. 저는 아무리 노력해도 90점을 넘길 수가 없었거든요."

"저는 달리기를 하고 싶지 않았어요. 억지로 뛴 건데, 선물까지 못 받으면 슬퍼요."

"하지만, 선생님! 올림픽 같은 경기의 달리기 시합에서 가장 빠른 사람에게는 금메달을 주잖아요. 그럼 그것도 차별인가요?"

차별과 평등을 교실에서 이야기할 때에 빠지게 되는 딜레마는, 교사가 평등을 단편적이고 기계적인 관점에서 가르치면 그에 반대되는 실제 사례가 너무나 많이 생긴다는 점이다. 평등에 대한 다양한 논의를 사례를 들어 논쟁하듯 다루지 않으면, 학생들은 평등을 '이상적이지만, 사실은 불가능한 것'으로 받아들이거나, 왜곡된 평등주의와 정의를 갖게 된다.

"나는 90점을 넘겼는데, 왜 80점짜리에게 초콜릿을 주는 거지? 이건 차별이야."

"80점 받은 아이도 노력하면 90점 받을 수 있고 차별 안 당할 텐데, 노력을 안 해서 그런 거야."

《우리는 차별에 찬성합니다》(2014, 오찬호)는 실제로 이런 왜곡된 평등관을 가진 사람들의, 자신이 얻었거나 얻지 못하게 된 것에 대한 분노와 차별을 다루고 있다.

"학교에서 가장 잘나가는 학과인 경영학과에 다니는 한 학생은 자기 학과가 다른 학과보다 훨씬 뛰어나다고 생각한다. 그러면서 '겨우 턱걸이'해서 학교에 들어온 철학과나 사학과 학생들을 '개무시'한다. 수능을 보지 않고 들어온 수시생들을 '수시충'이라 비하하며 부르고, 재외국인 전형, 사회통합 전형 같은 특별 전형으로 입학한 학우들을 낮춰 본다. 최근 몇몇 대학들에서는 지역 균형, 기회균등 전형으로 들어온 학생들을 '지균충' '기균충'이라 부르며 무시한다고 한다."

많은 사람들이 다양성과 차이를 인정하면서도 이로 인해 발생하는 결과를 보정하고 조율하는 시스템에 대해서는 깊은 고민을 하지 않는다. 역시나 개인에게 그 책임을 떠넘기면 쉬운 일이 된다. 그러나 학교는 그러한 공간이 되어서는 안 되므로 교사는 이 부분에서 많은 고민을 해야 한다. 그렇지 않으면 앞서 다룬 존중과 다양성에 대한 이야기는 무용지물이 될 것이다.

앞서 학생이 "선생님! 올림픽 같은 경기의 달리기 시합에서 가장 빠른 사람에게 금메달을 주잖아요. 그럼 그것도 차별인가요?"라고 한 질문에 대해 어떻게 대답해야 할까?

학교에서 평등을 이야기하기에 앞서 평등에는 두 가지 유형, 기회의 평등과 결과의 평등이 존재한다는 것부터 이야기를 시작해야 한다.

기회의 평등	결과의 평등(형평, 공평)
기본적으로 지위, 인종, 가족, 종교, 출생 등으로 차별받지 않고, 모두에게 똑같은 기회가 주어지는 것을 말한다. 자신의 능력 및 기여도에 따라 자원을 다르게 분배한다.	모든 사람에게 능력과 기여의 차이 없이 사회의 자원을 동일하게 분배하거나 동일한 상태로 놓일 수 있게 하는 것을 의미한다.

흔히 '평등' 하면 '기회의 평등'을 가장 많이 떠올린다. 달리기 경기장의 출발선에 비유하면, 모두가 같은 선상에서 출발하는 기회를 마련하고 제공하는 것을 뜻한다. 출발 신호와 함께 자신이 얼마나 땀을 흘리며 전력 질주하는가에 따라 자신이 성취할 수 있는 자원이 달

라진다. 공교육은 기회의 평등을 가장 잘 구현한 것이라고 볼 수 있다. 기회의 평등은 산업 시대(우리나라로 비유하면 70~80년대)에 중요한 역할을 하였다. 자신의 노력과 성취로 부와 지위를 거머쥘 수 있는 기회가 있었다. 당시에는 대부분의 사람들이 빈곤한 상태에서 시작하였기 때문이다. 시작부터 많은 부를 가진 사람의 수도 적었고, 부의 격차도 크게 느껴지지 않았다. 그렇기에 기회의 평등을 통해 도달할 수 있는 결과의 사다리는 모두에게 주어지는 것처럼 보였다.

그러나 21세기를 사는 우리가 이런 상황을 공감할 수 있을까? 우리는 같은 출발선에서 시작하지만, 누군가는 스포츠카를 타고 어떤 이는 신발조차 없다는 우스갯소리와 함께, '금수저'와 '흙수저'가 자신을 대변하는 일상의 언어가 되어 버린 시대를 살고 있다. 단순히 '노력'만으로 벗어날 수 없는 한계와 벽은 분명히 존재한다. 그렇기에 결과의 평등은 오랜 시간 꾸준히 제기되었고, 실제로 경제, 사회제도에 많이 반영되어 있다. 저소득층을 위한 지원 제도나 농어촌 학생을 위한 특별 전형, 성비 균형 채용 등이 그 예가 될 것이다. 교실도 마찬가지다. 놀이를 할 때 룰을 이해하기 어려운 사람들을 위한 연습 게임해보기, 학생 신체 조건에 맞게 규칙과 형태를 변형하여 활동하기, 최종 점수가 아닌 향상된 폭의 점수로 평가하기, 학생의 수준에 따라 각각 다른 학습지로 학습 후 평가하기 등이 결과의 평등을 반영한 예라고 할 수 있다. 실제로 현재 교실을 이끌며 수업을 하는 교사들의 활동을 구성하는 취지나 방향이 대부분 이런 방식으로 흘러간다. 알게 모르게 많은 교사들은 '결과의 평등'에 신경 쓰고 있다. 학교의 설립 취지가 기회의 평등을 대변한다면 교실 속 교사들은 기회의 평등을 보완하기 위한 노력들을 하고 있는 것이다. 학교는 결과보다는 과정, 일부보다는 다수, 획일성보다는 다양성을 통해 '민주시민 양성'이라는 교육목표를 달성하기 위해 존재하기 때문이다. 따라서 교실 민주주의를 다루는 교사라면 더욱더 기회의 평등과 결과의 평등을 상호보완적인 관계로 보고 균형을 이루도록 노력해야 한다.

　학생들과 함께 기회의 평등과 결과의 평등을 이야기하는 데 이렇게 복잡한 이야기를 하기는 쉽지 않다. 특히 초등학생이라면 쉬운 예로 접근해야 한다. 그렇기에 아래의 그림 자료를 통해 이야기를 풀어간다면 크게 도움이 될 것이다.

활동하기

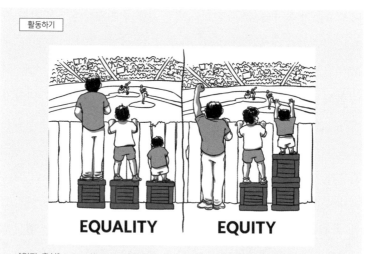

[원작 출처] https://interactioninstitute.org/illustrating-equality-vs-equity/ 원작자 Angus Maguire.

154

① 양쪽 그림의 공통점과 차이점 찾기
 - 눈에 보이는 사실 정보 찾기에서 그림 속 등장인물에 이입하여 기분과 감정을 이야기해 본다.
② 기회의 평등과 결과의 평등의 예로 그림을 설명하고, 각각 사회에서 한계점이 있음도 밝힌다.
 - 기회의 평등 한계 : 사회 격차, 소외 계층의 증가, 기회 박탈 등
 - 결과의 평등 한계 : 개인의 자유 침해 여지 존재, 때에 따라 역차별 감정을 느낄 수 있음.
③ 사회적 약자인 초등학생이 경험하는 차별과 불편함을 이야기해 보고, 2개의 받침대처럼 초등학생에게도 필요한 제도나 장치 등을 자유롭게 이야기해 본다. (평평 대화를 이용하여, 현실 불가능한 제안일지라도 이를 간추리거나 정리하여 현실적 대안으로 만드는 과정도 경험한다.)
④ 고학년으로 갈수록 '개인의 불평등'에서 '사회의 불평등'을 탐색하고, 결과의 평등을 위한 제도나 인물의 노력 등을 함께 탐구하는 시간을 가진다. (원작자의 블로그 (https://www.storybasedstrategy.org/tools-and-resources#the-4th-box-resources)를 방문하면 학생들이 직접 탐구하여 평등을 어떻게 구현하면 좋을지 직접 그려 볼 수 있는 학습지와 툴을 다운로드받아 아래와 같은 활동에 활용할 수 있다.)

* 형평 그림 4컷 학습지 4번째 칸에 자신이 생각하는 평등의 방법을 그림으로 나타내기
* 형평 그림의 요소인 3명의 사람, 야구장, 담벼락, 상자 그림을 직접 움직이고 배치하며 평등을 설명하기
 - 주어진 그림 외에 다른 상황의 인물을 추가하여 그에 맞는 '형평성을 고려한 관람' 그림 그려 보기 (예) 휠체어를 탄 사람, 혹은 시각장애인이 있다면 어떤 그림을 추가하면 좋을까? 등)

"선생님, 아까 제 질문에 답변을 안 하셨어요! 올림픽 달리기 시합 말이에요. 금메달을 혼자 따는 것도 차별일까요?"

"그럼 이 그림을 먼저 볼까요? 무엇을 하는 그림인가요?"

"야구 경기를 보는 것 같은데 왼쪽 그림의 키가 작은 아이는 야구를 못 보고 있어요."

"조금 더 자세히 양쪽 그림을 비교해 줄 수 있나요?"

"왼쪽은 받침대가 1개씩 있고, 오른쪽은 키 작은 아이가 받침대를 2개 가지고 있어요. 그래서 오른쪽 그림의 모든 아이들은 야구를 볼 수 있는 것 같아요."

"여러분이 느끼기에 어떤 쪽이 더 '평등'한 대우를 받고 있다는 생각이 드나요?"

"저는 왼쪽 그림이요. 어쨌든, 받침대를 모두가 똑같이 하나씩 받았으니까요."

"저는 오른쪽입니다. 야구 경기를 모두 함께 볼 수 있게 되었으니까요."

"사실, 양쪽 다 '평등'이라고 할 수 있어요."

"그럼 둘 다 정답인가요?"

"네, 그렇습니다. 그러나 우리가 어떤 평등을 더 추구할 것인지는 이야기를 더 해 봐야 해요."

이 지점에서 학생들에게 '스스로 생각할 때 어떤 평등을 더 추구해야 하는지' 자신의 생각을 쓰게 하고, 발표해 보는 시간을 가지는 것도 추천한다. 나의 경우, 교실에서 학생들의 의견을 쭉 듣고 나서 더 중점적으로 추구해야 할 평등은 결과의 평등(Equity, 공평 또는 형평) 임을 이야기했다.

"자 그럼, 이런 질문이 있을 수 있어요. 자신의 받침대를 빼앗긴 키 큰 사람은 억울해하지 않을까요? '받침대가 있으면 더 높은 곳에서 볼 수 있는데!' 하면서 말이죠."

"맞아요. 좀 억울할 것 같아요."

"그래도, 남을 돕는 거니까 참을 수 있지 않나요?"

"억울할 수도 있다는 건 사실이에요. 하지만, 이게 우리가 교실에서 함께 살아가는 데 필요한 생각이에요. 이 그림에 등장하는 인물들이 하고 싶은 건 뭔가요?"

"야구 경기를 보는 거요."

"맞아요. 받침대 하나를 다른 사람에게 주어도 괜찮은 건, 이 사람들의 목적이 '야구 경기'를 즐겁게 보는 것이기 때문입니다. 받침대가 없어도 야구를 볼 수 있는 사람은 받침대가 2개 필요한 사람이 있다는 사실을 이해하고, 받침대를 더 가져갈 수 있다는 점을 수용할 수 있어야 합니다."

존 롤스는 저서 《정의론A Theory of Justice》에서 정의의 두 원칙을 제시했다. 이 중 제 2원칙인 '차등의 원칙과 기회균등의 원칙'은 가장 약자인 자에게 가장 많은 이익이 돌아가도록 분배할 때는 불평등을 허용한다는 것을 의미한다. 이것이 바로 사회정의에 부합한다는 것이다.

그림 속 키가 작은 아이를 사회적 약자에 비유할 수 있다. 특히, 초등학생에게 신체적 한계 때문에 생기는 일들은 차고 넘친다. 사회적 약자이기 때문에 겪어야 했던 경험을 공유하며 이야기를 나누어 볼 수 있다. 자신이 초등학생이기 때문에 겪었던 불평등한 경험을 통해 '그럼에도 불구하고 초등학생도 함께 행복하고 누리기 위한 방법'을 고민한다. 그리고 그 경험을 교실 안으로 끌고 와 같은 초등학생임에도 상황에 따라서는 더 약자의 위치에 놓일 수 있는 개인이 존재함을 알며, 그들도 존중받고 평등한 대우를 받을 수 있는 정서적, 물리적 환경을 조성하는 것이 이 활동의 목적이다.

운동은 잘하지만 사회 학습이 부족한 A학생을 생각해 사회 골든벨 퀴즈 활동은 탈락 없이 진행할 것이며, 상식은 풍부하지만 힘이 약한 B학생은 그물에 공 넣기 활동 시 다른 친구들보다 좀 더 앞에서 던지게 될 것이다. 그리고 서로가 '차별당했다.'는 생각으로 스트레스 받지 않게 될 것이다. 교사는 특정 학생에게 혜택을 주어 편애하는 것이 아니라, 결과의 평등을 위한 것임을 설명할 수 있어야 한다.

"A가 발을 다쳐서 이번 현장체험학습에서 휠체어를 타고 다니게 되었어요. 친구 A도 함께 현장체험학습 시간을 즐겁게 보낼 수 있는 방법은 무엇이 있을까요?"

"현장체험 버스 자리를 정해야 하는데, 멀미가 심한 학생을 우선적으로 배치하고, 나머지 자리는 자율적으로 결정하는 것은 어떨까요?"

나아가서는 위와 같이 약자의 상황에 놓일 만한 학생과 환경을 미리 탐색하고, 문제를 해결하기 위한 아이디어를 제시하며 함께 논의하는 기회를 제공한다.

"누구나 평등의 기회를 얻을 수 있는 것은 아니에요. 소수자, 사회적 약자는 특히 그렇습니다. 그리고 상황에 따라 누구나 사회적 약자가 될 수 있습니다. 그래서 우리 사회는 서로 최소한의 행복을 지켜주기 위한 양보에 합의했습니다. 소득이 많은 사람에게 더 많은 세금을 걷는 것부터, 장애인을 위한 전용 주차장을 만들어 주는 등의 노력을 하는 것이지요. 교실도 마찬가지입니다. 수업과 활동의 목표는 모든 학생이 최소한의 성취기준을 달성하고, 흥미를 가지면서 긍정적인 경험을 하는 것입니다. 그렇기에 저는 99명이 행복한 것보다는 1명의 불행을 막는 것에 더 관심을 두고 여러분과 지내려 합니다."

이러한 선언 이후에 수업 활동이나 생활지도에 앞서 목적과 비전을 함께 공유하며 시작한다. 그리고 그 목적과 취지에 맞게 규칙과 활동을 설계해야 한다.

가령, 흔하게 하는 피구 경기도 단순히 '상대방을 아웃시키면 끝난다'는 규칙과 목적만으로는 부족한 점이 많다. 승리를 위해 특정인에게 공이 몰리거나, 순발력이 떨어지는 학생은 경기 초반에 아웃되어 구경만 하는 처지에 놓인다. 모두가 참여하는 기회는 얻었지만, 경기를 즐기고 긍정적인 경험을 하는 결과는 모두가 얻지 못할 수 있는 것이다.

"오늘 피구 경기는 누가 이기느냐보다 모두가 안전하게 마음 상하지 않고 하는 데 목적이 있습니다. 이 목적을 이루기 위해서 규칙을 바꿨으면 하는데, 좋은 제안을 해 주세요."

"오늘 피구 경기는 모두가 공을 한 번씩 던질 수 있도록 하는 게 목표입니다. 이 목표를 달성하면 학급 전체에 보상이 주어집니다."

"오늘 피구 경기는 맞아도 아웃되는 사람이 없습니다. 단 상대편을 맞힐 때마다 학급 전체 점수가 올라갑니다."

이렇게 규칙이나 목적을 바꾸면 경기에 참여하는 학생들의 태도나 경기 진행 양상이 크게 달라진다. 이 부분이 바로 교사의 역량이 필요한 지점이다.

"그럼, 이제 아까의 질문에 답을 할 때가 되었어요. 올림픽 달리기 시합과 여러분의 달리기를 비교해 볼까요?"

올림픽 육상 종목에 참가한 선수들의 목적은 무엇일까? 육상 종목별 기록 갱신을 다투기 위함이다. 그렇기에 올림픽에서는 선수들의 기록 갱신을 이끌어 내기 위해 메달을 제시한다. 그러나 학교의 달리기는 목적이 다르다. 체육 활동의 긍정적인 체험을 통해 평생 체육에 대한 학생들의 관심을 높이기 위한 것이다. 그렇기에 최근에 많은 학교가 등수를 가리기보다는 운이 작용하는 복불복 달리기를 하거나, 등수에 따라서가 아닌 참여한 모든 학생에게 상품을 주는 방식으로 진행하는 것도 그러한 취지를 살리기 위함이다. 그러므로 운동선수가 올림픽에서 메달을 따는 것은 그들에게 주어진 기회를 충분히 활용한 노력의 대가이며 성취로 보는 것이 합리적이다.

"만약, 이 그림에 등장하는 인물들이 정말 차별 없이 관람하도록 여러분이 그림을 고칠 수 있다면 어떻게 고칠 수 있을까요?"
"음, 다리를 전부 늘려 줘요. 포샵으로."
"에이, 담장을 없애면 되네."

이 그림에서 받침대 하나를 두고 이야기를 하는 것처럼, 사회에서도 이러한 주제로 많은 논의가 오가고 있다. 소득별 누진세나 수능 정시와 수시의 확대 문제, 각종 복지 혜택 등의 포퓰리즘 논란은 실제로 평등을 어떻게 이룰 것인가에 대한 이야기다.

앞의 야구 관람 그림에서 더 이상의 논쟁을 무의미하게 만드는 방법은 단 하나, 담장을 없애는 것이다. 어쩌면 이 책에서 처음부터 계속 강조하고 있는 '사람보다 상황의 문제에 집중하기'의 연장선일지도 모른다. "네가 노력이 부족해서 그런 거야."라는 말보다 모두가 성취를 경험하고 동등한 대우를 받을 수 있는 환경인지 먼저 살펴보

자. 교실 내 평등을 어떻게 이룰 것인가에 대해 고민이 된다면, 혹시 담장 같은 장애물을 그대로 두고 있지는 않은지 고민해 보자. 의외로 문제는 쉽게 해결될 수도 있다.

　예전에 근무했던 학교의 연말 교직원 회의에서 남녀 학생 번호 순서에 대한 논의가 있었다. 계속 여학생의 번호가 뒤에 놓이는 것은 문제가 있다는 것이다. 그럼 매년 남녀 번호의 순서를 바꾸는 방식으로 하자는 의견이 나왔다. 그러다가 남녀 구분 없이 이름 순으로 번호를 부여하자는 의견도 나왔고, 컴퓨터를 이용해 랜덤으로 번호를 부여하자는 의견도 있었다. 그러나 일부 교사들은 남녀를 구분하지 않으면 어려움이 있을 것이라고 이야기했고, 우려와 걱정의 목소리가 컸다. 결국 그해에는 여학생이 앞선 번호를 부여받았다. 이듬해 다시 남녀 번호 문제를 제기하자, 이번에는 이름 순으로 남녀가 섞인 번호 방식이 채택되었다. 어느 정도 우려가 있었으나 걱정했던 것만큼의 어려움은 실제로 없었다. 이후 학교는 계속 남녀 혼용 번호를 사용하고 있다. 이렇듯 학교 안에는 바꾸고 허물어야 할 제도의 '담장'이 많은데도, 가지 않은 길이라는 두려움으로 인해 시도조차 못하는 일들이 많다. 시도의 과정에서 분명 시행착오가 있을 것이다. 그러나 시행착오가 두려워 시도조차 하지 않는 학교가 학생에게 도전과 공론화가 중요하다며 '민주시민 역량'을 교육할 자격이 있을까?
　수년 전, 학급 전체 보상으로 과자 파티를 획득한 학생들은 학급회의를 열어 언제 파티를 할 것인지 토의했다. 날짜와 시간이 정해지자,

갑자기 한 학생이 울상을 지었다. 그날 가족 여행을 위해 체험학습을 신청한 날짜였기 때문이란다. 나는 잠자코 학생들의 결정을 지켜보기로 하였다.

"쌤, 그럼 날짜를 연기해요."
"다른 날로 정해서 해요."
다른 학생들도 동조하듯 고개를 끄덕거렸다.
"어, 근데 한 명 못 오는 건데 미루는 거 싫지 않아요? 그냥 해도 될 텐데."
"학급 보상은 다 함께 노력해서 얻은 거잖아요. 그러니까 00이도 함께 즐겨야 해요."
"맞아요. 날짜 미뤄요."

사실, 일정대로 진행했어도 누구도 이의를 제기할 수 없었을 것이다. 한 명 때문에 전체가 행사를 미루는 일은 드물기 때문이다. (물론 그 한 명이 매우 높은 사람이면 다르겠지만) 그러나 학생들은 교사의 '99명의 행복보다 1명의 불행에 더 신경 쓰겠다.'는 선언을 이해해 주었다. 조금씩 변화하고 실천하는 학생들의 모습에서, 어떤 면에서는 민주시민으로서의 역량이 어른들보다 낫다는 생각을 한다.

동시 <거인들이 사는 나라>를 읽고
자신의 경험 톺아보기

거인들이 사는 나라

단 하루만이라도 어른들을 거인국으로 보내자.

(중략)

아마 100미터도 넘을 텐데 신호등의 파란불은 10초 동안만 켜지겠지.

거인들은 성큼성큼 앞질러 건너가고

어른들은 종종걸음으로 뒤따를 텐데……

(중략)

그때, 어른들은 무슨 생각을 하게 될까?

<거인들이 사는 나라> (2015, 신형건)

① 시의 내용을 파악하고, 학생들이 '어른들 중심의 세상'에서 겪었던 불편함, 불평등에 대한 의견을 적거나 TPS 대화를 한다.

② 이러한 불평등을 해소하기 위한 방안을 이야기한다. 비현실적이어도 상관없으며, 최대한 많은 이야기를 나눈다.

③ 이 중 실제로 실현 가능하고, 문제 제기가 가능한 방안을 정한다.

④ 교사는 실현 가능한 방안을 현실화할 수 있도록 수정 보완하고 함께 실천에 옮긴다.

* 실제 사례

- 학생들은 불법 정차된 차들 때문에 사고 위험에 놓이는 데도, '차에 탄 어른들이 우리에게만 화를 낸다.'고 억울해하는 점에 착안하여 구청에 주정차 단속을 요청하였다. 학생들이 스스로 불법 주정차를 신고하는 방법을 배우고 실천하여 주변의 불법 주정차가 실제로 급격하게 줄어들었다.

- 대변초등학교 학생은 자신의 초등학교 이름이 놀림거리가 되는 것이 부당하다고 생각하여 어른들을 설득하여 학교 이름을 바꾸는 데 성공하였다.
  (YTN뉴스, "대변초등학교 이름 바꾸겠습니다." 선거 공약 실천한 5학년 하준석 군)

소설 실험 −청년들에게 당신은 보통 사람인지를 물었다. <출처: 스브스뉴스>

위 그림은 같은 선상에 놓여 있는 학생들이 실제 사회에서 행해지는 '담장'(야구장 그림에 비유)에 따라 어떻게 구분되는지 보여 주는 실험 영상을 재현한 그림이다.

모두가 평등한 인간이지만 사는 지역과 출신, 학교, 성별, 장애 유무 등에 따라 받는 대우가 달라지는 것을 눈으로 확인한다. 그리고 각자의 거리를 좁히기 위해 우리가 고민하고 해야 할 일은 무엇인지 생각하고, 모두가 출발선은 같았지만 결과가 크게 달라지는 모습을 통해 결과의 평등이 필요함을 이해하는 데에도 도움을 줄 수 있는 영상이다.

'남자답게, 여자답게'가 아닌 '나'답게 수업 활동

"남자답게 굴어, 쩨쩨하게 그러지 말고."
"여자답게 하고 다녀야지, 그게 뭐니?"

드라마와 영화, 각종 미디어와 삶의 경험을 통해 우리는 오롯이 나 자신보다 성별이나 직업, 역할에 따른 행위를 강요받곤 한다. 최근 가족주의와 민족주의 성향에서 점차 개인주의가 사람들의 의식 속에 자리하면서, 이러한 굴레에 저항하는 사람들과 언어가 생겨나기 시작했다. 집단의 눈치를 보지 않고, 성별에 국한되지 않는다. 오롯이 '나'에 집중하는 것이다.

지금의 학생 세대와 기성의 교사 세대는 사고의 출발점이 다르다. 앞서, 교실 안에서 오히려 편견이 많았던 이는 교사인 나라는 것을 고백하였다. 성 고정관념에 있어서도 그러하였다. 짐을 옮길 일이 있으면 우선 남학생들을 불렀다. 그리고 그중에서도 덩치가 큰 학생을 골라내어 물건을 맡겼다. 게시판을 꾸밀 일이 생기면 우선 여학생에게 부탁하였다. 그중에서도 눈치껏 잘할 학생을 골라냈다. 얼핏 능력과 적성에 맞게 교실의 일을 나눈 것 같지만, 결과적으로는 출발점이 잘못되었다. 물건을 옮겨야 한다면 성별 구분 없이 모두에게 알리고, 도와줄 학생에게 자신이 들 수 있는 만큼만 들고 옮기게 하면 되는 것이다. 게시판 꾸미기 또한 마찬가지다. 결국 게시판 꾸미기의 목적이 무엇인가? 미학적으로 조금 엉망이 되더라도, 학생들의 작품을 나누기 위한 것이다. 이렇게 생각하면 답은 명확하다. 내 눈을 조금 낮추면 된다. 이렇듯 생각보다 많은 교실의 일들이 성별로 먼저 구분되고 있다. 학생들의 한계를 지어 버리는 일인 것이다.

게다가 기성세대가 구축해 놓은 고정관념, 편견과 차별은 아직까지도 미디어에 너무나 강력하게 존재하기 때문에, 이에 대해 학생들과 반드시 자주 이야기해야 한다. 이는 앞으로 공동체 구성원으로서 다양한 존재를 존중하며 자신을 이해하고 격려하는 힘이 된다. 무엇보다 교사 스스로의 언어와 행동을 점검하는 데 큰 도움이 될 것이다.

첫 번째 활동

남자답게, 여자답게 걸어 보기

① 남학생 그룹을 앞으로 불러내어 세운 뒤 (제자리 걷기 하기)
  - '남자답게' 걸어 볼 것을 부탁한다. 학생들이 쿵쿵거리며 걷기 시작한다.
  - '여자답게' 걸어 볼 것도 부탁한다. 일부 학생들이 우스꽝스러운 몸짓으로 걷기도 한다.
② 여학생 그룹 또한 같은 방식으로 걷기 활동을 해 본다.
  - '남자답게' 걷기에서 여학생들 역시, 조금은 경직되고 군인처럼 걷는 모습을 보인다.
  - '여자답게' 걷기에서 여학생들은 평소 자신의 모습대로 걷는다.
③ 활동을 마치고 각각 '답게' 걸어 보기 활동에 대한 소감을 주고받는다.

남녀 두 그룹에게 같은 걷기 활동을 시켜 보면, 반응이 조금 다르다. 두 그룹 모두 '남자답게 걷기'에서 경직된 자세로 발을 구르는 학생이 많았고, '여자답게 걷기'에서 여학생들은 대부분 자연스럽게 걷는 반면, 남학생 그룹에서는 일부 소수의 학생이 기묘한 제스처로 걷는 모습을 보여 주었다. 먼저 남학생 그룹과 대화를 나누었다.

▶ 남자답게 걷기를 하자 짜 놓은 듯 군인들의 걷기를 흉내 내는 학생들. 물론 평소 자신의 걸음으로 걷는 학생들도 있었다.

▶ 여자답게 걷기에서 일부 학생들은 미디어에서 희화화된 여자의 걷기를 보여 주고 웃음을 유발하려 하였다. 그러나 그것을 지켜본 여학생들의 모습은 냉랭하였다.

▶ 여학생들 대부분은 여자답게 걸으라는 말에 자연스럽게 걷기 시작했다. 평소 자신이 어떻게 걷는지 관심이 없던 친구는 의식하고 걷기를 굉장히 어색해하는 모습도 보였다.

▶ 남자답게 걷기를 부탁하자, 절반 가량의 여학생이 바로 발을 쿵쿵거리며 씩씩하게 걷기 시작했다.

"남자인데, 남자답게 걸으라고 했을 때, 왜 그렇게 쿵쿵거리며 걸었어요?"

"남자답게 걸으려면 그렇게 걸어야 하지 않아요?"

"평소에 그렇게 걸어요?"

"아니요."

"그런데 여자답게 걸으라고 했을 땐, 왜 그랬어요?"

"여학생들은 그렇게 뛰던데요?"

"우리 반 여학생 중에 그렇게 뛰는 학생 한 명도 없었는데?"

"음, TV에서 어른들이 그렇게 뛰는 걸 본 것 같아요."

"맞아요, 드라마랑 만화 같은 데 보면 그렇게 뛰던데."

"막, 나 잡아 봐라 하면서 뛰는 거요."

여학생 그룹은 조금 화가 나 있는 상태였다.

"남학생들이 '여자답게' 걷거나 뛰라고 했을 때, 보였던 모습에 대해서 어떻게 생각해요?"

"이상해요."

"조금 기분 나빴어요. 그렇게 뛰는 거 처음 봐요."

"그렇군요. 남자답게 걸으라고 할 때 여학생들도 쿵쿵거리던데, 그 이유가 뭔가요?"

"음, 남자들은 보통 그렇게 걸어야 하는 거 아닌가요?"

이제는 남녀 그룹에서 일부를 앞으로 불러내 그냥 자신이 평소 걷는 대로 걸어 볼 것을 부탁했다. 두 그룹의 걷는 모습에 성별의 차이가 없다. 그저 학생마다 걷는 모습이 각각 다를 뿐이다.

"각자 성별답게 걷는 모습과 실제로 내가 걷는 모습이 다른 이유는 뭘까요?"
"우리는 왜 서로가 그렇게 이상한 방식으로 걸을 것이라고 생각했을까요?"
"……."

많은 학생들이 TV 드라마나 예능에서 본 모습들에 대해 대답해 주었다. 학생들은 실재하는 자신의 모습이 아닌, 미디어에서 만들어진 자신의 모습을 찾고 있었다. 이제, 우리 안의 '답게' 고정관념을 함께 찾아보아야 할 시간이 된 것이다.

두 번째 활동

남자답게, 여자답게 낱말 모으기

① 학생들에게 포스트잇을 나누어 준다. (색 구분을 하는 경우와 그렇지 않은 경우)
② 칠판에 구역을 나누어 한쪽에는 '남자답게' 반대편에는 '여자답게'를 써 둔다.

③ 남자·여자다운 낱말이나 색상, 물건이나 들었던 말들을 적는 시간을 준다.
  - 친구들과 충분히 논의를 하여 자신의 경험을 꺼내어 간단히 적는다.
  - 1인당 1장도 괜찮고, 여러 장을 제출해도 괜찮다. 단, 비슷한 낱말은 교
    사가 분류하여 정리한다.
④ 각각 나온 낱말들을 하나씩 살펴보며, 특이한 답변을 제출한 학생에게
  는 경험이나 이유를 들어 보는 시간을 가진다.

▶ 남자답게 칸에 붙여진 낱말들
'쿨하다' '당당하다' '멋지다' '파랑' '사나
이' '남자는 울면 안 돼.' 등 '남자답게'에서
떠오르는 낱말들을 수집한다. 학생들의 경
험과 환경, 나이, 미디어 노출도에 따라 낱
말의 표현에 차이가 날 수 있다.

▶ 여자답게 칸에 붙여진 낱말들
'예쁘게' '아름답게'라는 낱말이 압도적으로
많았다. '여자가 왜 이렇게 못 생겼어?' '여
자가 왜 파란색을 좋아해?' 등 '여자답게'에
서 파생되는 경험을 쓴 학생들도 있었다.

"각각의 '답게'에서 느껴지는 공통점이 있을까요?"
"'남자답게'는 주로 성격을 나타내는 것 같아요."
"'여자답게'는 외모나 모습에 대한 이야기가 많아요."

각각의 성별 아래에 붙은 '답게'는 실제로 자신과 얼마나 관련이 있을까? 학생들 몇 명을 지목하여 물었다.

"씩씩하고 당당한 남자인가요?"
"아니요."
"파란색을 좋아해요?"
"아니요, 저는 빨간색이 더 좋아요."
"그런데 왜 파란색을 '남자답게'에 적었어요?"
"음, 보통 남자는 파란색을 좋아하지 않아요?"
"그렇다면, 00이도 남자니까 파란색을 좋아해야 하지 않아요?"

"예쁘고 우아한 사람만 여자가 될 수 있나요?"
"아니죠! 당연히!"
"그런데 왜 다들 '여자답게'에 예쁨을 적어 냈어요?"
"음, 그렇게 적어야 할 것 같아서요."

자신의 정체성과 고정된 성 역할의 괴리감은 처음에는 단순한 낯설음이지만, 시간이 흘러 사춘기를 맞고 미디어의 영향을 더욱 받은 이후에는 고착화되어, 고정관념과 편견이 되어 버린다. 칠판에 적힌 '남자답게'와 '여자답게'에서 남자와 여자를 지운다. 그리고 그 공간에 '나'를 쓴다.

"이제 칠판에는 '나답게'만이 남았어요. 여기 붙어 있는 낱말들 중 정말 나를 표현하는 게 있다면 무엇이 있나요? 혹은 지금은 아니지만 내가 가지고 싶은 낱말은 무엇인가요?"

고민할 시간을 주고, 칠판에서 원하는 낱말을 떼어 내도록 하였다. 금방 자신의 것을 떼어 가는 학생도 있지만, 칠판 앞에서 한참을 고민하는 학생도 있었다. 교사는 이때 아직 '나다운 점'을 찾지 못하는 것이 잘못된 것은 아니며, 계속 탐구하고 찾아보는 것이 중요하다는 것으로 격려해 주는 것이 좋다. 실제로 성인이 되어서도 계속 새로운 것이 '나'이고 아직도 잘 모르겠는 것이 '나'이니까 말이다.

"남학생들, 선생님을 따라 해 봅시다."
"나는 남자다. 그러나 남자다운 건 없다."
"엥?"
"나는 여자다. 그러나 여자다운 건 없다."
"다 같이 따라 해 주세요. 나는 그냥 나다. 나는 나다운 사람이다."

앞으로 교실에서 학생들은 '남자가~' 혹은 '여자가~'로 시작하는 낱말을 사용하지 않을 것이다. 교사 또한 습관적으로 내뱉거나 생각해 왔던 문제에서 남자와 여자의 성별을 걸러 내고 생각해 볼 것이다. 이렇게 학생들과 합의하는 것이다. 고정관념과 편견은 이렇게 낱말을 바로잡는 것에서부터 출발해야 한다.

▶ 성별을 기준으로 누군가의 자유로운 삶을 '제한'하는 낱말들은 무척이나 많았다. 이것들을 '나'다운 것으로 바꾸고, 나의 현재 모습, 혹은 지향하는 모습으로 바꾸어 제한이 아닌 자유로운 낱말로 인식하게 만드는 것이 이 활동의 목표라고 할 수 있다.

▶ 춤추기를 좋아하던 학생은 자신이 우아하고 섹시해 보이기를 원한다고 하였다.

▶ 어떤 여학생은 자신이 좋아하는 색과 자신이 앞으로 원하는 모습을 가져갔다.

WHAT DOES IT MEAN TO DO SOMETHING
"LIKE A GIRL"?

여자답게 행동한다는 것은 무엇을 의미할까요?

▶ 여성 생리대 브랜드인 위스퍼에서 캠페인의 일환으로 제작한 '여자답게' 영상은 인상적이었다. 앞서 소개한 '남자답게 여자답게 걷기 활동'은 이 영상을 보고 영감을 얻어 구성하였다. 재밌는 점은 성인과 학생들의 '여자답게' 행동이 다르다는 것이다. 남성뿐 아니라 여성 중 일부도 '여자답게' 걷기와 공 던지기에서 희화화되고 한계가 지어진 모습을 보여 준다.

아직 사회와 미디어의 영향을 덜 받은 학생들이 오히려 '나' 다운 모습을 보이는 것이 인상적이다. 영상은 비록 여성을 중심으로 하고 있으나 교실 안에서 서로의 한계를 짓거나 제한하는 일은 누구에게나 상처와 차별이 될 수 있다는 점에서 활동 마무리에 함께 보며 정리하는 것을 추천한다. 단, 활동 시에 영상을 먼저 보게 되면, 희화화된 몸짓이 재밌다고 느낀 학생들이 활동에 진지하게 임하지 않을 수 있으므로, 활동이 끝난 뒤에 보는 것을 추천한다.

[출처] 유튜브 '위스퍼코리아' #여자답게 위스터((#LikeAGirl Whisper Always)
https://youtu.be/kYoZcGQaEVA

'나'다운 낱말 떼어 가기 활동 중 한 학생이 칠판 앞에서 주춤거리고 있었다.

"쌤, 저는 아까 제가 붙인 '사나이'와 '당당하게'를 다시 가져가고 싶어요. 그래도 될까요?"

"물론이지요, 그런데 그 낱말은 '남자다운' 말인가요?"

"아니요, 나다운 말이에요."

교실 안에서 모두가 '나'다워질 때, 한 명의 존중받아야 할 개인이 보일 것이다. 보이기 시작한 고릴라는 다양성으로 존재할 것이며, 내 생각과 상대방 의견의 다름을 인정할 것이다. 그것만으로도 '존중'은 이루어진다. 교실 민주주의의 시작은 이러한 교실 토양에서 쑥쑥 자랄 것이라고 믿는다.

스텔라장, <소녀시대> 노래 듣고 가사 바꾸기

① 노래를 듣고, 평소에 학교나 가정에서 자신에게 강요하는 모습을 생각해 보기
② 진짜 나는 평소에 어떤 모습이고 싶은지 간단히 정리하기
③ 자신의 캐릭터에 맞게 가사 바꾸어 보기

소녀시대 -스텔라장	(게임페인)시대 - 작사가 (김게임)
소녀 같은 게 뭔 줄 알아? 공부에 찌들어서 페인같이 사는 것	겜페인 같은 게 뭔 줄 알아? 게임에 찌들어서 페인같이 사는 것
절대 쉬운 일이 아냐 소녀는 무슨 죄다	절대 쉬운 일이 아냐, 학생은 무슨 죄다
청순가련하고 여려야 되니 현실에는 그런 거 없어	공부만 하고 열심히 해야 하나 현실에는 그런 거 없어
이 세상은 강한 소녀를 원해 쌩얼에 뿔테	김게임은 꿀잼 게임을 원해 안 감은 머리
튼튼한 다리 떡진 머리	스마트 보조 배터리 완충
나는 티파니도 아니고 태연 서현 아니고	나는 모범샘도 아니고 천재 1등도 아니고
윤아는 더욱 더욱 더욱 아니야	멍청이는 더욱 더욱 더욱 아니야
나는 수영 효연 아니고 써니 유리 아니고	나는 모범샘도 아니고 천재 1등도 아니고

그냥 소녀 소녀라네	그냥 김게임 김게임이라네
소녀라고 하기엔 나이가 좀 많은 감이 있네	
그래도 마음만은 소녀인데 듣는 사람마다 내 눈을 피해	
나는 아직 소녀라 우기고 싶은 나이	
부끄럽지 않은 앞자리 1보다는 커도 3보단 작단 사실	
내 정체가 뭐든 소녀든 소녀가 아니든 간에	
이 곡에서만은 소녀 맞지	
소녀 같은 게 뭔 줄 알아 공부에 찌들어서 폐인같이 사는 것	
원래 다 그렇게 살아 나는 청순가련하지 않 단 말야	
나는 티파니도 아니고 태연 서현 아니고	
윤아는 더욱 더욱 더욱 아니야	
나는 수영 효연 아니고 써니 유리 아니고	
그냥 소녀 소녀라네	
나는 티파니도 아니고	
태연 서현 아니고 윤아는 더욱 더욱 더욱 아니야	
나는 수영 효연 아니고 써니 유리 아니고	
그냥 소녀 소녀라네 소녀	
시간을 거스르는 소녀 소녀	
오빠들이 좋아하는 소녀 소녀시대 아니고	

자신의 취미나 내면, 사람들이 이해해 주었으면 하는 자신의 모습을 재미나게 표현하는 것이 핵심이고, 가창이 목적이 아니기 때문에 노래를 불러 보거나 할 필요는 없다. 개사된 가사를 통해 이 사람이 누구인지 맞추어 보는 활동을 통해 친구들을 이해하는 시간을 가져 보자.

미디어 리터러시Media Literacy로 고정관념 깨뜨리기

우리가 만날 학생들은 '밀레니얼' 세대를 넘어서 '포스트 밀레니얼Post Millennial' 세대로 불린다. 이들은 미디어의 소비자임과 동시에 적극적인 창작자이기도 하다. 얼마 전까지 특정 BJ와 유튜버의 행동 양식이나 말투를 따라 하는 학생들 때문에 고민이 많았던 것은 그나마 형편이 나았던 것일지도 모른다. 이제는 우리가 만나는 학생들은 '보고 따라 하는 것' 뿐만 아니라 적극적으로 콘텐츠를 만드는 생산자 그룹이 되고 있다. 유튜브는 물론이고, 전세계적으로 유행 중인 틱X, 게임 방송 플랫폼인 트위X 등에서 학생 크리에이터가 늘어나는 것만 봐도 알 수 있다. 자신의 재능을 살리고, 삶에 흥미를 준다는 점에서 현 세대의 미디어는 순기능을 하는 것 같지만, 그 이면에는 '교사로서' 걱정되는 일들이 이만저만이 아니다. 게임 내에서 패드립(부모를 욕하는 것, 패륜+애드립)이나, 욕설은 물론 장애인 비하와 여성 비하 발언 등이 나오고, 영상에서는 얼평(얼굴 평가), 혹은 망신 주기 같은 폭력이 빈번히 일어나며, 몰래카메라 등의 비인권적 콘텐츠가 범람하고 있다. 따라서 이런 세대에게는 미디어 콘텐츠를 제대로 이해하며, 콘텐츠 안의 고정관념과 편견, 차별을 비판적으로 바라보고 스스로 걸러낼 수 있는 힘을 키워 주는 것이 필요하다. 미디어에 익숙한 세대이기에 미디어를 통한 차별과 편견의 교육은 더 효과적일 수 있다.

"여러분, '알프레드 히치콕'이라는 감독 알아요?"

"봉준호밖에 몰라요."

"그렇군요. 봉준호가 8살 이후로 무척 감명 깊게 본 영화들이 히치콕 감독들의 영화였다고 해요. 그런데 왜 히치콕 이야기를 꺼냈을까요? 바로 히치콕이 했던 유명한 말 때문이에요."

"뭔데요?"

"영화를 만드는 데 가장 중요한 것이 3가지 있다."

"오, 뭔데요?"

"첫째는 시나리오, 둘째는 시나리오, 셋째도 시나리오."

"……."

대부분의 미디어에는 특정한 의도가 담기는데, 이 의도를 구현한 것이 바로 '시나리오'다. 학생 수준에서 시나리오를 이해하는 방법은 간단하다. 시나리오는 콘텐츠의 '목적'을 설정하고, 그 목적을 달성하기 위한 '과정'을 재미있게 배치하는 것이다. 그러므로 교사는 학생들과 콘텐츠를 보고 난 뒤에 이 두 가지 질문만 잘 던지면 된다.

"이 영상의 목적은 무엇이었을까?"

"과정은 목적에 맞게 잘 이루어졌을까?"

감염병이 유행하던 시기에 어떤 크리에이터가 공공장소에서 기침을 하면 쓰러지는 몰래카메라를 연출한 적이 있었다. 당연히 많은 이들의 공분을 샀고, 크리에이터는 결국 형사 처벌을 받게 되었다. 감염

병의 위험성을 알리기 위해서였다고 항변했지만, 아무도 그 말을 믿어 주지 않았다. 좋은 목적을 가졌다 하더라도, 그 과정에서 폭력적이고, 비인권적인 형태가 드러나면 인정받을 수 없다.

이런 식으로 학생들에게 그동안 즐겁게만 보아 왔던 미디어 콘텐츠들에 대해 새롭고 비판적인 시각을 선물하는 것이다.

이런 것에 익숙하게 이야기가 진행된다면, 좀 더 구체적인 방식으로 미디어에 담긴 고정관념과 그로 인해 생기는 편견의 마음, 그리고 차별 행위에 대해 이야기해 볼 수 있다. 학생들이 최근에 봤던 영화들을 살펴보는 활동으로 가볍게 시작해 보자.

영상 콘텐츠로 고정관념과 편견 깨기 활동 1

벡델 테스트(Bechdel test) 활용해 보기

1985년, 미국 만화가 앨리슨 벡델이 자신의 연재만화 <경계해야 할 레즈비언>(Dykes to Watch Out For)에서 고안한, 영화의 성 평등을 평가하고 가늠해 보는 테스트

1. '이름'을 가진 여성이 둘 이상 등장할 것
2. 여성들이 서로 대화를 나누어야 함.
3. 남성(연애) 이외의 주제로 대화를 나눌 것

- 벡델 테스트는 영화 내 여성의 비중이 어느 정도 되는지 알아보는 테스트이다. 영화 내 성 평등을 확실하게 짚어 내기에는 부족한 부분이 많고, 이 테스트를 통과했다고 해서 성 평등한 영화가 되는 것도 아니다. 영화를 비판적으로 보는 하나의 도구로써 토의할 수 있는 방법 중의 하나로 소개한다.

"여러분, 외국에서는 영화 내에서 남녀 간의 역할이 고르게 잘 배분되어 있는지, 중요도는 비슷한지 알아보기 위한 방법으로 '벡델 테스트'라는 걸 쓴다고 해요. 〈알라딘〉 영화 본 적 있나요?"

"네, 봤어요. 재밌어서 생생하게 기억나요."

"어떤 여자들이 등장하는지 기억나나요?"

"네, 자스민 공주요!"

"또 없나요?"

"한 명 더 있어요. 시녀요. 그런데 이름이 기억 안 나요."

"그렇군요. 자스민과 둘이 대화를 나누었었죠?"

"맞아요. 남자 친구에게 고백하는 이야기를 했었어요."

위와 같은 방식으로 그 시기에 가장 유행하는 영화나 드라마, 웹툰 등을 비판적으로 살펴보는 시간을 가질 수 있다. 앞선 '벡델 테스트'를 활용하여 다른 방식의 테스트 도구를 만드는 활동도 해 볼 수 있다. 콘텐츠에서 '어린이'가 어떻게 다루어지는지 알아보거나, '체격이 큰 사람'이 어떻게 다루어지는지 학생들과 이야기해 보며 미디어를 분석해 보자.

"영화에서 어린이가 긍정적으로 다루어지는지 확인하는 방법은 뭘까요?"

"만날 울고 짜증 내는 역할로 안 나왔으면 좋겠어요."

"맞아, 납치 당하거나 어른들에게 괴롭힘 당하지 않아야 해요."

"아이가 2명 이상 나와야 하고, 서로 학교 이야기 안 해야 해요."

"영화에서 덩치가 큰 사람이 존중받고 있는지 확인하는 방법은 뭘까요?"

"덩치가 크면 뚱뚱하다는 것 때문에 먹는 걸 좋아하는 모습으로만 나와요."

"목소리도 이상하고, 주변 친구들에게 피해 주는 모습이 아니었으면 좋겠어요."

영상 콘텐츠로 고정관념과 편견 깨기 활동 2

포스터 살펴보기

영화진흥위에서 개봉된 영화의 포스터를 분석한 결과, 남성 중심 포스터 69.2%, 여성 중심 포스터 12.8%로 이루어졌다는 것을 확인할 수 있었다. SBS 뉴스 '마부작침' 팀 조사에 따르면 2019년 관객 100만 기준 49편의 영화에서 성별 확인이 가능한 등장인물은 228명이었는데, 남성은 152명(66.7%), 여성은 76명(33.3%)으로 2배 차이가 났다. 그나마도 모두 같은 크기가 아니기 때문에 포스터에서 차지하는 면적도 따져 인물 영역만 따로 놓고 봤을 때 여성의 비율은 단 18.6%에 불과했고 남성은 78.8%로 4배 넘게 차이가 나는 것을 알 수 있었다.
[출처] SBS뉴스 'https://news.sbs.co.kr/news/endPage.do?news_id=N10 05532367&plink=SHARE&cooper=SBSNEWSMOBEND'
또한 영화 속 비중과 상관없이 유명하고 알려진 배우일수록 포스터에 크게 표현되거나 인종에 따라 크기가 다른 모습 등을 볼 수 있다.

- 영화, 드라마 포스터의 인물 배치와 크기를 통해 등장인물의 역할이나 등장 시간 맞추기, 남녀 역할 비중 미리 예측해 보기 등의 활동을 해 볼 수 있다.
- 콘텐츠 감상 후 자신이 생각한 인물들의 중요성과 영향력을 생각하며 포스터 다시 그려 보기 활동을 한다.

"여러분, 이번에도 〈알라딘〉 이야기입니다. 이번에는 포스터를 좀 볼까요? 뭐가 보이나요?"

"가운데 알라딘이 램프를 들고 있어요."

"뒤에 자스민 공주와 지니가 있어요."

"그리고 원숭이 '아부'도 보여요."

"여러분, 영화 포스터는 실제 영화 속 인물의 중요도를 표현하기도 합니다. 크기가 크고 잘 보일수록 중요한 인물이라는 뜻이에요."

"아, 그래서 자스민 공주가 뒤에 있는데도 알라딘하고 얼굴 크기가 같았구나."

"맞아요, 둘 다 이 영화에서 중요한 인물이기 때문이죠."

"그런데요, 두 주인공보다 뒤에 있는 지니 얼굴이 제일 커요."

"맞아요. 여러분이 영화를 보면 알겠지만 지니가 굉장히 많은 활약을 하고, 인기가 아주 많기 때문이죠. 그래서 그게 나온 거예요. 영화를 보면 왜 지니가 가장 크게 나왔는지 알게 될 거예요."

"저는 원숭이와 양탄자의 역할이 굉장히 컸다고 생각하는데 포스터에는 너무 작게 나와서 안타까워요."

"영화 제목은 알라딘이지만, 알라딘과 자스민 공주가 함께 문제를 해결하니까 같이 서 있는 게 좋을 것 같아요."

"좋아요, 그럼 여러분의 생각을 담아 새롭게 포스터를 그리는 활동을 해 볼까요?"

벡델 테스트와 포스터 활동은 영상 콘텐츠의 목적으로 가는 과정이 합리적인지 알아보는 간단한 활동이다. 영화뿐 아니라, 드라마, 웹툰 등 다양한 콘텐츠를 비평하는 활동으로 활용할 가치가 높다. 활동의 초점은 소비자가 판단할 때, 등장하는 인물들이 적절한 대우와 존중을 받고 있는지, 혹은 차별적으로 표현되지는 않는지를 함께 알아보고 토의하는 '과정'에 있다. 학생들은 자신의 생각에 따라 인물에 대한 평가를 자유롭게 하고, 어떤 방식으로 다뤄지면 좋을지를 나누는 과정에서 더 큰 성장을 하게 될 것이다.

2016년 2월 28일(미국 현지 시간) LA 돌비 극장에서 제 88회 아카데미 시상식이 열렸다. 진행자는 미국의 유명 흑인 코미디언으로 2005년 이후 11년 만에 아카데미 시상식의 진행을 맡게 되었다. 그는 아래와 같은 발언으로 객석으로부터 큰 호응을 얻었다.

"이럴 거면 남녀 배우를 구분하듯 흑인을 위한 상을 따로 만들어 달라. ……흑인들은 단지 동등한 기회를 원한다."

지난 92년의 아카데미 역사상 흑인 영화의 작품상 수상은 단 세 번이었고, 남우주연상은 4명, 여우주연상은 단 1명이었다. 아카데미 시상식의 진행자로서 뼈 있는 한마디를 날린 것이다. 무척 인상 깊게 그 모습을 지켜보며 나중에 학생들과 이런 문제에 대한 이야기를 나누어야겠다고 생각하고 있었다. 그러나 그런 기대는 잠시 뒤에 완전히 무너지고 말았다. 시상을 돕기 위해 아시아계 어린이 3명이 무대 위로 올라오자, 진행자는 그들을 이렇게 소개했다.

"미래의 훌륭한 회계사가 될 분들을 소개합니다. 내 농담이 불편하면 트위터에 올리세요. 그 스마트폰도 이 아이들이 만듭니다."

흑인으로서의 차별에 대해서는 민감하게 반응하면서도, 미국 내 소수 인종인 아시아계에 대해서는 또 다른 방식으로 차별적 발언을 뱉은 것이다. 물론 이후 그 코미디언은 많은 사람들로부터 비판을 받았다. 그는 왜 아시아인을 '회계사', '스마트폰 만드는 사람' 등으로 지칭했을까? 그것은 그가 아시아인에 대한 고정관념을 가지고 있었기 때문이다. 실제로 아시아인들은 서구권에서 (부정적 의미의) 공부벌레, 구두쇠, 쿵푸의 달인, 일중독자, 하급 노동자의 고정관념과 편견에 시달린다고 한다. 물론, 사람들의 고정관념이 갑자기 생겨난 것은 아닐 것이다. 일반적인 몇 번의 경험으로 그런 고정관념이 생기지는 않는다. 무엇인가 머릿속에 흩어져 있던 경험을 하나로 묶어 주는 역할을 하는 것이 있다. 그 역할을 하는 것이 바로 미디어이다. 미디어에서 그 대상을 '그렇게' 다루면 소비자의 고정관념은 확고해진다. 이렇게 다루어진 전형적인 캐릭터와 상황을 '스테레오 타입(STEREO TYPE)'이라고 부른다. 스테레오 타입은 영상 매체에서 중요하게 활용된다. 글처럼 인물의 모습이나 성격을 세세하게 풀어낼 수 없기 때문에 짧은 시간 안에 인물의 행동이나 말투, 외양으로 그의 인종이나 성격, 향후 행동 패턴까지 짚어 내야 한다. 영화나 만화처럼 짧은 시간에 많은 이야기를 전달해야 하는 경우에 더욱 그렇다.

- 교과서 '세계화' 관련 주제에서 중국과 스위스 어린이는 그림으로 어떻게 표현되는가?
- 베트남 다문화 가정의 식사 자리에 초대된 어린이는 어떤 식사를 하게 될까?
- 뽀글뽀글한 파마머리를 한 통통한 체형의 여성은 지하철에 자리가 생겼을 때 어떻게 행동할까?
- 마르고 안경 쓴 인물은 마법사와 전사 중 어떤 캐릭터에 어울릴까?
- 드라마에서 주인공의 친구로 등장하는 조연은 보통 어떤 성격의 사람일까?
- 영화에서 주로 악당 역할을 맡는 인물의 국적은 어디일까?
- 은행과 주요 시설을 단번에 해킹하고, 주인공을 돕는 사람은 주로 어떤 모습일까?

만약 위의 서술만으로 어느 특정한 인물을 떠올리거나 행동 패턴을 예측할 수 있다면 우리의 머릿속에 생각보다 많은 스테레오 타입,

고정관념이 있다는 것을 알 수 있을 것이다.

고정관념이 머릿속에 자리 잡으면, 이것은 생활 속 여러 상황에 스며들고, 편견의 감정과 마음을 만들어 낸다. 그리고 이것이 특정 상황에서 격하게 이어지면 차별 행위, 혐오 표현 등으로 나타난다. 이렇게 동기화된 생각과 감정, 행동은 너무나 강력해서 쉽게 바뀌지 않는다. 앞선 아카데미 시상식의 이야기에서 흑인은 평등한 대우를 받는 것이 당연하지만, 아시아인에게는 그렇지 않을 수 있다는 생각을 거침없이 표현한 코미디언만 봐도 쉽게 알 수 있다.

최근, 이런 '전형성'을 깨뜨리는 시도를 통해 오히려 좋은 평가를 얻는 콘텐츠들도 많아지고 있다. 대표적으로 '디즈니'의 행보가 그렇다. 디즈니의 황금기라고 불리는 시기의 작품들을 살펴보면, 〈신데렐라〉, 〈미녀와 야수〉, 〈알라딘〉, 〈인어공주〉, 〈라이언킹〉 등 남녀 역할의 고정, 뚜렷한 권선징악 등 전형성을 보이는 내용이 대부분이었다. 그러나 최근 가장 큰 변화를 보여 준 작품 중 하나는 〈겨울왕국〉(2013)이었다. 공주의 전형적 모습을 탈피하고, 왕자와 공주의 로맨스는 축소하였다. 악의 징벌보다는 캐릭터들의 입체적 모습을 통해 성장을 추구하는 내용을 담아낸 것이다. 이후의 많은 작품들에서 주체적 여성을 등장시키고, 자사 영화에 흑인(블랙팬서)과 여성(캡틴마블)을 단독 히어로로 내세우는 등의 행보를 보이고 있다. 최근에는 곧 제작될 인어공주의 배우를 '흑인'으로 캐스팅했다는 소식도 들려왔다. 나는 디즈니가 훌륭한 기업이기 때문에 이런 선택을 했다고 생각하지 않는다. 기업은 최대의 이윤을 남기기 위해 노력한다. 이러한 변화는 지금을 살아가는 소비자의 인식이 변하고, 소비자가 그런 콘텐츠를 소비하는 것을 원하기 때문이라고 해석하는 것이 좋을 것이다.

학생들과 함께 지내다 보면, 정말 다양한 미디어를 수업에 활용하게 된다. 교과서나 웹툰, 영화, 유튜브 등에서 특정 인물이나 상황이 등장할 때마다 잠시 '일시정지'를 걸어 두고 '스테레오 타입'에 대해 이야기를 나누며 어떤 부분에서 고정관념, 혹은 편견이 담겨 있는지 살펴보는 것은 어떨까?

평화와 존중 내면화하기

'표정은 한없이 밝고, 웃고 있지만 계속 눈을 이리저리 굴린다. 친구들이 다른 학생들을 자기 편으로 데려갈 때마다 순간적으로 표정이 어두워지지만, 다시 자기를 뽑아 주지 않을까 기대하며 밝은 표정을 짓는다. 그러기를 수차례. 결국 아무도 자신을 뽑아 주지 않아 실망한 표정으로 자리를 옮긴다. 잠시 후 한 학생이 주인공에게 금을 밟았다며 나가라고 한다. 분명 밟지 않았는데 억울한 마음이 드는 주인공. 그러나 그의 편을 들어주는 사람이 아무도 없다.'

영화 〈우리들〉(2016)의 첫 장면이다. 누구도 이 학생에게 욕을 하거나 신체적 폭력을 가하지 않았다. 하지만 주인공을 향한 주변 인물들의 엄청난 압박과 폭력이 느껴진다. 이 모습을 바라보던 우리 반 학생들도 탄식을 내뱉으며 한마디씩 거들었다.

"내가 저 마음 알지."
"진짜 속상하겠다. 우리는 그러지 말자."

교과서 학습활동이나 수행과제로 영상물 등 학교폭력 예방과 관련된 미디어 콘텐츠를 제작해야 하는 일들이 늘어나면서, 미디어 콘텐츠를 생산하는 창작자의 입장으로 적절한 목적과 과정을 지도해야 할 때가 많다. 학생들이 미디어 콘텐츠를 제작하는 모습을 기획 단계에서부터 살펴보면 몇 가지 특징을 발견할 수 있는데, 학생들은 다음의 두 가지에서 많이 벗어나지 못한다는 것이다.

'학교폭력의 주제는 주로 사이버 폭력과 직접적 따돌림'
'대부분, 또 다른 폭력을 유쾌함 혹은 정의로움으로 포장하여 해결하는 방식을 취함.'

물론, 학생들의 상상력에 한계가 있는 것은 어쩔 수 없다. 일반적으로 가장 많이 다루는 학교폭력의 경우 학생들은 '학교폭력은 나쁜 거다.' '때리면 안 된다.' '사이좋게 지내야 한다.'와 같은 명제로 교육받아 왔다. 그리고 스스로 해결하는 것에 서툴기 때문에 학생들은 초자연적인 힘이나 유령의 힘을 빌어 문제를 해결하는 방식을 선택하는 것이다. 모든 순간마다 교사와 부모가 함께해 줄 수는 없다. 그렇기에 차별을 줄이고 평등과 존중의 마음을 내면화하기 위해서는 피상적으로 다루어 왔던 눈에 보이는 '직접적 폭력'보다 보이지 않는 '간접적 폭력'에 대해서 더 많은 고민과 깊은 논의를 나누어야 한다. 최근 학교폭력의 경향성만 보더라도 간접적 폭력에 더 관심을 두어야 한다는 것을 알 수 있다.

구분	2013년 1차	2014년 1차	2015년 1차	2016년 1차	2017년 1차	2018년 1차	2019년 1차	증감 (%p)
언어 폭력	34.0	34.6	33.3	34.0	34.1	34.7	35.6	0.9
집단 따돌림	16.6	17.0	17.3	18.3	16.6	17.2	23.2	6.0
사이버 괴롭힘	9.1	9.3	9.2	9.1	9.8	10.8	8.9	-1.9
스토킹	9.2	11.1	12.7	10.9	12.3	11.8	8.7	-3.1
신체 폭행	11.7	11.5	11.9	12.1	11.7	10.0	8.6	-1.4
금품 갈취	10.0	8.0	7.2	6.8	6.4	6.4	6.3	-0.1
강제 심부름	6.1	4.7	4.2	4.3	4.0	3.9	4.9	1.0
성추행·성폭행	3.3	3.8	4.2	4.5	5.1	5.2	3.9	-1.3

* 2019년 1차 학교폭력 실태 조사 결과(교육부 2019.8.26.)에 따르면 신체 폭력 같은 직접적인 폭력은 감소하는 반면, 언어 폭력과 집단 따돌림 같은 간접적 폭력은 증가하고 있는 것을 알 수 있다.

더불어, '간접적 폭력'에 더 집중해야 하는 까닭은 이와 같은 폭력이 개인의 차원을 넘어 제도나 규칙, 교사를 통해서도 발생할 수 있기 때문이다. 이 책 전반에서 언급하는 개인의 문제를 넘어 상황의 문제를 바라보는 것과도 맥을 같이하는 것이다. 예전에 수업 시간에 계속 엉뚱한 질문을 하는 학생에게 이렇게 말한 적이 있었다.

"선생님, 질문이 있는데요."
"저거, 또. 또. 이상한 소리 하려고!"

이렇게 비슷비슷한 방식으로 여러 번 핀잔을 주던 어느 날, 내가 없는 교실에서 우연히 학생들의 이야기를 몰래 들을 기회가 있었는데, 그때 정말 깜짝 놀랐다.

"얘들아, 이거 말이야 이렇게 하면 어떨까?"
"저거, 또또또, 이상한 소리 하네."

내가 했던 말투를 그대로 따라 하여 그 학생을 공격하고 있는 것이 아닌가. 나의 권위를 빌려 다른 이를 공격하는 방식을 눈으로 직접 확인한 순간이었다. 물론 나도 그 가해의 한 축이었다는 것을 부정할 수 없을 것이다. 이런 예는 수없이 많다. 과거, 학급에는 한 명이 잘못하면 다 같이 벌서고 혼나는 문화도 있었다. 잘못을 한 학생은 교사에게 혼난 것도 모자라, 친구들로부터 따가운 눈총을 받아야 한다. 선착순 활동은 어떤가? 개인 스티커 보상의 폐해는 어떠했는가? 얼핏 보았을 때는 좋은 목적을 가진 것 같으나, 실제로는 누군가에게 보이지 않는 폭력이 될 수도 있는 규칙과 문화가 얼마나 많았는가?

현대 평화학의 창시자라고 불리는 요한 갈퉁(Johan Galtung, 1930년 10월 24일~)은 간접석 폭력에 대헤 다음과 같이 말한다.

"숨겨진 폭력, 문화적 폭력은 사회 구조에 내재하기 때문에 당연한 것으로 간주된다. 우리가 직접적 폭력에 대해서는 크게 비난하면서도 후자에는 별로 관심을 갖지 못하는 이유 중 하나이다."

그러므로 학교폭력을 다룰 때 학생과 학생 사이의 물리적 폭력과 따돌림뿐 아니라, 교사의 말과 행동, 교실 내 규칙과 문화, 은어와 속어 등 학생 생활 전반에 맞닿아 있는 모든 것들에서 차별받는다고 느끼거나 상처가 될 때에도 폭력이 될 수 있음을 열어 두고 논의해 보자는 것이다.

> **간접적 폭력을 돌아보기 위한 질문들**
> 1. 선생님의 말투나 행동, 혹은 표정에서 상처받거나 속상했던 적이 있는가?
> 2. 우리가 재미있다며 쓰는 낱말이나 표현 중 누군가를 차별하거나 상처받게 만드는 말이 있을까?
> 3. 우리 반 규칙, 학습활동, 놀이 활동 중 누군가가 차별받거나 상처받을 만한 내용이 있는가?
> 4. 평소에 보는 유튜브나 영상, 영화 등에서 누군가가 차별받거나 상처받을 장면이나 표현이 있는가?
> 5. 내가 학교생활을 하며 차별받고 상처받았다고 느낀 상황이나 경험이 있는가?

위와 같이 구조적이고 문화적인 폭력에 대한 이야기가 깊어지면,

매년 시대마다 포장만 바뀌고 본질은 같은 '혐오 표현'과 '욕설'에 대한 지도도 한결 수월해질 것이다. "그런 말을 쓰지 마."가 아닌, '그 말이 가진 폭력적 본질'을 함께 이야기하는 것이기 때문이다. 본질을 다루면 교사의 말이 일관성을 유지하게 되고, 일관성을 유지하는 말에는 힘이 생긴다.

학생이 폭력의 이해를 위한 소비자를 넘어, 폭력 추방을 위한 콘텐츠의 생산자가 되는 것은, 평화와 존중의 내면화를 위해 가장 추천하는 방법이다. 특히, 간접적 폭력을 다루는 것은 실제 학급의 규칙이나 문화를 바꾸는 좋은 기회가 될 수도 있다. 그러므로 우리 교실에 존재할지도 모를 '간접적 폭력'에 대해 충분히 논의가 되었다면 이것을 해결하기 위한 '평화'적 관점에 대해 이야기해야 한다. 왜냐하면 보통 폭력의 해결 방법으로 또 다른 폭력 행위를 나열하며 전시하거나, '하지 맙시다.'처럼 구호에 지나지 않는 피상적인 결과물로 그치는 경우가 많기 때문이다. 그러므로 결말에는 '이렇게 해 보자'는 평화로운 실천이 담기도록 해야 한다.

이런 평화로운 실천을 다룰 때에는 다음의 3가지에 유의해야 한다.

첫 번째, 평화의 목적은 언제나 구성원 개개인의 존엄에 있어야 한다.

'학급 평화'의 명목 아래 화해가 강요되거나 누군가의 침묵이 강요된다면 본질과 어긋나게 된다.

두 번째, 평화적 수단으로 평화를 추구해야 한다.

앞서 학생들이 학교폭력의 해결 방법으로 정의로운 폭력 혹은 공포를 통해 해결하려는 모습을 보인다고 말했다. 교사나 학생들이 자신도 모르게 내뱉는 "걔는 혼나도 싸." "걔는 좀 혼나 봐야 정신 차리지." 등의 말이나 태도는 또 다른 구조적 폭력이 될 수 있음을 명심해야 한다.

세 번째, 평화의 유지에는 의무와 책임이 따른다.

영화와 달리 실제 삶에서는 초월적 존재, 뜻밖의 사건, 유령 등이 교실에 평화를 가져오지 않는다. 폭력의 본질을 이해하고 내면의 성찰이나 화해를 통해 성장하기 위해서는 책임과 노력이 따라야 한다. 단순히 화해하고 감정이 풀린 것만으로는 모든 것이 해결되지 않는다. 분명하고 명시적인 약속과 실천 의지를 나타내야 한다.

이러한 방식과 관점으로 차별이나 편견, 폭력에 대한 예방 그림, 포스터, 영상 등 미디어 콘텐츠를 창작하는 활동을 해 보자. 학생들은 폭력과 평화를 바라보는 관점에 깊이가 생기고, 타인에 대한 감수성도 높아질 것이다.

일부에서는 이런 미디어 콘텐츠를 톺아 가는 활동에 대해, 이렇게 반문하는 경우도 있다.

"그렇게까지 해서 창작물을 감상하는 것은 피곤한 일이 아닌가?"
"캐릭터나 낱말 표현 하나하나 불편해하면 어떻게 일상생활을 하겠는가?"

　나 또한 예전에는 영화나 만화 등 미디어 콘텐츠에 담긴 창작자의 자유로운 표현과 의도에 '태클'을 걸어서는 안 된다고 생각했었다. 그러나 한 할리우드 여배우의 인터뷰를 보고 생각이 바뀌었다. 영화 〈레옹〉(1995, 뤽베송 감독)은 개봉한 지 25년이 지난 지금에도 다시 재개봉될 만큼 큰 인기와 명성을 지닌 작품이다. 특히 영화 전반에 흐르는 OST인 'shape of my heart'(sting, 1993)는 영화 분위기와 잘 어우러져 많은 사람들에게 큰 인상을 남기기도 하였다. 이 영화의 주인공인 '마틸다' 역을 맡았던 나탈리 포트만은 당시 12세의 나이였다. 영화 개봉 이후, 그녀는 성추행에 가까운 팬레터를 수없이 받았고, 어떤 평론가는 그녀의 신체의 성숙함을 주요 리뷰로 다루기도 하였다. 한 지역 라디오 방송국에서 그녀가 법적 성인이 되는 날을 카운트다운 하는 시간도 가졌다는 것을 듣고는 분개할 수밖에 없었다. 지금이라면 상상도 할 수 없는 일들이 당시에는 '시도'되고 이루어졌다는 점 때문이다. 그 인터뷰를 보고 나서 다시 본 〈레옹〉은 더 이상 명작으로 보이지 않았다. 오히려, 영화 속에서 어린이가 어떻게 다루어져야 하는지 깊은 고민을 하게 만들었다. 촬영 시에 배우로서 제대로 대우는 받았을까? 감독은 책임감을 느끼고 있을까? 그런 점에서 영화 〈우리들〉(2016)의 윤가은 감독이 영화 〈우리 집〉(2019) 촬영 현장에서 제작진에게 나누어 주었다는 '제작진 촬영 수칙'은 나에게 큰 감명을 주었다.

1. <우리 집> 현장은 어린이와 성인이 서로를 믿고, 존중하고, 도와주고, 배려하는 것을 제 1원칙으로 합니다. 어린이 배우들을 프로 배우로서 존중하여 성인과 동등한 인격체이자 삶의 주체로서 바라봐 주세요. 항상 어린이 배우들의 말에 귀 기울여 주시고, 함께 영화를 만들어 가는 동료이자 든든한 보호자가 되어 주세요.
2. 어린이 배우들과 신체 접촉을 할 때는 주의해 주세요. (중략)
3. 어린이 배우들 앞에서는 전반적인 언어 사용과 행동을 신경 써 주세요. (중략)
4. 어린이 배우들이 촬영장에서(대기 시간과 셋업 시간 포함) 혼자 충분한 시간을 가지고 준비할 수 있도록 도와주세요. (중략)
5. 어린이 배우들이 하루 10시간 정도의 촬영 시간만큼은 오직 촬영 자체만 생각할 수 있도록 도와주세요. (중략)
6. 어린이 배우들의 건강 문제에 늘 신경 써 주세요. (중략)
7. 어린이 배우들의 안전 문제를 각별히 신경 써 주세요. (중략)
8. 어린이들은 항상 성인 여러분을 지켜보고 있습니다. 매 순간 여러분의 모든 것을 배우고 있습니다. 여러분의 아주 작은 말과 행동 하나까지도 어린이들에게 아주 훌륭하거나 아주 나쁜 영향을 끼칠 수 있습니다. 어린이들의 멋진 거울이 되어 주세요. 존중할 수 있고 믿을 수 있는 좋은 어른이 있다는 것을 직접 보여 주세요.

특히, '함께 영화를 만들어 가는 동료이자, 든든한 보호자', '존중하고 믿을 수 있는 좋은 어른이 있다'는 대목은 교사의 입장에서도 충분히 공감되고, 감정이입이 되는 부분이었다. 영화 촬영장이 아닌 교실에도 적용되는 사항들이기 때문이다. 이런 시도들이 계속되어 보편화되면, 어린이 연기자뿐 아니라 성인 연기자, 스태프들의 처우 개선에도 좋은 영향을 미치게 될 것이다.

이제 〈레옹〉은 나에게 명작이 아닌, 어딘가 불편한 영화가 되었다. 뭘 불편하게 따지냐고 물어도 한번 그렇게 깨달은 이상, 예전으로 돌아갈 수는 없다. 잘못된 점이 있다고 느낀 순간부터 그 부분이 개선되지 않는 순간까지 불편함은 계속되는 것이다.

사회가 돌아가는 과정을 보면 일반적으로 약자, 소수자의 위치에 있는 사람들이 불편한 사각지대에 놓여 있는 경우가 많다. 그렇기에 신체적, 사회적으로 약자인 학생들과는 이런 불편함과 문제점을 톺아보고 이야기 나누며, 합의점을 찾고 개선하는 방법을 이야기하는 과정이 반드시 필요하다. 학생들이 성장하여 언젠가 약자의 위치에서 권력을 가지거나 권한을 가진 위치에 올라갔을 때, 이때의 경험이 사회에 기여하며 약자와 연대하고 지지할 수 있는 민주시민이 되길 바라기 때문이다. 그렇기에 '뭘 그렇게 낱말 하나, 일부 표현으로 불편해하냐'는 시선에 대해서는 이렇게 되묻고 싶다.

"맞아요, 그깟 낱말, 표현, 캐릭터일 뿐이죠. 그러니까 바꾸는 게 어려운 일은 아니겠죠?"

"더 나은 방법이 있다면 그걸 쓰는 게 낫지 않나요?"

현재 대부분의 교사가 학급 내 차별과 혐오 표현, 갈등과 폭력에 맞서 싸우고 있다. 매일 드러나는 것만 다루어도 지치는 것이 일상이다 그러나 차별과 평등을 이해하기 위한 활동에 조금 더 관심을 가지고 교사 자신과 규칙, 구조적 문화를 살피면 근본적인 원인을 찾아낼 수도 있다. 개인의 문제를 지적하는 것은 언제라도 누구든지 할 수 있다. 그러나 그 문제가 어디에서 왔는지 앞으로 어디로 가야 할지 학생들과 이야기하는 것은 쉽지 않은 일이다. 그럼에도 불구하고 이런 과정을 거친다면 학생들은 사회를 바라보고 어떤 실천이 평화롭고 존중을 위한 것인지 이해하는 경험을 할 수 있을 것이다. 그리고 개인의 문제를 넘어 상황과 환경을 바꾸기 위해 연대하고 지지하는 모습을 보여 줄 것이다.

차별과 평등(형평)을 이해하기 활동 정리

1. 차별이 주는 스트레스, 카푸친 원숭이 실험 영상 함께 보기
① 학생으로서 겪었던 차별의 경험과 감정 함께 나누기
② 특히, 교우관계에 있어서 경험하거나 들었던 차별의 사례와 말들에 대해 이야기하기

2. 평등과 형평 그림(야구장 관람 그림) 함께 보기
① 기회의 평등과 결과의 평등의 차이 알기
② 학급 내에서 두 가지 평등의 사례 함께 찾아보기
③ 놀이나 체육 활동 등에서 보완할 아이디어 찾아보기

3. '나'답게 수업
① 성별의 '답게' 걸음이나 뜀걸음을 해 보고, 공통점과 차이점 찾아보기
② 다른 점이 있다면 무엇이 문제라고 느끼는지 나누기
③ 칠판에 '남자', '여자'를 구분하고 각각의 고정관념 낱말 함께 찾기
④ '남자, 여자'를 지우고 '나'로 바꾼 뒤 나다운 낱말로 바꾸어 찾아가기
⑤ 위스퍼 '여성의 날' 특별 광고를 함께 보며 오늘 활동의 의미에 대해 생각하기

4. 미디어리터러시로 고정관념 깨뜨리기
① 벡델 테스트로 영화 살펴보고 미디어를 비판적으로 보는 방법 알아보기
② 포스터 살펴보기, 다시 그리기 활동으로 인물에 대한 고정관념 없애기
③ 미디어 속 스테레오 타입 알아보기

5. 평화와 존중 내면화하기
① 학교폭력에서 '간접적 폭력'의 본질 이해하기
② 폭력의 본질을 이해한 후 평화로운 실천하기
 - 구성원 개인의 존엄을 목적으로 하기
 - 평화적 수단으로 평화 추구하기
 - 평화 유지를 위한 책임과 의무 정하기

4장

교실 민주주의로
문제 해결하기

앞서 교실 민주주의 문화를 형성하기 위한 활동에 대해 알아보았다. 학급의 구성원들이 서로를 어떻게 바라보고 대할 것인지 감정적으로 이해해 보는 활동들이다. 그러나 실생활의 문제를 감정만으로 해결하기는 어렵다. 시간이 지나면 감정이 무뎌지고, 무뎌진 공간에 '좋은 게 좋은 거', '대충'이 심리적 틈새로 파고들면서, 어느새 예전의 행복한 독재 교실로 돌아가 있을지도 모르는 일이다. 그래서 이번 장에서는 다음의 내용을 다루고자 한다.

> **3. 민주주의를 통한 교육** : 교실 민주주의는 어떻게 유지되어야 할까?
> – 교실의 **시스템 구축, 형식적 측면**을 위한 의사결정, 자치활동

앞선 활동을 통해 한층 성장한 민주적 문화와 감수성을 유지하기 위한 시스템과 형식에 대해 알아볼 것이다. 학급에 어떤 체계를 세워야 할지에 대한 방법과 아이디어는 '학급경영'이라는 이름으로 많은 서적과 플랫폼을 통해 소개되고 있다. 그러나 우리는 방법을 아는 것이 만능키가 될 수 없음을 경험을 통해 알고 있다. 처음 몇 번은 감명을 받아 '더 좋은 교사가 될 테야.'라며 다짐하고 노력하다가, '내가 뭐 때문에 이래야 하나?'라며 절망하고 예전의 익숙한 내 모습으로 돌아오는 일들이 반복된다. 그리고, 어느 순간 또다시 새로운 방법에 귀가 팔랑거리기 시작한다. 우리에게 필요한 건 흔들릴 때마다 긴급 처방으로 투여할 외부적 방법보다 중심을 잡을 민주적 생각과 태도라는 것을 기억해 주었으면 한다.

만약, 당신이 교실 민주주의를 실천하며 문제에 부딪쳤을 때, 어떻게 해결해야 할지 고민이 된다면 이 문장을 머릿속에서 되뇌었으면 좋겠다.

**"민주적 절차로 바꾸지 못할 결정은 없다.
언제나 인권친화적 비폭력과 존중의 방향으로
권리와 의무가 조화롭고 합리적인 방식으로 함께 결정한다."**

이 문장이 모든 시스템, 형식적 활동이 기본이 될 것이다.

교실 민주주의로 문제 해결하기

1. 권리와 의무 공존의 체계 만들기

"선생님, 왜 복도에서 뛰면 안 되나요?"

이런 질문을 받아 본 교사가 있을까? 너무나 당연하고, 답이 분명하다고 생각하기에 이렇게 물어보는 학생도 없을 것이다. 그러나 너무나 당연해서 물어보지 않을 질문임에도 이 질문의 답을 제대로 해주기는 쉽지가 않다.

'복도에서 뛰면 안 되는 건 당연하니까 뛰면 안 돼.'
'저기, 선생님 있네? 뛰지 말아야겠다. 혼나면 괜히 귀찮아져.'

이 둘 중 어떻게 생각하는 학생이 더 많을까?

학교규칙은 교사들이 교사가 되기도 전에, 학생들이 학교에 들어오기 전부터 이미 정해져 있었다. 대부분의 규칙은 현재 교실에 머무르고 있는 교사와 학생 구성원의 합의와 과정 없이 정해져 있다. '학교니까 당연한 것들'이라 익숙하게 머리로는 알고 있지만, 아이러니하게도 그렇기에 아무도 중대한 규칙이라고 생각하지 않는다. 학교 안 규칙과 규범은 '알지만' 지키는 사람은 드문 규칙이 된다. 심지어 학교 안의 모든 규칙과 질서, 그것을 집행하는 교사 집단 모두가 꼰대 같고 부정당해야 할 존재로 낙인찍히기도 한다. 이 부분은 분명 학교와 교사가 억울한 부분일 것이다.

만약, 너무나 당연하다고 여겨 온 규칙부터 서로가 합의하여 다시 정하는 경험을 한다면 어떨까? 이 규칙을 정하는 데 서로의 의견이 엇갈리고, 타협하는 과정을 통해 서로가 존중받는 경험을 한다면 어떨까? 그러면 규칙이 제대로 힘을 발휘하는 데 도움이 되지 않을까?

권리와 의무가 공존하는 학급헌법 만들기 아이디어는 이러한 고민의 시작으로부터 도출된 것이다. 기존의 학급규칙 만들기, 학급규칙 합의하기, 학급규칙 가이드라인 등등 다양한 이름의 학급규칙은 '학급운영, 학급경영'이라는 이름 아래 '통제'의 목적으로 작동하였다. 그러나 이제는 통제보다 자신의 권리를 더욱 주장하고, 존중받는 도구로서의 규칙을 만들어 보자는 것이다. 우리의 헌법이 통제보다는 개인의 존엄과 권리를 명시하고 국가는 그것을 수호할 것을 천명하는 것처럼 말이다.

"선생님, 왜 복도에서 뛰면 안 되나요?"

"복도에서 뛰다가 다른 사람과 부딪치게 될 수 있으니까요."

"그럼 운동장에서도 뛰면 안 되나요? 운동장도 다른 사람과 부딪칠 수 있는데요?"

"운동장은 여러분이 뛰어놀 수 있게 만든 넓은 공간인데, 복도는 걸어 다니기 위해 만든 공간이고 좁으니까 다른 거죠."

사실 이쯤 이야기가 진행되면, 교사의 마음속 얼굴은 울그락불그락 해진다. 약간은 말장난처럼 느껴지기도 하고, 교사의 논리를 파고드는 학생의 꼬투리 잡기처럼 느껴지기 때문이다. 그러나 다음에 이어지는 학생의 말에서 순간 말문이 막히고 말았다. 너무나 당연한 말이었기 때문이다.

"그렇다면, 복도도 우리가 뛰어다닐 수 있게 넓게 만들었다면 좋았을 거 같아요. 그럼 우리가 혼날 일도 없고, 선생님도 걱정하거나 속상할 일이 없을 텐데."

여기서 우리는 두 가지의 교실 민주주의적 관점을 학생에게 제시할 수 있을 것이다.

"그럼 앞으로 복도에서 뛰게 되더라도 안전할 복도를 계획하고 만들 수 있도록 건의해 봅시다."

"현재 복도로는 안전이 보장될 수 없으니, 학생들의 안전을 위한 약속을 정해 봅시다."

불합리한 시스템을 극복하는 노력과 현재 상황에서 최선의 방법을 찾아내는 것, 이 두 가지가 동시에 이루어질 때 교사와 학생의 민주시민 역량의 폭은 넓어질 것이다. 그리고 이후 권리와 의무 공존의 학급헌법 만들기는 학급 세우기의 기초인 규칙 세우기를 넘어 두 가지를 함께 경험하는 좋은 프로그램으로서의 역할도 해낼 것이다.

의무보다 권리 먼저 경험하기

앞서 2장에서 권리와 의무에 대해 이야기하며, 의무와 책임이 발생한 까닭이 '권리 보장, 인권 존중'을 위한 것임을 잊은 채, '준법', '규칙 준수', '질서 유지' 그 자체에 매몰되어 있는 모습을 발견할 때 안타까운 마음이 든다고 밝혔다. 이후로 교실 민주주의에서 의무는 '권리 보장'의 측면에서 계속 강조할 것임을 밝혀 둔다. 권리와 의무가 공존하는 학급헌법의 핵심은 '권리 존중'이 되어야 한다.

언젠가, 너무 제멋대로인 학생들과의 일상에 지쳐 화가 나 버린 날이 있었다. 학생들이 규칙을 지키지 않을 땐, 속상하고 분통이 터진다. 입과 목이 아파서 분한 마음에 칠판에 이런 글귀를 써 놓고는 했다.

"도대체 왜 이렇게 규칙을 안 지키니?"

약간은 숙연해진 학생들에게 규칙에 대한 일장 연설을 하던 중 어이없지만 솔직한 학생들의 이야기를 듣게 되었다.

"선생님, 그런데 규칙은 누가 만들었어요?"
"맞아요. 왜 이런 규칙을 우리랑 말도 안 하고 만들었어요?"

듣고 보니 맞는 말 같기도 하고, 아리송했다. 수십 년을 살았지만, 국가에서 실행하는 법 중에 나에게 의견을 물어보거나, 영향을 미칠 수 있었던 게 얼마나 될까? "나도 못 겪어 봤으니 너희도 그냥 참아!"라고 하기에는 학교 안의 규칙만큼은 생각보다 우리가 바꿀 수 있는 부분이 많다는 것이 문제였다. 그냥 원래부터 그런 거니까 무조건 지키라고 하기엔 가슴이 허락하지 않았다. 내 안의 어떤 부분이 내게 말했다. '무언가 방향이 잘못되었다.'고 말이다. 규칙 이야기를 하기 위해서는 규칙부터 말해서는 안 된다. '왜 필요한가? 무엇을 위해 필요한가?'를 먼저 다루어야만 한다.

"여러분, 권리가 무슨 뜻인지 알아요?"
"음, 인간이 가지는 거요."
"단순하지만, 가장 정확한 뜻일 수도 있겠네요. 맞아요. 인간이 가지는 겁니다. 그럼 인간이 가질 수 있는 것들을 이야기해 볼까요?"

나의 권리 알고 실천하기

① 권리의 뜻 설명하고, 학생 수준에서 권리라고 느껴지는 낱말들 브레인
  스토밍하기

② 브레인스토밍된 수십 개의 낱말(개념) 중 누구도 빼앗을 수 없고, 꼭 보
  장되어야 하는 것들을 찾아보기 -> 인권으로 연결하기

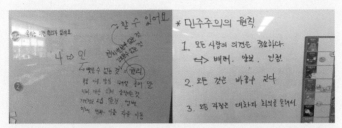

▶ 권리, 인권의 개념을 어렵게 설명하기보다, 학생들이 느끼기에 '빼앗길 수 없고, 누구나
  가질 수 있고 가져야 한다'는 원리로 간단히 설명해 준다. 고학년의 경우에는 교실 민주주
  의에 대한 '원칙'을 함께 이끌어 낼 수도 있지만, 중·저학년에게는 교사가 1년 학급살이
  의 방침과 모든 행위에 대한 분명한 민주적 원칙과 기준을 먼저 선언하는 방식으로 안내
  해 주는 것이 좋다.

③ 인권을 토대로 '학교 안 학생으로서 나의 권리'를 브레인스토밍하기
  - 학생들이 판에 박힌 말들을 적어 낼 수 있으므로 '인간의 권리로 생각
    했을 때' '학교에서 하고 싶은 것, 만약 학교에 아직 규칙이 전혀 없다면
    해 보고 싶은 것'으로 제한을 없앤다.
  - 그동안 학교라서 못했던 것, 꼭 하고 싶었지만 선생님의 눈치가 보여 말
    할 수 없었던 자유로운 행동과 생각을 적게 한다.
  - '~ 할 수 있어요', '~하고 싶어요'로 문장을 이끌어 내도록 한다.

④ 포스트잇에 자신이 학생으로서 누리고 싶은 권리를 마음껏 적기
  - 모둠별로 포스트잇을 모아 친구들의 권리 함께 보기
  - 왜 이런 권리를 쓰게 되었는지 한 개씩 골라 친구에게 설명하기

⑤ 권리들을 교실 뒤편의 공간이나 큰 종이에 모두 붙여 공유하기

⑥ 공유된 권리들 중 1~2개를 골라 오늘 하루 누려 보기

▶ '이런 것도 권리라고 할 수 있을까?' 하는 생각이 들 정도로 학생들은 학교 안 '욕구'를 반영한 권리 목록을 최대한 많이 만들어 낸다. 이후 이것이 권리로서의 가치가 있는지는 함께 이야기하며 정리해 나갈 것이다. 그것이 이 활동의 가장 큰 목적이다.

나의 권리가 누군가에게 불편함이 되는 경험하기

'권리와 의무 감수성 키우기 활동 1 - 나의 권리 알고 실천하기'의 마지막은 '오늘 하루 원하는 대로 권리 누리며 지내기' 이다. 당연히 학생들은 처음에 반신반의하다가 묻는다.

"선생님, 교실에서 뛰어도 되나요?"
"급식 마음대로 먹어도 되나요?"
"물론이지요. 단 여러분이 다치면 선생님이 곤란해지고, 무엇보다도 아픈 건 여러분이니 조심스레 눈치껏 지내 보세요. 그리고 선생님이 계속 지켜보고 심각하다 싶으면 멈추게 할 겁니다."

이렇게 학생들에게 자신의 권리를 누려 보도록 이야기해 주자, 복도에서는 난리가 났다. 안전 문제가 생길 수 있으니 복도에서 아이들을 지켜보되 (최악의 상황을 대비해) 아무 말도 하지 않았다.

"선생님, 저 녀석이 저한테 '꺼져.'라고 했어요."
"속상했겠어요. 선생님이 이 부분을 이야기할 테니 오늘 하루만 참아 주겠어요?"

미움껏 누군가에게 말할 권리와 상대방에게 말이니 태도로 상처받지 않을 권리는 서로 상충되는 권리이다. 난간이나 복도에서 놀고 싶은 권리와 생명이나 신체를 보호받을 권리 또한 그렇다. 소리 지르고 싶은 것과 조용히 있고 싶은 것, 급식을 많이 먹고 싶은 것과 내 몫을 공평하게 받고 싶은 것 역시 마찬가지다.

급식을 마음대로 가져가 뒷사람이 적게 먹는 일이 생겼고, 청소가 되지 않아 쓰레기가 그대로 방치되었다. 학생들이 여기저기서 불만과 부당함을 토로했지만 일단은 기다려 보자고만 이야기하였다. 대신 일어난 문제들을 서로 대비되는 '권리'로 바꾸어 모두가 볼 수 있게 칠판에 정리해 적어 두기만 하였다.

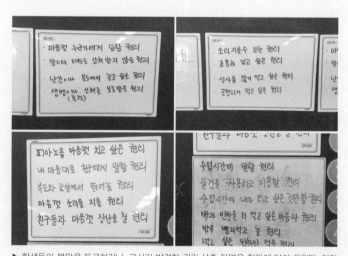

▶ 학생들이 불만을 토로하거나, 교사가 발견한 권리 상충 장면을 칠판에 담아 두었다. 이것은 권리의 충돌을 다룰 때 유용한 자료가 될 것이다.

이 활동은 자칫 교사가 권리 보장 활동이라는 미명 아래 학생들을 방조한다는 오해를 부를 수 있다. 그러므로 우선 학년 동료 교사들에게 미리 '소란스러울 수 있음'에 대한 양해를 구하는 것이 좋다. 또한, 굳이 '오늘 하루 권리를 마음껏 사용해서 지내라'는 말을 하지 않아도 된다. '나의 권리 알고 실천하기 활동'을 굳이 하지 않고, 일반적으로 학생들이 생활하는 가운데 위와 같은 권리 충돌의 사건들이 발생하면 교사는 바로 칠판에 대비되는 권리 형태를 적어 두기만 해도 된다. 복도에서 뛰기, 친구와 다투기, 소리 지르기, 급식 문제 등은 교사가 권리로의 접근을 위해 굳이 말하지 않아도 교실에서 늘 일어나는 일이기 때문이다. 다만, 아직 우리 교실에서는 이것을 합의하는 경험을 하지 않았기에, 교사가 바로 중재하고 강하게 제재하지 않는 것뿐이다. 교사의 권한으로 통제하기 이전에 스스로 자신의 행동에서 어떤 권리와 권리가 충돌하는지 경험하게 하고, 내가 하고 싶은 것이 무조건 '권리'로의 가치를 지니지 않는다는 점을 인식시키는 것이 이 활동의 핵심이다.

권리에도 '제한(양보)'과 '금지'가 필요함을 이해하기

"어제 하루(혹은 오늘 하루) 여러분이 생각한 권리, 누리고 싶었던 권리를 누려 보았나요?"

"아니요, 저는 못 했어요."
"저는 해 본 것 같아요."

분명, 권리를 누리는 행위를 한 학생들이 더 많았을 것이라고 생각
했는데, 왠지 학생들의 표정이 영 밝지 못했다. 그래서 학생들과 자신
이 선택한 권리대로 지내 본 경험을 이야기 나누어 보기로 했다.

"진짜로 하다가 선생님한테 혼나면 어떻게 해요?"
"아무리 생각해도 저는 누구처럼 소리는 못 지르겠어요."
"다른 친구들이 마음대로 하는 것 보니까 따라 하고 싶긴 했어요."

다양한 반응들이었지만, 썩 좋은 느낌의 후기는 아니었다. 특히, 누
군가 마음대로 하는 행동을 아무도 막을 수 없는 것에 대한 불만이 있
었다. 선생님이 못 하게 할 줄 알았는데, "잠깐, 지켜보자."라고만 하니
답답했다는 것이다. 그것이 차별받았다는 감정, 공평하지 않다는 느낌
을 준 것이다. 앞서 살펴봤듯이 이러한 상황은 분노를 불러일으킨다.

"분명, 모두에게 권리를 누릴 기회가 있었지만, 누군가는 그것을 실
제로 행동으로 옮겼고, 누군가는 하지 못했어요. 왜 그랬을까요?"
"저는 누군가에게 상처 주고 싶지 않아요."
"그렇게 하면 안 된다고 배웠잖아요."

그동안 칠판에 적어 왔던 충돌하는 권리를 보여 주며 이야기를 시작했다.

"누군가는 복도에서 '자유롭게 움직일 권리'를 누렸어요. 그런데 그로 인해 다른 누군가는 다칠 뻔했지요. 다른 누군가는 '안전할 권리'를 보장받지 못한 거예요. 그렇지만 누군가의 자유롭게 이동할 권리도 보장되어야 하는 건 맞죠?"

"맞아요."

"두 권리가 동시에 있을 수 있을까요?"

"복도에서는 없을 것 같아요."

"그럼, 여러분은 복도에서 두 가지의 권리 중에서 어떤 권리를 더 보호해 주고 싶은가요?"

학생들 한 명씩 각자의 의견을 들으며, 우리 교실이 지향해야 할 분위기를 형성해 나가는 것이다. 이런 방식으로 그날 혹은 그 이전에 충돌해 왔던 권리의 목록들에 대해 이야기하는 시간을 가졌다.

"화장실에 가는 권리는 꼭 있어야 해요."

"말하거나 소리 지르는 권리는 장소에 따라 바뀔 수 있어요."

"난간에서 미끄럼 타는 권리는 생명보다 중요하지 않기 때문에 금지해야 해요."

학생들이 하루에 겪을 수 있는 권리들의 충돌을 하나씩 톺아보며, 우리는 어떤 권리에 더 손을 들어주고, 때에 따라 어떤 권리를 제한 하거나 금지할 것인지 등을 나눌 수 있다. 학교와 교실이라는 제한된 공간에 있기 때문에 생기는 권리의 보장, 제한(양보), 금지에 대한 합의로 자연스럽게 이어지는 것이다.

권리 보호를 위한 의무와 권리가 공존하는 생각 만들기

"그렇지만 운동장에서는 어떨까요? 복도와 같을까요?"

"운동장에서는 마음껏 뛸 권리를 더 보장해 줬으면 좋겠어요."

"이처럼, 권리를 제한하는 것이 당장은 답답하게 느껴질 수 있지만, 반대로 누군가의 잘못된 행동으로부터 보호받는 일이 되기도 하고, 상황과 장소에 따라 약속할 수 있기에 실제로는 모두의 권리가 존중 받는 상황이 더 많아질 거예요."

일상생활에서 일부 권리가 제한되지 않을 때, 그 권리를 마음껏 행사할 수 있는 사람은 정해져 있거나 독점될 수 있기 때문이다.

- 노래방에 갔는데, 모두의 스피커가 최대 소리로 되어 있다면, 사실상 모두가 노래를 부를 수 없음. 그렇기에 적당한 크기로 소리를 제한함.

- 모두가 복도에서 뛸 수 있다면, 덩치 크고 힘이 있는 학생이 뛸 때, 다른 학생들은 눈치를 볼 수밖에 없음. 결과적으로 힘이 강한 사람만이 복도에서 뛸 수 있게 됨. 오히려 대다수의 학생들이 복도에 쉽게 나갈 수조차 없는 상황이 됨.
- 대표적인 것이 어린이 보호구역. 사람과 자동차 모두가 도로를 다닐 수 있는 권리를 지니고 있지만, 약자인 '어린이'의 생명을 보호하기 위해 어린이 보호구역에서는 자동차가 더 천천히 다니도록 주행 속도를 제한함.

이제 학생들은 자신이 학교에서 누릴 수 있는 권리를 보장, 제한(양보), 금지하는 것을 합의하는 과정을 거칠 때, 오히려 모두의 권리가 더 많이 존중받을 수 있게 되는 상황을 납득하게 된다. 학생들이 생각하는 학교 안 자신의 권리들을 '생명과 안전의 보장' '학교라는 공간의 특수성(교육과정 운영, 수업권 등)' '형평성' 의 3가지 관점을 기준으로 정리한다. 그리고 학교라는 곳에서 학생으로 지낼 때 필요하다고 생각하는 권리의 문장을 만들어 보는 것이다. 고학년이라면 지식적 측면에서 민주주의와 권리에 대한 이해가 높을 수 있으나 중, 저학년은 어디서부터 시작해야 할지 감을 잡기 어려워할 수 있다. '권리'라는 말이 생소할 수 있고, 구체적으로 어떤 권리만큼은 반드시 마음껏 누리고 조건이 없어야 하는지에 대한 감각도 부족할 수 있다. 앰네스티에서 제공하는 (https://amnesty.or.kr/resource/세계인권선언/) '쉽게 풀어 쓴 세계 인권선언문', '그림으로 보는 세계인권선언문

by olddog'을 먼저 활용하면 학급에서의 인권, 권리에 대한 지식과 감수성을 더 높일 수 있을 것이다. 권리 목록을 '평평 대화' 등을 사용하면서 최대한 많이 브레인스토밍하는 것이 좋다. 교사가 판단하기에 조금 부적절하다고 느끼는 것도 그대로 둔다. 모든 판단은 함께 공유하고 합의를 통한 선택으로 이뤄질 것이며, 그 자체로 학생과 교사는 함께 성장할 것이다. 또한 앞으로 겪게 될 다양한 문제의 가이드라인이 될 것이다.

함께 만든 권리 목록은 '보장/제한(양보)/금지' 세 영역으로 나누어 둔다. 이렇게 분류하는 까닭을 학교라는 공간이 가지는 특징과 학교라는 '함께 배우는 곳'이 가지는 특수성, 인간이라면 누구나 가지는 형평성에 대한 감정을 들어 설명하고, 언제나 생명과 안전이 중요하기 때문이라는 것을 다시 한번 강조하며 '권리와 의무 감수성 키우기 활동 2'를 시작한다.

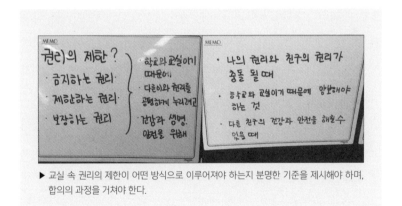

▶ 교실 속 권리의 제한이 어떤 방식으로 이루어져야 하는지 분명한 기준을 제시해야 하며, 합의의 과정을 거쳐야 한다.

▶ 학생용으로 제작된 세계인권선언문을 함
께 읽으며, 세계시민들이 합의한 권리들을
이해할 수 있다.

▶ 세계인권선언은 1948년 UN에서 채택한
선언문이다. 오래된 만큼 학생들에게 문장
의 내용이 선뜻 다가오지 않을 수 있다. 앰
네스티에서 어린이의 시각에 접근한 자료
들을 얻을 수 있다. (출처 : 앰네스티 '그림
으로 보는 세계인권선언문 by olddog')

권리와 의무 감수성 키우기 활동 2

권리 분류하기

① 활동 1에서 학생들이 모은 권리의 목록들을 재사용해도 좋으나, '학급
에서 존중받고 행복하게 지내기 위해 우리에게 필요한 권리'를 언급하며
브레인스토밍으로 권리들을 제안한다. 포스트잇보다는 A4 용지, 고무
자석 보드판 등을 활용해 모두 볼 수 있게 크게 써서 칠판에 공유한다.
- 개별로 브레인스토밍하여 제출하거나 모둠별로 '평평 대화'를 하며 제
출한다.
- 최대한 많은 권리를 생각해 내도록 독려한다.
② 권리 목록들을 보장, 제한(양보), 금지의 관점으로 나눠 이야기해 본다.
- 권리 하나씩 교사 대 학생 전체로 같이 손을 들어 가며 다수결로 분류하
는 방법, 모둠이 권리 목록을 받아 가서 함께 읽어 가면서 토의로 정하는
방법, 칠판에 나열된 권리들을 개인 혹은 모둠별로 나와 직접 분류하는
방법 등 학생들의 수준과 권리 목록의 양에 따라 방법을 소설한다.

- 가분류하는 단계이므로 너무 많은 시간을 쓰지 않도록 한다.

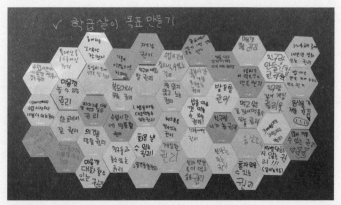

▶ 학생들이 자유롭게 적어 낸 권리 목록에는 인상 깊은 내용이 많았다.

게임할 권리, 수업 시간에 먹을 것을 먹을 권리, 영화 볼 권리, 밥을 마음대로 먹을 권리 등 교사 입장에서 매우 난처한 권리들도 많이 나온다. 어떤 것은 권리에 대한 그릇된 판단에서 나온 것도 있지만, 꽤나 생각해 볼 권리도 많이 나올 수 있다. '혼자 있을 권리', '화가 날 때 화를 낼 수 있는 권리', '좋아하는 과목만 할 권리' 등을 볼 때 학생들의 평소 억눌려 있는 욕구가 무엇인지 파악할 수 있는 좋은 기회도 된다.

③ 이제 '권리 결정의 시간'을 갖는다. 교사가 직접 진행했거나 학생들이 모둠별로 '보장, 제한, 금지'로 분류한 권리 목록을 모두가 볼 수 있게 칠판이나 컴퓨터 화면에 공유한다. 다시 학생들과 분류된 권리 목록을 훑어보고 '무조건 보장되어야 할 권리'부터 확실히 정한다.

"보장되어야 할 권리 중에 양보나 금지로 가야 할 것이 있나요?"

"금지나 양보의 권리 중 보장의 자리로 가야 할 것이 있나요?"

"이 권리가 보장되어야 하는 까닭은 무엇인가요? 여러분은 동의하나요?(다수결)"

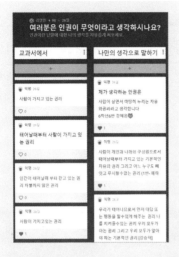

▶ 원격 수업으로 진행되는 경우, 패들렛(https://padlet.com/) 프로그램을 활용하여 게시판 생성 후 링크로 학생들의 의견을 실시간 수집해서 분류하는 것도 좋다. 서식 변경에서 '셀프'로 선택하면 칼럼별 분리가 가능하다.

④ 같은 방식으로 '금지' 되어야 할 권리 분류하기

⑤ 나머지는 모두 '제한(양보)'해야 할 권리로 분류하기

⑥ 마지막으로 각각 분류된 권리 중 이동이 필요하다고 생각되는 권리가 있다면 손을 들고 발표하기

⑦ 보장되어야 할 권리는 조건 없이 보장되어야 하고, 금지해야 할 권리 또한 조건 없이 금지되어야 하기 때문에 이야기를 나누어 볼 여지가 있는 제한(양보) 영역의 권리에 집중할 것을 학생들에게 안내한다.

- 많은 목록 중 일부를 채택해 이야기한다. 교사가 원하는 것 하나, 학생들이 원하는 것 하나씩 목록을 살피며 이야기를 나눈다.

"제한(양보)이 필요한 권리들이 최대로(극단적으로) 실행되었을 경우, 어떤 일이 생길 수 있을까요?"

"누구의 어떤 권리가 침해받을 수 있을까요?"

"이 권리에는 어떤 제한과 양보가 필요할까요?"

* 다수결 방식으로 결정하게 되더라도 각각의 입장을 한 번씩은 들어 보는 기회를 주고 권리를 이동하는 것이 좋다. 이 과정에서 학생들마다 가치를 판단하는 기준이 다름을 확인할 수 있고, 이 과정 또한 민주적 의사결정의 분위기를 완숙하게 만들어 주기 때문이다.

▶ 교사가 하나씩 짚어 가며 권리를 옮길 수도 있지만 학생별(모둠별)로 직접 권리들을 자신의 생각에 따라 분류해 보는 것도 좋은 방법이다. 어느 정도 분류가 되기 시작하면 비슷한 낱말이나 개념은 정리하여 수를 줄여 주는 것이 좋다.

▶ 가장 상단이 권리 보장의 영역이다. 마음껏 누릴 수 있는 권리, 무조건 지켜 줘야 할 권리 등으로 표현하였다. 중간은 권리의 제한 영역이다. 양보가 필요한 권리로 표현하면 학생들이 쉽게 이해한다. 하단은 금지해야 할 권리로 기피할 뿐 아니라, 배척해야 할 목록으로 볼 수 있다. 이 활동을 하면 학생들은 대부분 권리 보장의 영역에 많은 권리를 포함시키기를 원한다. 그러나 대화를 통해 꼭 필요하고, 반드시 있어야 하는 권리만 추려서 남긴다. 교실이 사회 그 자체는 아니기 때문에, 초등학생의 특성, 학급의 특색 등에 맞게 적절하게 조율하는 것이 좋다. 때론 보장할 권리에 남겨진 문장들이 교사가 느끼기에 마뜩치 않을 때도 있다. 그럴 때 교사로서 어려운 부분, 관철해야 할 부분에 대해 설득하고 타협하는 노력의 모습을 보여야 한다. 교사의 민주성에 대한 신뢰를 높이고, 학생은 대화의 과정과 의견이 존중받는 경험을 하며 공동의 문제에 관심을 가지게 될 것이다.

▶ <합의를 통해 금지가 된 것들>

분류된 목록들은 학생들의 합의에 따라 달라질 수 있다. 이 활동을 하면서 난처한 상황을 겪을 때가 있는데, 학생들 일부가 실현 불가능하거나 모호한 권리를 무조건 보장해 주어야 한다고 주장할 때이다.

가령, 휴대폰 게임을 할 권리를 무조건 지켜 줘야 하는 '보장'해야 할 권리로 주장하는 학생들에게 교사는 '구체적' 활용에 대해 다시 질문해야 한다. 만약, 쉬는 시간이나 수업 시간에도 사용하고 싶다고 하면 그것이 수업 받을 권리(타인뿐 아니라 자신의 수업권 포함), 그리고 그것을 보호해야 할 교사로서의 의무를 언급해 제한해야 한다고 이해시키는 것이다. 또한 수업이 모두 끝난 방과 후에는 가능하다는 전제를 통해 제한(양보)이 필요한 권리임을 이야기하는 것도 좋다. 그리고 교사가 스스로 자신의 권한을 어디까지 사용하고 제한할 것인지, 학생들에게 설명하는 기회가 되므로 이 활동을 통해 학생이 원하는 것과 교사가 학급에서 해야 할 일들을 서로 이해하는 귀중한 시간이 될 것이다.

권리 분류하기 활동이 한참 진행되는 중에 한 학생이 손을 들었다.

"선생님, 그런데요. 금지되어야 할 권리 중에 보장해 주었으면 하는 권리가 있습니다."

"뭔데요?"

"친구를 때릴 권리입니다."

"왜 그렇게 생각하는지 궁금하네요. 친구들에게 그 이유를 설명해 줄 수 있어요?"

"여러분, 잘 생각해 보세요. 여러분도 친구에게 욕을 듣거나 맞아서 억울한 일이 있었을 겁니다. 그런데 그때 내가 최소한 한 대만이라도 때릴 수 있다면 덜 억울하고, 기분도 나아지지 않을까요?"

학생들은 웅성대기 시작하였다. 느낌이 좋지 않았다. 솔직히 바로 '컷'하고 싶은 욕구도 생겼다. '친구를 때릴 권리'라는 걸 언급하는 것 자체가 이 활동을 너무 장난으로 여기는 건 아닌가 싶어서였다. 가끔 이렇게 인내심에 한계가 생기고, 잘못됨을 빠르게 잡고 싶은 욕구가 샘솟는다. 학생들을 온전히 믿는 것은 쉬운 일이 아니라는 것을 인정한다. 하지만, 이러한 감정을 다루는 것은 교사인 나의 '민주적 자질'을 성장시키는 기회가 되기도 한다. 교실 공동체가 함께 배울 기회가 될 것을 믿어야 한다.

"그럼, '친구를 때릴 권리'가 보장되어야 할 권리라고 생각하는 학생들은 손을 들어 주세요."

역시나 많은 학생들이 손을 들었다. 다수결로 따진다면 2/3 이상이 찬성의 손을 들었다. 처음 이 권리가 나왔을 때만 해도, 대다수의 학생이 웃었다.

"세상에 저런 권리가 어디 있냐?"
"정말 미쳤나 봐. 흐흐."

"당연히 금지해야 할 권리죠!"

그러나 한 학생의 설득력 있는 발언으로 이제 이 권리는 보장되어야 할 권리가 될 위기에 놓인 것이다. 실제로 학급에서 누군가의 그럴듯한 한마디로 분위기가 좌지우지되는 일이 생기기도 한다. 그렇기에 더더욱 모두의 민주적 감수성과 교사의 영향력을 키우는 일은 무척 중요하다. 어쨌든, 이대로 이 권리는 '보장'되어도 괜찮은 걸까?

"우선, 우리가 권리들 중 일부를 제한하는 이유를 잊은 것 같아요. 기억나나요?"
"형평성, 건강과 안전을 위해서 제한할 수 있어요."
"맞아요. 그런데, 이 권리는 존재 자체로 누군가의 안전을 해치고 있죠."
"그리고 만약 이 권리가 보장되었을 때 가장 큰 문제가 뭐냐면, 선생님도 여러분을 때릴 수 있다는 겁니다. 우리가 생각한 권리는 모두에게 해당됩니다. 선생님도 포함해서요."
"그래도 정말 이 권리가 보장되어야 할까요? 여러분에게 다시 생각할 기회를 주겠습니다."

교사는 교실에서 가장 영향력 있는 사람이다.(그래야만 한다.) '내가 선생님이니까 안 된다고 편단하면 안 되는 기야.'라고 생각해서 말하기보다, 무엇이 문제가 되는지 교사의 책임에 따라 제한해야 할 부분을 자세히 설명해 주어야 한다. '교사 마음'대로가 아닌 정당하게 부여받은 권한과 절차에 따라 제한된다고 설명할 때 학생들은 교사의 말에 일관성을 느끼고 신뢰감을 얻을 수 있는 것이다. 마치 국민이 일관성 있는 정부를 신뢰하는 것과 같은 맥락이다.

결국 학생들은 '친구를 때릴 권리'를 금지해야 할 권리로 선택하였다.

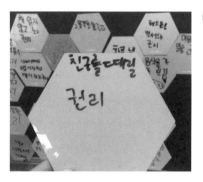

▶ 이 주장을 한 학생은 사뭇 진지하였다. 학생 간에 일어나는 문제를 해결하는 데 어려움을 가진 학생들은 자신이 당한 억울함과 분노를 힘으로 해결하고 싶어한다. 이것이 보장되지 않을 때, 더욱 불평등하다고 느끼는 것이다. 그렇기에 이 부분에 대해서는 어떻게 해결할지도 반드시 논의해야 한다.

"만약, 여러분이 끝까지 보장해 달라고 했다면, 선생님의 권한으로 이건 금지할 권리로 보냈을 거예요. 선생님은 여러분을 모든 폭력으로부터 안전하게 지켜야 할 의무가 있거든요. 그런데 여러분이 좋은 판단을 해 주어서 고맙게 생각합니다."

이런 순간은 교실에 뜬금없이, 또 자주 찾아온다. 다수의 학생들이 원하는 판단과 교사의 판단이 대치될 때가 생기는 것이다. 교사는 일관성 있는 모습으로 교육과정의 운영, 학생의 건강과 안전, 형평성을 최우선으로 일관성 있게 판단하고 학생들을 설득하면 된다. 교사의 일관성 있는 판단과 그 판단에 따라 설득하려는 모습은 학생들에게도 영향을 주고, 학급 전반의 민주성 향상에 기여한다. 또한 학생들의 최초 아이디어와 최종 결정이 민주적인 방향으로 흘러가는 데 긍정적인 영향을 준다.

그동안 교사로서 지내며 확실히 배운 점은 '교사'인 나의 판단이 항상 옳지 않을 수 있다는 생각과, 작은 문제라도 학생들과 공론화하여 의견을 나누면 더 좋은 결과가 나올 것이라는 믿음이다. 그리고 그러한 생각과 믿음이 실제로 문제를 만족스럽게 해결해 주기도 하였다.

이제 분류한 권리와 권리를 보호할 의무를 생각해 보고 문장으로 만들어 보는 연습을 해 본다.

권리와 의무 감수성 키우기 활동 3

권리와 의무가 조화로운 문장 만들기

① 활동 1의 권리 목록 문장이 '~할 수 있어요'(~하고 싶어요)라면, 제한이나 금지를 위한 의무는 '~해야 해요'로 이어질 수 있다. 단, 꼭 보장해야 할 권리에는 의무를 붙이지 않아도 괜찮다.

"나는 존중받을 권리가 있어요." (보장)
"나는 차별당하지 않을 권리가 있어요." (보장)

"나는 말할 권리가 있어요. 하지만 수업 시간에는 친구의 수업을 받을 권리를 위해 소곤소곤 말해야 합니다." (제한)

"나는 놀 권리가 있어요. 하지만 나와 친구의 안전을 위해 난간에서 놀아서는 안 됩니다." (금지)

"나는 마음껏 먹을 수 있어요. 하지만 급식 시간에는 모두 음식을 공평하게 받아야 하기 때문에 적당하게 음식을 받아야 합니다." (제한)

"나는 피아노를 마음껏 칠 권리가 있어요. 하지만 친구들이 소음을 싫어할 수 있기 때문에 소리를 작게 낮추어 쳐야 합니다." (제한)

② 권리와 의무 문장 만들기에서 학생들에게 세 가지를 꼭 알려 줘야 한다.

- 첫 번째, 권리를 제한하는 경우라도 나와 다른 이의 권리를 최대한 보장하고 인격을 존중하는 방식으로 만드는 것이다.

▶ 학생들은 가끔 '의무'를 매우 강력하게 만드는 데 쉽게 동의하기도 한다. (실제로 지킬 수도 없는 약속을 하는 셈이다.) 말할 권리가 있지만, 아침 독서 시간에는 제한이 필요하다는 의견에 학생들은 '소곤소곤 말하기'와 '떠들지 않기' 두 가지 의견을 제시하였다. 어느 것이 더 말할 권리를 보장하고 인격을 존중하려고 노력하는 것일까? 그리고 지속, 실천 가능할까?

- 두 번째, 학생은 배우는 사람이고, 실수할 수 있기에 실행하는 데 여유와 기회를 주어야 한다.

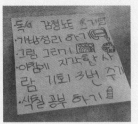

▶ "나는 아침에 늦을 수 있어요. 그렇지만 나의 수업권 보호를 위해 3번 정도 기회를 갖고 일찍 오려고 노력해야 합니다."

많은 학생들이 지각하는 학생에게 청소를 시키거나 엄벌을 주어야 한다고 생각한다.

지각하는 것은 다른 사람의 수업 받을 권리를 일정 부분 침해하기도 하지만, 스스로 수업 받을 권리를 제한한다는 것이 문제이다. 그렇기에, 지각하는 학생에게 기회를 주어 지각하는 것에 대해 이야기를 나누고 스스로 생각하고 변화할 여유를 주는 것은 자신의 권리를 찾는 일임을 설명해 주어야 한다.

- 세 번째, 교실 내 모든 권리와 의무는 구성원 모두에게 적용된다. 그 말은 교사에게도 해당 권리와 의무가 있다는 뜻이다. 단, 교사에게는 교육 과정 운영 및 학생의 보호감독에 대한 책임과 권한이 있으므로 학생들을 불가피하게 통제해야 하는 경우가 생긴다. 이 역시, 학교교육의 특성, 형평성과 학생 안전과 건강의 목적으로만 이루어져야 하고, 학생에게 미리 설명해야 한다.

③ 위와 같이 '권리와 의무 감수성 키우기 활동 2 - 권리 분류하기'에서 분류했던 권리 목록들 중 일부 권리들을 스스로 선택하여 의무와 연결시켜 문장을 만들어 보는 활동을 해 본다. 같은 권리라도 학생들의 생각에 따라 제한하고 양보해야 할 부가적인 문장은 달라질 수 있다. 교사가 미리 선정한 3~4개의 권리 중 학생들이 스스로 선택하여 권리와 의무의 문장을 만들게 하거나 모둠별로 활동하게 하는 식으로 변형할 수 있다.

<'우리는 말할 권리가 있어요'를 조화로운 권리와 의무의 문장으로 만들기>
우리는 말할 권리가 있어요. 그렇지만 아침 독서 시간에는 소곤소곤 말해야 합니다.
우리는 말할 권리가 있어요. 운동장에서는 마음껏 소리 질러도 됩니다.
우리는 말할 권리가 있어요. 그렇지만 친구에게 상처 주는 말은 하지 말아야 해요.

권리와 의무가 공존하는 학급헌법 만들기

"여러분이 학교에서 누릴 수 있는 권리와 그것을 지키기 위한 의무들이 함께 있었는데, 그동안은 의무에 가려 여러분에게 어떤 권리가 있었는지는 몰랐을 거예요."

"수업 시간에 조용히 해야 하는 이유가 단순히 시끄러워서가 아니라, '수업 받을 수 있는' 권리를 지키기 위함이고, 줄을 서서 급식을 받는 이유가 '공평하게 식사하고 싶은' 권리를 지키기 위한 것임을 알았으면 좋겠어요."

"선생님을 위해서 혹은 혼날까 봐 의무를 지키는 마음이 아니라, '내 권리를 지키기 위해서야!'라고 생각하면 좋겠어요."

규칙이 인간의 권리를 지키기 위한 도구로 존재함에도 불구하고, 학생들은 학교규칙의 결정 과정을 경험하지 못해 학교규칙이란 그저 학교의 틀에 박힌 잔소리로만 여긴다. 앞선 활동들의 목적은 학생들에게 규칙 이전에 자신의 권리가 있음을 알고, 그것을 서로 평화롭게 사용하기 위해서는 제한과 양보, 금지가 필요하다는 것을 느끼도록 하는 데 있다. 그리고 나아가 기존의 규칙들 중 폭력적이고 존중이 없는 부분들을 찾아내어 고치려는 감수성을 키우기 위한 것이기도 하다.

앞서 소개한 '권리와 의무 공존의 감수성 키우기 활동 1~3'은 자연스럽게 학급헌법 만들기로 이어진다. 그러나 순서를 바꿔, 학급헌법 만들기를 교사가 이해하고 나서 헌법 만들기를 먼저 시도하고 감수성 키우기 활동으로 넘어가는 것도 나름의 의미가 있으므로 추천하고 싶은 방법이다.

'권리와 의무가 공존하는 학급헌법 만들기'는 교사와 학생들이 교실에서 평화롭게 지내며, 이후에 생기는 문제를 어떤 관점과 방향으로 해결할 것인지 방법적인 도움을 준다. 따라서 처음부터 학급헌법 만들기로 시작하면 '권리와 의무 감수성 키우기' 활동의 목표를 자연스럽게 달성할 수 있다는 장점이 있다. 이는 교육과정과 가용 시간, 학생들의 수준에 따라 판단하면 될 것이다. 이후 '권리와 의무가 공존하는 학급헌법 만들기'의 안내는 '감수성' 키우기를 함께 다루며 진행하는 방식으로 소개할 것이다.

"지금부터 우리 반 헌법 만들기를 해 볼 겁니다. 그런데 왜 헌법인지 궁금하지 않아요?"

"음······ (마지못해 대답) 왜 헌법인가요?"

"그게 우리 반에 꼭 필요하기 때문이죠. 헌법은 '법 중의 법'이라는 별명을 가지고 있어요. 그리고 최고의 법인데도 총 10장, 130조항으로만 구성되어 있어요."

"130개나요? 엄청 많은 거 아니에요?"

"롤(리그오브레전드) 캐릭터는 140개 넘는데······."

"아, 그럼 얼마 안 되는 거네요."

"그런데, 왜 규칙이 아닌 헌법이라는 이름이 필요할까요?"

처음, 발령을 받고 학생들과 지낼 때에는 '철저한 통제와 규칙 속에서 학생들이 행복하고 안정감을 얻을 거야.' 라는 마음이었다. 그래서 '행복한 독재'를 위한 독재적인 규칙을 만들어 냈고, A4용지 10장 분량의 학급규칙이 탄생하였다. 아침 등교할 때 인사하는 법부터 놀이 도구 관련 규칙, 청소함 사용 규칙까지 총망라되어 있으니, 보기에 참 흐뭇하고 좋았다. 그런데 문제는 한 달 만에 터지기 시작했다. 학생들이 과도하게 예민해지기 시작한 것이다. 명문화되어 있는 규칙들 때문에 문장에 집착하고 학생들을 재판하는 법관형, 규칙의 허술한 틈새를 찾는 무법형, 아예 지키기를 포기하는 방관형 학생들로 매일 고소, 고발이 끊이지 않았던 것이다. 무엇보다 심각한 것은 나도 모든 규칙을 외우고 있는 것이 아니었기 때문에, 학생들이 찾아올 때마다 다른 방식으로 해석을 해 주고 있었다는 것이다.

"저번에 선생님이 청소 못 하면 다음 날 하면 된다고 말씀하셨어!"
"무슨 소리야, 여기에는 이렇게 써 있잖아. 청소 안 하면 벌로 같은 모둠원이 먹을 초콜릿을 사 온다."

규칙이 너무 많다 보니, 버젓이 써 있는 내용에 반하는 규칙도 학생들에게 허용해 주고 있었던 것이다. 또 규칙을 만들 당시 '내 기분이 안 좋았나?' 싶을 정도로 가혹한 규칙들도 있었다. 심지어, 규칙을 비켜 갈 요량으로 뻔히 알고 있으면서도 교사에게 재차 물어보는 영악한 학생도 나타났다. 결국 2학기가 되자마자, 학급규칙 매뉴얼을 폐기할 수밖에 없었다.

"그래서 꼼꼼한 규칙이 오히려, 어쩌면 우리가 민주적으로 생각하고 성장할 기회를 뺏을 수도 있겠다는 것을 경험했지요."

"헌법은 민주주의의 큰 방향을 제시하고 있어요. 나머지는 우리의 대화와 의사결정 과정으로 그때마다 방향에 맞게 정하는 거죠. 처음에는 불편할 수 있지만, 시간이 갈수록 우리 안의 민주성이 '세세하게 규칙을 정하지 않아도 서로 간의 약속이 되는' 방향으로 자리 잡을 것이라고 확신합니다."

"그럼 오늘은 우리가 그동안 배운 존중과 다양성, 형평성을 학급헌법에 담아 봅시다. 먼저, 이 규칙들을 함께 보기로 해요. 이 규칙은 예전에 선생님과 친구들이 함께 만들었던 규칙입니다. 잘 만든 것 같죠? 그런데 시간이 좀 지나자 문제가 생기기 시작했어요. 어떤 문제가 있었을지 생각해 보세요."

1 단계, 지난 규칙 살펴보기

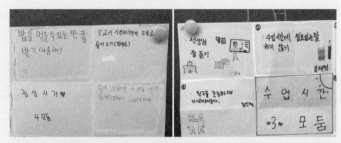

▶ '밥을 먹을 수 있는 만큼 받기'와 같이 애매한 기준의 규칙은 분쟁의 요소가 되며 교사가 학생을 지도하고 중재할 때 어려움을 느끼게 될 것이다. 교사나 학생들이 모든 순간 같은 판단을 내릴 수 없기 때문에 애매한 규칙 때문에 결국 다시 합의를 해야 하는 상황이 생긴다.

▶ '선생님 말씀 잘 듣기'처럼 모든 규칙의 기준을 '교사의 흡족함'에 두는 학생들도 있다. '수업 시간에 필요 없는 말하지 않기' 또한 판단 기준을 교사에 두게끔 한다. 학생은 지키지 않고·교사만 속이 상하는 대표적인 규칙의 예라고 할 수 있다.

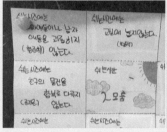

▶ 규칙이 누군가를 통제하기 위한 목적으로만 서술되면 최초의 목적인 '권리 보장' 취지에 어긋나게 된다. 또한 규칙에 쓰인 문장은 그 문장대로 학생들의 입으로 옮겨지는데, 이때 부정적인 방식의 서술은 학생이 서로를 평가하고 힐난하는 방식으로 사용될 수 있다.

▶ 구체적으로 실천 가능한 규칙을 언급하는 것이 좋겠지만, '물 튕기지 않기, 실내화 주머니 챙기기, 밥 먹을 때 돌아다니지 않기'와 같은 생활 장면의 매우 작은 부분까지 규칙으로 담게 되면 서로 간의 여유가 없어지고, 분쟁의 씨앗이 된다.

'지난 규칙 살펴보기 활동'은 교사가 미리 준비한 잘못된 규칙의 예를 보여 주며 문제점을 찾아내게 하는 방법과, 즉석에서 학생들에게 수업 시간, 쉬는 시간, 점심시간 등에 필요한 규칙을 모둠별로 만든 다음 나중에 살펴보는 방법이 있다. 학생들이 만든 임시 규칙을 보관한 뒤 '권리와 의무의 감수성 키우기' 활동 후 자신들이 만든 규칙을 다시 보게 한다. 그러면 전에 자신들이 만든 규칙의 무엇이 문제이고 어떻게 하면 조화로운 문장이 될 수 있는지 이야기할 좋은 소재가 될 것이다.

'규칙 만들기'를 하다 보면 학생들이 규칙을 모범답안처럼 쓰는 경우가 있다. '선생님 말씀 잘 듣기', '수업 시간에 조용히 하기' 등 오랜 시간 통제의 말과 교사의 잔소리에 숙련된 학생들이 내놓은 그럴듯한 규칙들은 결국 지켜지지 않을 것이다. 모든 약속은 학생에게 꼭 필요하고, 자신의 권리를 보호한다는 느낌을 주어야 한다.

"만약, 이런 규칙들이 우리 교실에 있다면, 여러분은 행복하다고 느낄까요?"

"아니요. 지키기 힘들고, 선생님한테 혼나기만 할 것 같아요."

"규칙은 여러분의 행복과 권리를 보장하고, 여러분이 존중받기 위해 존재해야 해요. 앞선 규칙들의 문제점을 살폈으니, 여러분이 필요하다고 생각한 규칙들을 여러분이 누리고 싶은 권리와 연결시켜 바꾸어 보겠습니다."

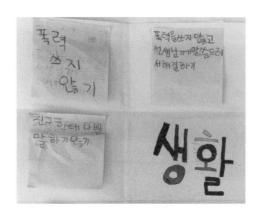

"여러분이 적은 '폭력 쓰지 않기', '친구한테 나쁜 말 하지 않기' 는 우리의 어떤 권리와 관련 있을까요?"

"상처받지 않을 권리요." "안전하고 행복할 권리요."

"모두 좋아요. 여러분이 느끼기에 더 좋은 낱말을 골라 봅시다. (다수결로 결정) 그럼 우리는 안전하고 행복할 권리로 정할게요. 그럼 뒤에 의무를 붙인다면 어떻게 할 수 있을까요?"

"상처 주는 행동을 하지 않도록 해요."

"좋습니다. 상처 주는 행동에는 말이나 주먹, 째려봄, 뒷담화 이런 것까지 다 포함될 수 있겠죠?"

교실에는 '모두가 평화롭고 행복할 권리가 있어요.'와 같은 대원칙이 존재해야 한다. 평화, 행복, 존중, 배려, 경청과 같이 많은 것을 아우르는 대원칙의 권리들을 추려 내는 것이다. 이 부분은 교사의 눈썰

미가 필요한 지점이기도 하다.

"이제 이런 방식으로 우리에게 필요한 권리와 학교생활 장면 속에서 필요한 것들을 연결해서 생각해 봅시다. 등교와 아침 시간, 수업 시간, 쉬는 시간, 점심시간, 방과 후, 그 외 필요한 권리들을 생각할 겁니다."

여기서 교사는 두 가지 방식으로 학급헌법의 권리와 의무를 만드는 과정을 거칠 수 있다.

① 모둠별로 각 학교생활 장면 부분을 나누어 주고 토의하여 헌법을 만들어 보는 모둠 토의 방법
② 교사와 학생 전체가 학교생활 장면을 하나씩 톺아 가며 전체 의견을 모아 순차적으로 만들어 가는 학급회의 방법

① 방식은 생활 장면에 필요한 권리와 의무를 각 모둠이 만들어 내기 때문에 소요되는 시간이 적은 반면, 적은 인원의 의사결정으로 권리와 의무가 정해지므로 교사의 피드백이 필요하고, 이후 조금씩 수정·보완의 노력도 필요하다.

② 방식은 교사와 학생 전체가 등교부터 방과 후까지 하루를 톺아 보며, 필요한 권리와 의무에 대해 전체 학생의 아이디어를 얻어 진행하는 방식이기에 많은 시간이 소요되지만, 많은 학생의 동의를 얻어 가며 진행하기 때문에 다양한 아이디어와 질 높은 학급헌법을 만드는 데 도움이 된다.

다만, 중·저학년의 경우 ②의 방식에서 많은 어려움을 겪을 수 있기 때문에 모둠별로 간단히 규칙을 적되 앞에서 학습한 대로 권리와 의무의 방식으로 적을 수 있도록 지도하고, 교사가 적극 개입하는 게 좋다. 고학년의 경우에는 ①, ② 방식 모두 좋지만, 학기 초 학생들의 민주적 학급 분위기가 낯설 수 있으므로 소규모 그룹 대화 방식인 ① 방식으로 진행하다가, 2학기 들어 ②의 방식으로 자유로운 분위기 속에서 학급헌법을 개정하는 방식을 추천한다.

2단계, 생활 장면에서 꼭 필요한 권리와 의무 알아보기

1. 모둠 토의 방법

① 생활 장면을 모둠 수에 맞게 준비한다.(6개 모둠, 4인 기준)

　- 등교·아침 시간 –수업 시간 –쉬는 시간 –점심시간 –방과 후

　- 기타(교우관계, 놀이, 문제 해결 방법, 기타)

② 모둠별 A4 용지 1장, 포스트잇, 스티커를 나누어 준 뒤 A4 용지를 9등
　　분으로 접는다.

③ A4 용지 가운데 칸에 생활 장면을 적는다. 남은 8칸에는 1인당 1칸씩
　　1장, 총 2장의 포스트잇을 붙일 수 있다.

④ 생활 장면에 필요한 권리와 의무를 1인당 2개씩 생각하여 포스트잇에
　　적고 남은 8칸에 붙인다.

⑤ 자신이 적어 낸 권리와 의무를 '평평 대화'로 설명하는 시간을 갖는다.

⑥ 설명이 모두 끝나면 자신의 의견을 제외한 두 개의 권리와 의무를 골라
　　스티커를 붙여 투표한다.

⑦ 결정된 권리와 의무 종이를 걷은 뒤 생활 장면별로 결정된 규칙이 합리
　　적인지 함께 알아보는 단계로 넘어간다.

▶ 위와 같은 방식으로 9등분을 하여 생활 장
　면별 필요한 권리와 의무를 적게 한다. 활
　동 시에 학생들이 저 공간을 꾸미는 데 지
　나치게 많은 시간을 들이지 않도록 한다,
　자칫 미술 시간이 될 수 있기 때문이다.

▶ 의견 제출이 끝나면 각자 왜 이러한 권리
　와 의무가 필요한지 설명하는 시간을 갖고
　투표를 한다. 가장 많은 득표를 한 2~3개
　의 의견이 학급헌법의 첫 골격이 된다.

2. 학급회의 방법

① 생활 장면 영역을 칠판에 구분해 놓는다.
 - 등교·아침 시간 – 수업 시간 – 쉬는 시간 – 점심시간 – 방과 후
 - 기타(교우관계, 놀이, 문제 해결, 존중을 위한 권리와 의무)
② 학생들에게 포스트잇을 나누어 준다.
③ 교사는 아침 등교부터 방과 후까지 우리 학급의 각 생활에 필요한 권리
   와 의무가 무엇인지 학생들에게 묻고, 학생들은 1장의 포스트잇에 적
   어 제출한다. (1장 1의견이 원칙이나, 상황에 따라 2~3개로 늘려도 괜찮다.)
④ 교사는 비슷한 내용끼리 묶고, 다수결로 2~3개의 의견을 결정한다.
⑤ 결정된 권리와 의무가 합리적인지 함께 알아보는 단계로 넘어간다.

▶ 전체 학생을 대상으로 의견을 받다 보
면, 계속 무관심하거나 의견 제출에 소
극적인 학생을 볼 수 있다. 다른 학생들
이 활동하는 중간에 의견을 묻거나 관심
을 가져 줘도 좋지만, 억지로 의견을 내
게 할 필요는 없다.

　학생들은 여전히 '~하기, 하지 않기'와 같이 '규칙'형 서술에 익숙
할 것이다. 교사는 학생들이 '우리에게는 ~권리가 있다. 그렇기에 ~
할 수 있다.' '우리에게는 ~권리가 있다. 그렇지만 ~을 위해 ~해야
한다.' 방식으로 서술하도록 피드백해 주는 것이 좋다. 그러나 권리와
의무를 연결하는 데 어려움을 느끼는 학생들도 있을 수 있으므로, 이

때는 교사가 도움을 주어 권리 부분을 완성시켜 주는 것이 좋다.

그리고 학생들이 학교생활 전반을 둘러보는 데 능숙하지 않을 수 있기 때문에, 교사가 꼭 필요하다고 생각하는 권리와 의무가 있다면 모둠 토의 활동 시에 각 모둠을 방문해 교사가 방향성을 잡아 주며 조언할 수 있다. 또는 '2. 학급회의 방법' 시 학생들의 동의를 얻어 바로 즉석에서 의견을 제출한 뒤 합의하는 방법을 사용할 수도 있다. 만약 교사 입장에서 학급의 특색을 살리기 위해 꼭 필요한 규칙이나 의무가 있다면, 활동 시작 전에 학생들에게 안내하여 관철하는 방법도 있다. (다만, 관철하는 내용이 학급의 행복과 학생 안전 등 학생 중심의 내용이어야 할 것이다.)

교사의 생각에 따라 생활 장면보다 문제 상황 장면에서의 권리와 의무를 생각해 보는 방법도 있을 것이다. 체육 시간이나 놀이 시에 다툼이 생겼을 때나 학생 간의 상처 주는 말(혐오 표현), 개인 소유물에 대한 문제 등 학생들의 특성과 자주 일어났던 문제 상황 등을 떠올리며 이야기하면 깊은 논의를 하는 데 도움을 얻을 수 있다.

"여러분, 이제 우리의 학급헌법이 거의 완성되어 가고 있는 것 같아요. 그렇지만 아직 부족한 점이 조금 있어요. 예를 들어 '점심시간에 자유롭게 놀 권리가 있지만, 수업 준비를 위해 12시 45분까지는 자리에 앉아야 한다.'고 정했는데, 솔직히 어때요? 정말 지키기 괜찮은 의무인가요?"

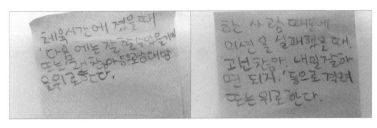

▶어떤 해에 만났던 학생들 중 일부는 모든 일을 열정적으로 잘 해냈지만, 능력이 부족하거나 실패하는 학생을 비난하거나 가혹한 책임을 묻는 모습을 보여 주고 있었다. 그래서 '실패나 실수가 생겼을 때'라는 주제를 따로 만들어 학급헌법의 내용에 포함하도록 안내하였다.

"55분에 예비종이 치는데, 45분까지 앉아야 되면 놀 시간이 더 줄어들 것 같아요."

"맞아요."

"여러분의 휴식과 놀 권리를 더 보장하는 게 중요하니까 45분을 55분으로 조정하면 어떨까요?"

"동의합니다!"

"단, 조정 후에 수업 준비가 제대로 안 되면 그때 다시 이야기해요."

학생들과 함께 정한 학급헌법의 권리와 의무는 취지에 잘 맞는 경우도 있지만, 너무 허술하거나 기준이 불분명한 경우도 있다. 혹은 너무 가혹하거나 실현하는 데 어려움이 있을 만한 내용들도 있다. 그러므로, 권리 보장의 취지와 학생들의 의사를 적절히 조율하는 것이 중요하다. 이 부분이 교사의 민주적 역량이 발휘되는 지점이기도 하다.

"학급헌법은 앞으로 우리가 함께 지내면서 조금씩 바뀔 수 있습니다. 학급헌법에 새로운 것을 추가하거나, 바꾸거나 없앨 때에는 원칙이 있습니다. 이것은 우리의 민주적 의사결정 과정에도 중요한 원칙입니다. 앞으로 여러분들이 이것을 꼭 명심해 주었으면 좋겠어요."

민주적 학급의 문제 해결과 의사결정의 원칙

1. 방법 : 민주적 절차로 바꾸지 못할 결정은 없으며
2. 내용 : 인권친화적 비폭력과 존중의 방향으로
3. 형식 : 권리와 의무가 조화롭고 합리적인 방식으로 함께 결정한다.

위와 같은 방법과 내용, 형식이 모두 갖추어진 결정이 정당성을 갖는다. 위에서 한 가지라도 부실해지면 안 된다. 민주적인 절차를 거쳤다 하더라도 그 내용과 형식이 폭력적인 경우 전체주의가 될 것이다. 내용과 형식이 인권친화적이라 하더라도 절차가 민주적이지 않은 경우, 공동체는 더 이상 대화와 타협을 하지 않으려 할 것이다. 또한, 민주적 절차와 인권친화적 내용을 충족하더라도, 권리 혹은 의무 어느 한쪽만 강조되면 설득력과 실천 의지가 떨어진다.

그럼에도 학생들이 학급헌법의 내용들을 강력한 처벌 형식 규칙들로 채우려고 할 때에는 다음과 같은 질문을 자주 던져 준다.

"정말 지킬 수 있을까요?"

"이 문제를 겪은 사람이 존중받는다고 느낄까요?"

"모두에게 (선생님 포함) 공평하게 적용될 수 있을까요?"

학생들이 현재 하고 있는 학급헌법 만들기는 결과보다 과정 속에서 반복되는 권리와 의무의 낱말을 통해 존중을 깨달아 가는 것이 중요하기 때문이다.

"여러분, 규칙을 잘 지키지 않는 사람에게 솔직히 어떻게 하고 싶어요?"

"벌을 줘야 한다고 생각합니다."

"그래요? 좋아요. 그럼 어떤 벌이 좋을까요? 여러분이 경험했던 벌들을 한번 이야기해 볼까요? 기억에 남았던 벌, 제일 싫었던 벌들을 모둠별로 '평평 대화' 하면서 정리해 봅시다."

'규칙을 지키지 않을 때 우리는 어떻게 해야 할 것인가?'를 환기시키기 위해 '벌에 대한 생각'도 직접 다루어 보자.

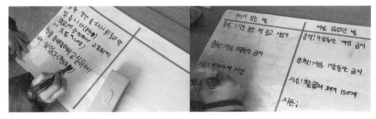

▶학생들의 가정 체벌 경험은 조금 무시무시(?)했다. 최근 학교 내 체벌은 거의 사라졌기 때문에 학교에서 받았던 벌과는 수위가 많이 달랐다. 학생들이 학교에서 받았던 벌 중 가장 싫어하는 벌에는 공통점이 있었는데, 방과 후에 남기는 것, 그리고 특정 글을 오랫동안 쓰게 만드는 벌이었다. (흔히 '깜지'라고 부르는 것)

"그럼, 우리 반도 이런 걸 규칙으로 만들어도 괜찮을까요? 이렇게 된 김에 여기서 몇 개 골라서 하면 되겠네요!"

"아니요! 절대 안 돼요."

"그런데 아까는 벌이 필요하다고 했잖아요."

"이 정도까지는 아니고……."

"여러분이 처벌하는 사람의 입장일 때는 그랬지만, 벌을 받았던 경험을 되새겨 보니 벌을 규칙으로 넣는 게 좋지 않다는 걸 느끼고 있나요?"

"맞아요. 벌 받으면 힘들고 괴로워요."

핵심은 여기부터이다. 학생들이 규칙 만들기를 할 때에는 자신이 처벌자라고 생각하기 때문에 느끼지 못했던 것, 자신이 그 규칙 위반의 당사자가 되었을 때, 어떤 대우를 받고 싶은지에 대한 이야기로 전환하는 것이다.

"여러분이 예전에 규칙을 지키지 못했을 때, 부모님이나 선생님에게 마음속으로 원했던 것은 무엇이었나요? 만약, 학급헌법에서 정한 권리에 따르는 의무를 지키지 못하는 친구가 있다면, 우리가 그 친구의 인권과 존중받을 권리를 위해 '벌' 말고 해 줄 수 있는 게 무엇일까요?"

"용서해 주는 거예요."

"만약 또 지키지 않으면요?"

245

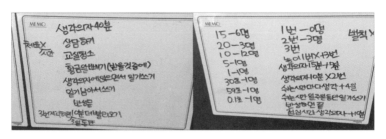

▶ 처음 '벌'의 개념으로 떠올린 목록(왼쪽)에는 제법 강한 수준의 아이디어가 제시되었지만, 하나씩 함께 이야기하며, 내용과 수준을 구제척으로 합의해 나가기 시작했다.(오른쪽) 생각의 자에 머무르는 시간 또한 10분이 가장 합리적이라는 의견을 확인할 수 있다. '벌'이라는 말보다, '놀이 1번 참여하지 않기' '생각의자 15분' 등의 용어를 쓰기로도 합의했다. '벌을 주겠다.' 는 느낌보다 함께 약속한 방식을 안내하는 것이다.

"기회를 한 번 더 주는 거요."

"그래도 안 되면요?"

"그때는 혼자 반성할 시간을 줘요."

"좋아요, 선생님도 여러분과 지낼 때 그렇게 할 테니 여러분도 친구들과 이런 마음으로 서로에게 용서와 기회를 주고 스스로 반성하는 모습도 보여 주었으면 좋겠습니다."

학생들이 생각할 때, 존중받으면서도 권리를 보장받는 방식의 '제재'의 아이디어를 하나씩 톺아보며 그것이 합리적인지를 이야기하다 보면, 벌에 대한 의미를 되새기고 실제 교실에 필요한 민주적이고 존중받는 방식의 '제재'의 합의로 나아갈 수 있다.

3단계, 권리와 의무 조율하고 확정하기

① 생활 장면, 혹은 주제별로 정해진 권리와 의무를 함께 공유하고, 하나
  씩 합의의 과정을 거친다.
② '민주적인 문제 해결과 의사결정의 원리'에 따라
  - 내용이 비폭력, 인권친화적인지 확인한다.
  - 권리와 의무가 조화롭게 구성되어 있는지 학생들과 의견을 나누어 본다.
  - 교사와 학생의 학급회의 혹은 모둠별로 토의하는 방식을 사용한다.
③ 학생들에게는 구체적인 낱말과 기준이 필요하므로, 장소, 시간, 횟수,
  방법 등이 잘 표현되도록 하되, 최대한 간단하게 나타낸다.
④ 교사가 반드시 관철하거나 넣어야 할 내용들을 다시 안내하고 확인한다.
  - 교사의 권한과 학교생활 규정에 따라 필요한 내용을 학생들에게 미리
    안내한다. 가령, 소지품 반입 규정, 스마트폰 사용 규정 등은 학교가 정
    한 방침에 맞게 안내한다.
  - 수업권 보장을 위한 학생 권리의 제한과 금지가 필요한 경우, 교사가 사
    용할 방식을 여기서 분명히 언급하고 자세히 안내해야 한다. '타임아
    웃'이나 '생각의자' 등 교권 사용에 있어서도 최대한 학생의 인권을 존
    중하는 방식으로 제시해야 한다.
⑤ 학생들이 권리와 의무를 연결시키는 데 어려운 문장들은 교사의 제시
  로 정리한다.
⑥ 생활 장면별 규칙 혹은 세계인권선언문 형태의 문서로 정리한다.

최초 학생들이 합의한 숙제 제재 의견

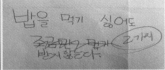

최초 학생들이 합의한 급식 방법 의견

학급헌법에 정리된 조항

학급헌법에 정리된 조항

▶ 기회를 주는 것은 좋은 방법이지만, 과제를 해 오지 못한 경우 '놀기 금지'라는 권리 박탈로 마무리가 되는 것은 학급헌법의 취지에 맞지 않다. 놀 시간이 조금 줄어들기는 하겠지만, 점심시간이나 방과 후에 남아서 과제를 하도록 정하는 것이 조금 더 권리와 의무가 조화로운 방식이다.

▶ 급식 관련된 문제를 많이 고민한다. 어디까지가 급식지도이고, 참견일까? 학생들도 밥을 먹고 싶지 않은 날은 분명히 있다. 이런 날에 '먹기 싫어도 조금만 먹기'는 강요로 느껴질 수도 있기에 기피하고 싶은 음식에 대한 기준을 세워 두는 것이 좋다.

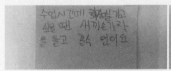

최초 학생들이 합의한 화장실 방문 의견

최초 학생들이 합의한 문제행동 교정 의견

학급헌법에 정리된 조항

학급헌법에 정리된 조항

▶ 의외로 학생들이 수업 시간에 화장실을 가는 것은 '안 되는 것'이라고 생각하는 경우가 있다. 그럼에도 수업 중 가고 싶은 경우, 수업 활동의 맥을 끊는 경우가 생기기 때문에 화장실을 갈 권리와 수업권의 충돌 지점이 생긴다. 학생들이 미처 생각하지 못하는 부분이기에 교사가 직접 '힌트'를 줘 권리를 이끌어 내도 좋다. '수업 중에 화장실을 가는 것은 어떤가요?', '수업을 방해하지 않고 가는 방법은 무엇일까요?'

▶ 앞서 '벌에 대한 생각'을 학생들과 나누었다면 학생들이 의무를 하지 못하는 경우 어떤 방식으로 문제를 해결할지 합의된 내용으로 제시하게 될 것이다.

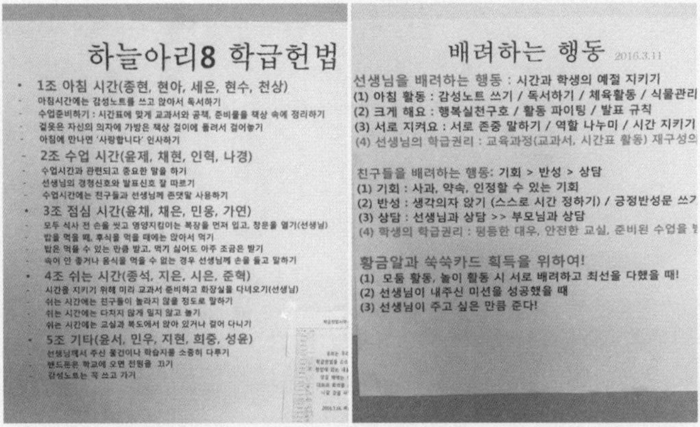
하늘아리8 학급헌법
1조 아침 시간(종현, 현아, 세은, 현수, 천상)
아침시간에는 감성노트를 쓰고 앉아서 독서하기
수업준비하기 : 시간표에 맞게 교과서와 공책, 준비물을 책상 속에 정리하기
겉옷은 자신의 의자에 가방은 책상 걸이에 돌려서 걸어놓기
아침에 만나면 '사랑합니다' 인사하기
2조 수업 시간(윤제, 채현, 인혁, 나경)
수업시간과 관련되고 중요한 말을 하기
선생님의 경청신호와 발표신호 잘 따르기
수업시간에는 친구들과 선생님께 존댓말 사용하기
3조 점심 시간(윤채, 채은, 민용, 가연)
모두 식사 전 손을 씻고 영양지킴이는 복장을 먼저 입고, 창문을 열기(선생님)
밥을 먹을 때, 후식을 먹을 때에는 앉아서 먹기
밥은 먹을 수 있는 만큼 받고, 먹기 싫어도 아주 조금은 받기
속이 안 좋거나 음식을 먹을 수 없는 경우 선생님께 손을 들고 말하기
4조 쉬는 시간(종석, 지은, 시은, 준혁)
시간을 지키기 위해 미리 교과서 준비하고 화장실을 다녀오기(선생님)
쉬는 시간에는 친구들이 놀라지 않을 정도로 말하기
쉬는 시간에는 다치지 않게 밀지 않고 놀기
쉬는 시간에는 교실과 복도에서 앉아 있거나 걸어 다니기
5조 기타(윤서, 민우, 지현, 희중, 성윤)
선생님께서 주신 물건이나 학습지를 소중히 다루기
핸드폰은 학교에 오면 전원을 끄기
감성노트는 꼭 쓰고 가기
배려하는 행동 2016.3.11
선생님을 배려하는 행동 : 시간과 학생의 예절 지키기
(1) 아침 활동 : 감성노트 쓰기 / 독서하기 / 체육활동 / 식물관리
(2) 크게 해요 : 행복실천구호 / 활동 파이팅 / 발표 규칙
(3) 서로 지켜요 : 서로 존중 말하기 / 역할 나누미 / 시간 지키기
(4) 선생님의 학급권리 : 교육과정(교과서, 시간표 활동) 재구성의
친구들을 배려하는 행동: 기회 > 반성 > 상담
(1) 기회 : 사과, 약속, 인정할 수 있는 기회
(2) 반성 : 생각의자 앉기 (스스로 시간 정하기) / 긍정반성문 쓰기
(3) 상담 : 선생님과 상담 >> 부모님과 상담
(4) 학생의 학급권리 : 평등한 대우, 안전한 교실, 준비된 수업을
황금알과 쑥쑥카드 획득을 위하여!
(1) 모둠 활동, 놀이 활동 시 서로 배려하고 최선을 다했을 때!
(2) 선생님이 내주신 미션을 성공했을 때
(3) 선생님이 주고 싶은 만큼 준다!

▶ 민주적 의사결정에 익숙하지 않았던 중·저학년 학생들에게 생활 장면별 '규칙 안내'로 접근하고 최대한 문장을 간결하고 쉽게 만들었다. '권리'를 직접 언급하기보다 규칙 안에서 권리와 의무가 조화롭게 어우러질 수 있도록 조정하였다.

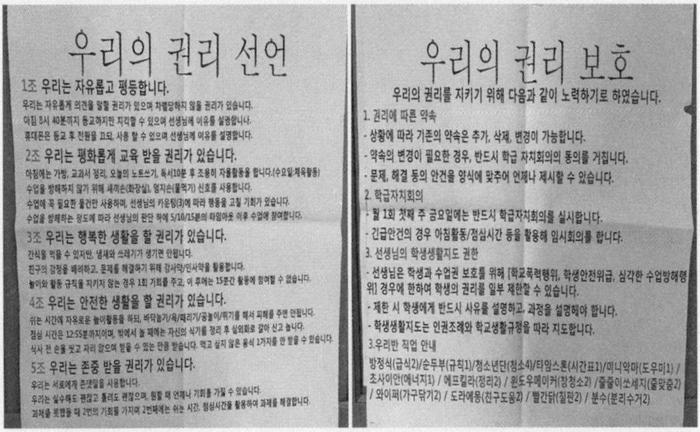
우리의 권리 선언
1조 우리는 자유롭고 평등합니다.
우리는 자유롭게 의견을 말할 권리가 있으며 차별당하지 않을 권리가 있습니다.
아침 8시 40분까지 등교하지만 지각할 수 있으며 선생님께 이유를 설명합니다.
휴대폰은 등교 후 전원을 끄되, 사용 할 수 있으며 선생님께 이유를 설명합니다.
2조 우리는 평화롭게 교육 받을 권리가 있습니다.
아침에는 가방, 교과서 정리, 오늘의 노트쓰기, 독서10분 후 조용히 자율활동을 합니다.(수요일:체육활동)
수업을 방해하지 않기 위해 새끼손(화장실), 엄지손(물먹기) 신호를 사용합니다.
수업에 꼭 필요한 물건만 사용하며, 선생님의 카운팅(3)에 따라 행동을 고칠 기회가 있습니다.
수업을 방해하는 정도에 따라 선생님의 판단 하에 5/10/15분의 타임아웃 이후 수업에 참여합니다.
3조 우리는 행복한 생활을 할 권리가 있습니다.
간식을 먹을 수 있지만, 냄새와 쓰레기가 생기면 안됩니다.
친구의 감정을 배려하고, 문제를 해결하기 위해 감사약/인사약을 활용합니다.
놀이와 활동 규칙을 지키지 않는 경우 1회 기회를 주고, 이 후에는 15분간 활동에 참여할 수 없습니다.
4조 우리는 안전한 생활을 할 권리가 있습니다.
쉬는 시간에 자유로운 놀이활동을 하되, 바닥놀기/욕/때리기/공놀이/뛰기를 해서 피해를 주면 안됩니다.
점심 시간은 12:55분까지이며, 밖에서 놀 때에는 자신의 식기를 정리 후 실외화로 갈아 신고 놉니다.
식사 전 손을 씻고 자리 앉으며 받을 수 있는 만큼 받습니다. 먹고 싶지 않은 음식 1가지를 안 받을 수 있습니다.
5조 우리는 존중 받을 권리가 있습니다.
우리는 서로에게 존댓말을 사용합니다.
우리는 실수해도 괜찮고 틀려도 괜찮으며, 원할 때 언제나 기회를 가질 수 있습니다.
과제를 못했을 때 2번의 기회를 가지며 2번째에는 쉬는 시간, 점심시간을 활용하여 과제를 해결합니다.
우리의 권리 보호
우리의 권리를 지키기 위해 다음과 같이 노력하기로 하였습니다.
1. 권리에 따른 약속
- 상황에 따라 기존의 약속은 추가, 삭제, 변경이 가능합니다.
- 약속의 변경이 필요한 경우, 반드시 학급 자치회의의 동의를 거칩니다.
- 문제, 해결 등의 안건을 양식에 맞추어 언제나 제시할 수 있습니다.
2. 학급자치회의
- 월 1회 첫째 주 금요일에는 반드시 학급자치회의를 실시합니다.
- 긴급안건의 경우 아침활동/점심시간 등을 활용해 임시회의를 합니다.
3. 선생님의 학생생활지도 권한
- 선생님은 학생과 수업권 보호를 위해 [학교폭력행위, 학생안전위급, 심각한 수업방해행위] 경우에 한하여 학생의 권리를 일부 제한할 수 있습니다.
- 제한 시 학생에게 반드시 사유를 설명하고, 과정을 설명해야 합니다.
- 학생생활지도는 인권조례와 학교생활규정을 따라 지도합니다.
3.우리반 직업 안내
방정식(급식2)/순두부(규칙1)/청소년단(청소4)/타임스톤(시간표1)/미니악마(도우미1) / 초사이안(에너지1) / 에프킬라(정리2) / 윈도우메이커(창청소2) /줄줄이쏘세지(줄맞춤2) / 와이퍼(가구닦기2) / 도라에몽(친구도움2) / 빨간닭(칠판2) / 분수(분리수거2)

▶ 많은 규칙과 문제 발생을 경험한 고학년의 경우에는 사회 교과에서도 민주적 의사결정과 인권을 다루기 때문에 조금 더 높은 차원의 권리와 의무를 직접적으로 이야기할 수 있다.

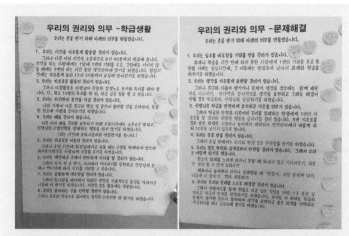

▶ 수년간 같은 방식으로 권리와 의무가 담긴 학급헌법 만들기를 해 왔다. 대전제로서의 권리 (자유로울 권리, 안전할 권리, 배울 권리, 식사할 권리, 공평하게 대우받을 권리 등)를 함께 논의하고 부족한 부분은 교사가 이끌어 냈다. (문장을 다듬고 간결하게 할 때 교사의 정리가 필요한 것이 사실이다.) 단, 권리에 따르는 의무는 매년, 학급의 학생들이 더 중요하다고 생각하고 제시한 내용을 합의하여 넣는다. 당연히 매년 다른 내용의 학급헌법이 만들어진다. 지난 해 만든 학급헌법을 예시로 학생들에게 보여 주는 것도 좋다. 지난 내용 중 지금의 학생들이 좋다고 생각한 것은 다시 포함시킬 수 있기 때문이다.

> **3. 선생님의 학생생활지도 권한**
> - 선생님은 학생과 수업권 보호를 위해 [학교폭력예방, 학생안전위, 위] 경우에 한하여 학생의 권리를 일부 제한할 수 있습니다.
> - 제한 시 학생에게 반드시 사유를 설명하고, 과정을 설명해야 합니다.
> - 학생생활지도는 인권조례와 학교생활규정을 따라 지도합니다.

> **3. 선생님은 학급을 안전하게 유지하고 가르칠 의무가 있습니다.**
> 그래서 학급의 안전과 다른이의 권리를 침해하는 학생에게 3번의 기회주면 그 권리에 의향한 행동을 금지시킬 권리 있습니다. 3번 키운트를 모두 받은 학생은 수업에서 놀이에서 제외되어 생각의자에서 머물게 되 10분을 넘기지 않도록 합니다.

▶ 교사의 권한과 학생 권리의 제재에 대한 부분도 반드시 구체적으로 언급해야 한다. 학생에게는 교사의 교권을 확인하는 것이 되지만, 교사도 '선'을 넘지 않겠다는 선언이 된다.

되도록이면, '권리와 의무가 공존하는 학급헌법 만들기'는 학기 시작 첫 주보다는 2주차나 3주차에 하는 것을 추천한다. 그 전까지는 교사가 학생들이 특별히 보이는 문제점과 권리의 충돌 등을 파악하여, 감수성 활동을 준비하는 시기로 정하는 것이다. 권리와 의무 감수성 키우기 활동을 건너뛰고 바로 학급헌법 만들기를 할 수도 있다.

만약 바로 학급헌법을 만든다면, 1주차에 학급헌법에 필요한 권리와 의무(규칙)를 교사의 부연 설명 없이 우선 만들어 본 뒤, 교사가 피드백(학급헌법 만들기 3단계에서 하는 피드백 활동)을 한다.

2주차에는 다시 시간을 내서, 1주차에 만들고 피드백된 내용과 새롭게 추가하고 싶은 내용을 바탕으로 다시 학급헌법 만들기의 과정을 거쳐 본다. 최초 학생들이 제시한 규칙의 내용들이 기존 규칙의 정형성을 벗어나지 못하거나, 교사가 손을 대야 할 부분이 너무 많을 수 있다. 그리고 1주라는 시간을 지내는 사이, 학급에 꼭 필요한 권리와 의무에 대한 학생들의 생각이 달라질 수도 있기 때문이다.

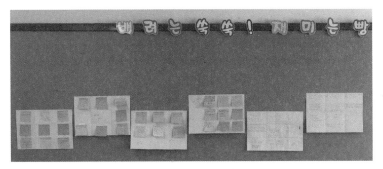

▶ 학기 첫 주에 생활 장면별 권리와 의무, 혹은 규칙 만들기를 1차로 간단하게 한 뒤 그 결과를 그대로 게시판에 게시하고 그 규칙에 따라 1주일 정도 지내 보면서 학생들과 문제점을 함께 공유하는 것도 좋다. 초안으로 만들어진 규칙들을 수정·보완하며 권리와 의무가 조화로운 문장으로 다듬는 활동을 할 수 있다.

학급헌법 만들기는 그 과정에 많은 공을 들여야 하는 작업이다. 당연히 수업시수 확보가 교사에게는 부담으로 다가올 것이다. 초등학교 5, 6학년의 경우, 국어와 사회 교과에 관련 단원과 성취기준이 충분히 존재하므로 수업시수 확보가 좀 더 용이하다.

국어과 교육과정 성취기준	듣기 말하기 [6국01-02] 의견을 제시하고 함께 조정하며 토의한다. 읽기 [6국02-04] 글을 읽고 내용의 타당성과 표현의 적절성을 판단한다. 쓰기 [6국03-04] 적절한 근거와 알맞은 표현을 사용하여 주장하는 글을 쓴다. 문법 [6국04-03] 낱말이 상황에 따라 다양하게 해석됨을 탐구한다.
사회과 교육과정 성취기준	[6사02-02] 생활 속에서 인권 보장이 필요한 사례를 탐구하여 인권의 중요성을 인식하고, 인권 보호를 실천하는 태도를 기른다. [6사02-03] 인권 보장 측면에서 헌법의 의미와 역할을 탐구하고, 그 중요성을 설명한다. [6사02-04] 헌법에서 규정하는 기본권과 의무가 일상생활에 적용된 사례를 조사하고, 권리와 의무의 조화를 추구하는 자세를 기른다. [6사02-05] 우리 생활 속에서 법이 적용되는 다양한 사례를 제시하고, 법의 의미와 성격을 설명한다. [6사05-03] 일상생활에서 경험하는 민주주의 실천 사례를 탐구하여 민주주의의 의미와 중요성을 파악하고, 생활 속에서 민주주의를 실천하는 태도를 기른다. [6사05-04] 민주적 의사결정 원리(다수결, 대화와 타협, 소수 의견 존중 등)의 의미와 필요성을 이해하고, 이를 실제 생활 속에서 실천하는 자세를 지닌다.

'권리와 의무 감수성 키우기' 활동에서 '학급헌법 만들기'까지 많은 시간 학생들에게 '권리와 의무'를 계속 이야기하다 보면 살짝 지겨울 법도 하다. 그래도 이러한 낱말이 계속 입에서 회자되는 사이, 학생들의 마음속에 권리 의식과 공동체를 향한 의무가 긍정적인 방향으로 싹트지 않을까 기대해 보는 것이다. 이 활동 이후에는 충분한 소감 나누기 활동을 하는 것도 적극 추천한다.

▶ 학급헌법 만들기에 대한 소감과 다짐을 써서 붙이는 활동으로 최종 마무리하였다.

▶ 반복되는 대화와 합의 과정에서 지치는 학생들도 분명 있을 것이다. 우리의 권리와 그것을 통제하는 의무, 규칙이 수많은 합의를 거치면 그만큼 더 오랜 시간 동안 합의는 유지될 것이다.

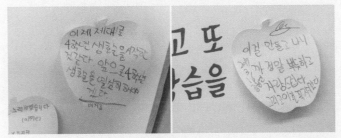

▶ 제대로 학년 생활을 하겠다는 다짐을 하는 학생과 대충은 노력해 보겠다고 말하는 학생의 온도차를 느끼면 살짝 실망스러울 수도 있다.

▶ 깊이의 차이는 있더라도 대부분의 학생이 합의 과정에서 자신의 의견을 내고, 채택되는 과정을 경험한다. '함께' 문제를 해결하는 경험이 교실 민주주의의 원동력이다.

"선생님, 규칙 만드는 게 이렇게 어려운지 몰랐어요."

"전에 만들던 규칙보다 뭔가 더 뿌듯하다는 느낌이 들어요."

"이제, 진짜 학교생활을 하는 것 같아요."

"뭐, 그냥 그래요. 노력은 해 보겠습니다."

교사의 노력과 품이 많이 들어가는 활동을 하고 난 뒤에 뜨뜻미지근한 반응을 접할 때면, 맥이 풀리는 기분을 느낀다. 뭔가 보기 흐뭇한 그림의 완성을 망치는 방해꾼이 나타난 것만 같다는 생각도 든다. 심지어 학생들도 그걸 알아서, 기대에 못 미치는 반응과 결과를 보여 주는 친구에게 눈치를 주기도 한다. 그러므로 교사의 입장에서 학생들이 좋은 결과와 대답을 내주었으면 하는 마음과 욕심을 내려놓을수록 학생들은 서로에게 기회를 주고 더 여유 있게 봐 준다. 학생들도 안다. 순간 보이는 교사의 미묘한 표정과 말투에서 저 친구가 존중받고 있는지, 우리 교실에 존재하는 다양함이 그대로 인정되고 있는지 말이다.

힘들게 만들어진 학급헌법이라고 해서, 그 자체가 불문율이 되는 것은 아니다. (실제 헌법을 바꾸는 것은 아주 어렵지만) 학급헌법은 교실 속 생활상과 필요에 따라서 언제든 추가, 수정, 삭제가 가능해야 한다. 앞서 민주적 학급의 문제 해결과 의사결정의 원칙인 '민주적 절차로 바꾸지 못할 결정은 없다'고 밝힌 것처럼 학급헌법에는 이러한 내용까지 담아 주어야 한다.

"만약 학급헌법의 권리와 의무, 규칙에 문제가 생긴다면 어떻게 해야 할까요? 선생님이 고쳐도 될까요?"

"네, 선생님이 고쳐 주세요."

"땡! 여러분 지금까지 뭘 배웠나요? 학급헌법을 선생님 마음대로 고치게 놔두면 안 됩니다. 그런 걸 '독재'라고 하는 거예요."

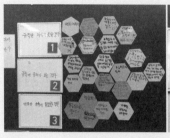

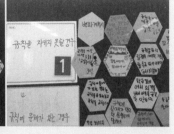

▶ 학급헌법 내 규칙으로 표현된 권리와 의무가 항상 옳은 것은 아니다. 그러므로 지키지 못할 경우, 문제가 있는 경우, 새로운 규칙이 필요한 경우로 나누어 학생들의 의견을 모아 본다.

▶ 규칙을 지키지 못하는 경우는 앞서 '벌에 대한 생각' 합의 과정에서 나온 방법이나 교사가 추천하는 방법 '타임아웃' '계획서 쓰기' 등 교사 나름의 노하우가 담긴 방식을 제시하는 것도 좋다. 개인적으로는 나쁜 경험을 하게 하는 것보다, 즐거운 경험에서 선택의 폭을 줄이는 방식 '놀이 5분 늦게 참여하기' '간식 랜덤으로 받기' 등을 선호하는 편이다.

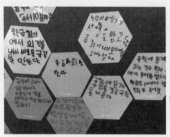

▶ 규칙에 문제가 있는 경우, 새로운 규칙이 필요한 경우, 학급회의를 통해 결정하는 방식이 가장 합리적이다.

학급헌법에 정당한 문제 제기와 공론화를 위한 정기 학급회의, 수시 학급회의, 안건을 제시하는 방법 등을 간단히 정리하여 학급헌법에 명시한다.

우리의 권리 보호

우리의 권리를 지키기 위해 다음과 같이 노력하기로 하였습니다.

1. 권리에 따른 약속
- 생활에 따른 기준의 약속은 추가, 삭제, 변경이 가능합니다.
- 약속의 변경이 필요한 경우, 반드시 학급 자치회의의 동의를 거칩니다.
- 문제, 해결 등의 안건을 양식에 맞추어 언제나 제시할 수 있습니다.

2. 학급자치회의
- 월 1회 첫째 주 금요일에는 반드시 학급자치회의를 실시합니다.
- 긴급/안전의 경우 아침활동/점심시간 등을 활용해 임시회의를 합니다.

3. 선생님의 학생생활지도 권한
- 선생님의 학생과 수업의 보호를 위해 (학교폭력예방, 학생의 권익 등, 심각한 수업방해 위) 경우와 한하여 학생의 권리를 일부 제한할 수 있습니다.
- 제한 시 학생에게 반드시 사유를 설명하고, 과정을 설명해야 합니다.
- 학생생활지도는 인권조례와 학교생활규정을 따라 지도합니다.

3. 우리반 직업 안내
청정이(급식)/ 쑤두쑤(규칙)/ 청소년들(청소서)/라임스톤(시간표)/ 미니(막아도우미) 초사이언(에너지)/ 에프팀(정리고)/ 핀트우메이커(창외소리)/ 꿀꿀이소세지(줄넘후) / 와이미(가구닦기)/ 드라에몬(민구도움)/ 힐긴팀(힐맨) / 분수(분리수거)

▶ 학생들이 민주적 의사결정에 적극적으로 참여하면서 자신이 속한 공동체 전체의 삶을 긍정적으로 바꿀 수 있다는 것을 경험하게 한다. 그러기 위해서는 의무적으로 학급(자치)회의를 열어 실제로 변화되는 모습을 체험하게 하는 것이 최고의 민주시민교육이 될 것이다.

▶ 개인적으로 양식을 만드는 것을 좋아하지 않는다. 학생들 입장에서 양식 문서는 또 하나의 심리적 거리를 느끼게 하기 때문이다. 그래서 처음에는 아무 종이에나 적어서 제출해도 되는 방식으로 자유롭게 두었다.

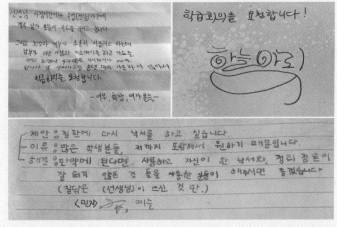

▶ 그러나 제안자의 무리한 요구가 많아지고 이미 해결된 사안도 이후 잘 지켜지는지 확인하기 위해서는 일정한 기록의 공간이 필요했다. 그래서 학급회의 안건 제안자는 제안과 이유, 자신이 생각하는 해결 방법과 3인의 동의를 받아 안건을 제출할 수 있도록 하였다. 학급회의 때 제안자는 자신이 문제라고 생각하는 것과 그 해결 방안에 대해 발표하기 때문에, 다른 학생들은 추가 의견을 내거나 반론 의견을 제시하기 쉬웠고, 깊이 있는 문제 해결의 모습들을 볼 수 있었다.

권리와 의무가 공존하는 학급헌법 만들기는 '권리와 의무 감수성 키우기' 활동과 더불어 학생 스스로가 권리를 먼저 깨닫고, 의무와 균형을 유지하는 방법을 이야기하며 생활 장면과 주제별로 필요한 권리들을 찾아가는 하나의 큰 프로그램이라고 생각한다. 제대로 되지 않아 실패하면 실패하는 대로, 그때마다 교사와 학생들이 이야기를 나누어 좋은 방법을 찾아내면 된다. 그 과정에서 교사는 교실 내 가장 영향력 있고 많은 경험과 지혜를 가진 성인으로서, 학생들이 더욱 나은 결정을 하도록 도와야 할 것이다. 가끔은 어쩔 수 없이 판사와 경찰의 역할도 해야 하겠지만, 그럼에도 교실 민주주의를 실천하려고 노력하는 교사는 문제를 해결하는 해결사가 아닌 학생 입장에서 문제를 이해시키는 '프로 설득러'가 되었으면 한다.

2。공평한 수업과 놀이 활동 생각하기

"쌤, 00이 때문에 짜증나 죽겠어요!"

"왜 그래요?"

"피구 하는데……."

피구. 듣기만 해도 또 짜증이 몰려온다. 체육과 놀이를 매우 좋아하는 학생들, 평소에는 아주 평화롭게 지내던 학생들이 점심시간에 피구만 했다 하면 한 명은 울면서, 한 명은 씩씩거리며, 다른 누군가는 피구 하며 있었던 일들을 신고하러 달려온다.

"앞으로 점심시간에 피구 금지!"라는 말이 목구멍까지 올라왔지만, 앞서 교실 민주주의 내 모든 행위와 결정은 '비폭력, 권리 존중의 방

향으로 결정해야 한다'는 스스로 만든 원칙이 턱 하고 내 입을 막아
주었다.

"오늘은 왜 피구 때문에 싸우게 되었는지 같이 이야기해 보면 좋겠
어요."

앞서 '하인리히의 법칙'을 들어, 어떤 문제가 발생했을 때 학생 개
인보다는 상황과 시스템으로 인해 생기는 문제들에 먼저 집중하자고
이야기했다. 위 사례 속에 등장하는 화가 난 학생은 승부욕이 강하고,
도발을 못 견디는 학생이다. 피구 경기를 하다 보면, 자연스럽게 경기
가 점점 한쪽으로 기울고, 지고 있다고 생각한 쪽에서는 수단과 방법
을 가리지 않게 된다. 이 과정에서 동등한 교우관계의 균형은 무너진
다. 누군가는 공 던지기를 독점하고, 세게 던져 더 아프게 맞추는 등
의 문제가 발생한다. 그리고 반대편에는 피구가 시작되자마자 바로
공을 맞아 아웃되어 경기가 끝날 때까지 들러리로 서 있어야 하는 학
생도 생긴다. 이 학생에게 피구와 놀이의 경험은 부정적으로 바뀌어
갈 것이다.

학생들과 야구장 관람 그림으로 형평성에 대해 알아보며, '피구 경
기'를 모두가 더 즐길 수 있는 방법에 대해 이야기했다. 피구의 룰(시
스템)을 바꾸는 것이다.

"오늘 피구 경기의 목표는 모두가 공을 한 번씩 던지는 것입니다.

이 목표를 달성하면 학급 전체에 보상이 주어집니다."

"오늘 피구 경기에서 맞아도 아웃되는 사람은 없습니다. 단 상대편을 맞힐 때마다 학급 전체 점수가 올라갑니다."

"오늘까지는 선생님이 아이디어를 제시했지만, 앞으로는 여러분 모두가 즐길 수 있는 피구 경기의 규칙을 만들어 보세요. 그러면 피구 경기를 계속할 수 있도록 하겠습니다."

이 외에도 다양한 수업 활동, 놀이 활동에서 상황과 시스템을 공평과 존중의 목적에 맞추어 변형하거나 아이디어를 추가하면, 참여하는 학생들의 활동 중 태도나, 이후 결과를 받아들이는 태도에서 크게 달라지는 모습을 느낄 수 있을 것이다. 대부분 교사가 수업과 놀이 활동을 기획하지만, 학생들과 함께 기획하는 경우도 있다. 따라서 기획 전 이 부분을 확실히 언급하고 시작해야 한다. 다음 사례를 보며 좀 더 공평한 활동이 되려면 어떤 부분을 고민해야 할지 알아보자.

사례 1 발야구 시간, 일반적인 야구 룰로 경기가 시작되었다. 그런데 한 팀에 축구부 학생이 있었고, 이 학생으로 인해 점수 차가 10:0으로 크게 벌어지게 되었다. 심지어 어떤 경우 1회에만 6점을 내고 체육 시간의 절반을 한 팀만 공격하는 일이 생겼다. 다른 팀 학생들은 의욕을 잃고 발야구를 하지 말자고 제안했다.

일반적으로 한 팀에 뛰어난 학생이 있으면, 놀이나 경기가 한쪽으로 쉽게 기울어지는 경향이 있다. 그래서 비슷한 실력을 가진 학생들로 팀을 나누는 것이 이상적이겠지만, 이 방법이 항상 쉬운 것은 아니다. 그렇다고 실력이 뛰어난 학생에게 핸디캡을 걸어 자제시키는 방식은 처음 몇 번은 괜찮을지 몰라도 이러한 상황이 반복되면 해당 학생이 차별의 감정을 느낄 수 있다. 이럴 때는 경기 규칙에 격차의 제한을 두는 방식을 사용한다. 앞의 사례에서 제시된 발야구는 보통 3명의 타자가 아웃되면 공격과 수비를 전환하는 방식이다. 여기에 '한 회에 3점 이상을 내면 공격과 수비를 전환'하는 규칙을 추가하는 것이다. 이렇게 되면 학생들은 경기 참여의 전략을 '점수 많이 내는 방법'에서 '3점이라는 점수를 내는 동안 많은 학생들이 참여하는 방법'으로 바꾸게 된다. 그렇게 해도 격차는 날 수 있지만, 지고 있는 팀에게도 참여 기회가 확실히 보장되는 방법이 될 것이다. 실제로 이 규칙을 적용하자, 축구부 학생은 다른 친구들이 더 참여할 수 있도록 스스로 차는 힘을 조절하였다.

사례 2 공을 던져 과녁에 맞추는 활동 중 힘이 부족하여 공이 과녁에 닿지 않는 친구를 조금 더 과녁 가까이에서 던지게 했다. 이 친구가 공을 넣어 점수를 받자, 더 멀리서 던졌지만 공을 넣지 못한 친구가 왜 가까이서 던지는 친구와 같은 점수를 받아야 하냐며 항의하였다.

학생들에게 기회의 평등과 결과의 평등을 설명할 때, 자주 에로 드는 사례이다. 교사가 학습목표와 평가 방식을 안내할 때, 학생들에게 어떤 모습을 기대하는지 분명하게 밝혀야 한다. 과녁을 맞추어 많은 점수를 내는 것이 목적인지, 과녁을 맞추는 활동으로 공 던지기에 대한 정확도를 높이려는 것이 목적인지를 먼저 정확히 해 두어야 한다. 과녁을 맞추는 경험을 중요하게 다룬다면 처음에 활동을 설계할 때 기준선을 정하지 않고 시작하는 것이 좋다. 이런 형식의 활동을 계획하다 보면 무의식적으로 기준선을 긋고 시작하는데, 선을 긋는 행위는 모두가 이 선에서 던져야 한다는 규칙을 암시하는 것이다. 그렇기 때문에 이후 교사가 형평성을 고려해 선을 바꾸면 학생들은 최초의 규칙을 지킨 사람이 손해를 본다고 생각할 것이다. 그러므로 이런 활동에서는 과녁 바로 앞에서부터 시작해서 뒤로 물러나면서 과녁에 맞출 수 있을 때까지 스스로 도전하는 방식으로 계획하면 된다. 모두가 과녁에 공을 맞추는 경험을 하는 목표를 달성하면서도 개인의 성취감까지 존중하는 방법이 될 것이다.

사례3 미술 시간, 협력이 필요한 활동에 계속해서 무관심하고, 방해하는 학생이 있다. 모둠원들이 격려하고 이끌기도 했지만, 도무지 잘되지 않았다. 결국 모둠원들도 기분이 상했고, 활동은 지지부진해졌으며 분위기는 냉랭해졌다.

모둠 내 갈등은 교실에서 빈번하게 일어나지만, 교사가 근본적인 문제를 해결하기는 쉽지 않다. 그날 그 학생의 기분과 건강 상태가 최악일 수 있고, 사람마다 물과 기름처럼 화합하기 어려운 조합이 있을 수도 있기 때문이다. 하지만 교사는 주로 그런 '예민한' 학생들을 먼저 파악하고 확인하여 대응할 수 있어야 한다. 보통 그러한 학생들은 모둠이 정한 (다른 학생이 정한) 규칙을 잘 따르지 않으려고 할 때가 있다. 규칙이 합리적이지 않아서 혹은 그 규칙을 만든 사람이 그냥 싫어서일 수도 있다. 그럴 때, 이 학생에게 자신이 제시한 규칙을 모두가 따르는 경험을 제공해 준다. 간단히 말하면 이렇다.

'규칙을 지키기 어려운 사람이 직접 규칙 만들기'

이 방법은 생각보다 큰 효과를 발휘했다.

"오늘 미술 시간에 지켜 주었으면 하는 규칙들이 있는데요. 오늘 활동할 때 주의해야 할 점은 OO이가 알려 줄 거예요. 우리는 OO이가 알려 주는 주의할 점을 그대로 따를 겁니다. OO님이 생각할 때 오늘 활동에서 주의할 점은 무엇인가요?"

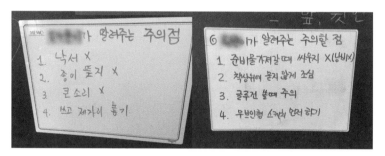

▶ 그 시간만큼은 이 학생이 제시한 주의점에 따라 행동할 것이다. 학생이 주의점을 제시하는데 어려움을 느낀다면, 친구들로부터 추천을 받아 발표하도록 해도 된다. 교사가 생각하기에 꼭 필요한 주의점이 있다면 그 학생의 동의를 얻어 포함시키도록 한다.

위 방법은 의무만 강조되어 있는 것처럼 보인다. 그렇기 때문에 주의점(의무)에 대해 이야기한 다음에는 '마음껏 해도 되는 것'까지 규칙으로 정해 권리와 의무가 적절히 조화를 이룰 수 있도록 한다.

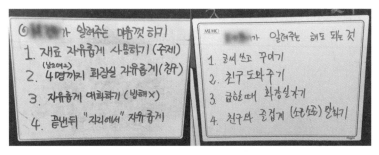

▶ 주의점과 반대되는 개념으로 이 시간에 마음껏 해도 되는 목록도 만들 수 있게 한다. 규칙을 만드는 학생은 이때, 많은 학생들에게 규칙에 대한 부탁과 요청을 받을 것이다. 가령, '미술 하는 동안 신청곡 틀어 주기' 같은 규칙이 나온다면, 대부분 교사의 일이 될 것이므로 교사가 동의 여부를 결정할 수 있다. 만약, 학급헌법과 교사의 교육 방침에 크게 어긋나지 않는다면, 되도록 허용해 주는 것이 좋다.

무엇보다 중요한 것은, 이 규칙이 그날 하루 잘 지켜지는지 감독하는 일 역시 그 학생이 맡는 것이다. 그리고 수업 정리 단계에서 이 규칙에 대한 총평을 듣는 시간도 가진다.

"오늘 00님이 말한 대로 미술 시간을 보냈는데요. 00님이 보기에 00님이 정한 주의점과 마음껏 하기 활동을 우리 반이 어떻게 잘 지켰는지 이야기해 주세요."

"화장실은 잘 지켜서 다녀온 것 같지만, 소곤소곤 말하기는 잘 안 지켜졌던 것 같습니다. 제가 조용히 해야 한다고 신호를 보냈는데 못 들은 것 같더라고요. 그리고 제가 신청한 음악을 듣지 못해 아쉬웠습니다."

이런 경험들은 학생들의 권리와 의무의 감수성을 높일 것이다. 특히 과잉행동을 하는 학생이나 무기력한 학생이 소속감을 찾고, 수업에 참여하는 힘을 기르는 데에도 도움이 될 것이다.

[사례 4] 수업 중, 마무리 활동으로 배운 내용 퀴즈 풀기를 하고 모둠별로 점수를 내 1, 2등 팀에게 간식을 주기로 하였다. 교사가 "2문제가 남았어요." 라고 말하자, 모든 문제를 다 맞혀도 순위권 안에 들지 못한다는 것을 안 모둠 학생들은 다른 학생들이 문제를 맞추려는 것을 방해하기 시작했다. 심지어 특정 모둠에게 "망해라!" 라며 격한 발언을 퍼붓는 학생도 있었다.

분명, 간식도 주는 놀이이기 때문에 학생들도 좋아하고 즐겁게 끝나야 정상인데, 결론적으로 누군가가 상처받는 경우도 생긴다. 주목적은 배운 내용을 정리하는 것이고, 학생들의 흥미와 참여를 유발하기 위해 '경쟁'의 요소를 넣었을 뿐인데 왜 서로 헐뜯는 결과를 불러왔을까? 가장 큰 이유는 '보상' 때문이다. (특히 초등학생들은 먹을 것에 굉장히 민감하다.) 최근에는 학생별 개인 스티커나 칭찬 점수 등의 보상에 회의감을 느끼고 실시하지 않는 학급이 많다. 개인 보상을 주면,

결국 학기 말에는 부익부 빈익빈이 되기 때문에 개인적으로 반대하는 입장이다. 그러나 학급 전체 보상 제도는 추천한다. 공동의 목표를 달성하였을 때, 긍정적인 모습을 보여 주었을 때, 학급 전체 점수를 활용하는 것이다. 단, 특정 학생이 긍정적인 활동을 했을 때 격려하며 전체 점수를 올려 주는 것은 좋지만, 그 반대는 피해야 한다. 학생들이 그 학생을 비난하게 될 수도 있기 때문이다. 그러므로 학급 전체 점수는 쌓이기만 할 뿐 깎이지는 않는 방식으로 구성한다. 학급 전체 점수 달성에 따라 보상 또한 계획되어 있을 것이기에 교사는 학급 전체 점수를 주는 행위를 공들여 계획하면 된다. 앞의 사례는 이미 패배가 확정된 모둠이 다른 모둠의 성공을 방해하는 것인데, 퀴즈의 룰을 이렇게 바꾸면 어떤 결과가 나올까?

'각 모둠별로 맞춘 문제 개수의 총합만큼 학급 전체 보상' 혹은
'각 모둠별로 맞춘 문제 개수의 총합이 6점 이상일 경우(10점 만점) 전체 보상'
(이 방식의 경우 기준 점수를 너무 높게 잡지 않는다. 교사는 기준 점수를 넘길 수 있게 힌트 활동을 하거나 도전 기회를 주면 된다.)

이런 상황이 되면, 누가 이기느냐보다 우리가 얼마나 맞추느냐로 초점이 맞춰지기 때문에 더 이상 다른 팀을 비난하지 않게 된다. 활동이 끝나고 가장 많은 문제를 맞춘 모둠에게는 '이 모둠 덕분에' 목표를 달성할 수 있었다고 격려하고 박수를 쳐 주자고 하면 된다. 퀴

즈 성적이 저조한 모둠을 격려하기 위해 '이 문제를 해당 모둠이 맞추면 두 배 찬스' '해당 모둠에게 몸으로 힌트 주기' 등을 제공하여 다른 모둠이 전체 보상에 기여할 수 있는 기회를 준다.

이렇게 모두가 참여하고 기여하는 방식을 간단히 경험할 수 있는 놀이 활동을 소개한다.

다 같이 풍선 구하기 놀이

① 의자로 원형 경기장을 만든다.

② 모둠별(4인 6모둠 기준)로 경기장 중앙에 앉아 손을 붙잡는다.

③ 풍선을 준비하고 모둠이 앉은 중앙에 떨어뜨린다. 모둠은 앉은 상태에서 맞잡은 손과 머리, 어깨만을 이용해 풍선을 사회자(교사)의 눈높이 이상까지 띄워 올려야 한다.

④ 사회자 눈높이까지 띄워 올릴 때마다 1점을 획득한다. 풍선이 바닥에 닿으면 경기는 끝난다. 제한 시간은 2분이다.(제한 시간을 두지 않고 해도 괜찮다.)

⑤ 나머지 학생들은 의자에 앉아 벽 역할을 한다. 단, 그 의자에만 앉아 있어야 하며 밖으로 나가는 풍선을 손으로 쳐서 경기 중인 모둠에게 도움을 줄 수 있다. 이 부분을 언급해 주는 것이 좋다.

⑥ 경기 시작 전 다음과 같이 안내한다.

"이 풍선은 바닥에 닿으면 터집니다. 여러분이 이 풍선을 구하는 방법은 바닥에 닿지 않게 하늘로 띄워 올려 주는 것입니다. 그럴 때마다 점수를 획득합니다."

"모둠별로 획득한 점수를 합한 점수가 학급 전체 점수가 됩니다."

혹은 "최고 기록을 낸 모둠의 점수가 학급 전체 점수가 됩니다."

⑦ 각 모둠별 경기가 끝나면 점수를 계산한다. 교사는 새로운 룰을 제안한다.

"만약 2개의 모둠이 연합하면 점수가 x2, 3개의 모둠이 연합하면 x3, 우리 반 전체가 같이 하면 x6의 점수를 얻을 수 있습니다. 도전하시겠습니까?"

⑧ 혹은 단계별 도전의 형식으로 2개 모둠 3팀에서 3개 모둠 2팀, 6개 모둠 1팀으로 점수를 획득하는 방식으로 진행하는 것도 추천한다. 마지막 단계에서 학급 전체가 손을 잡고 도전하는 경우 그냥 빙 둘러 앉으면 큰 공간이 생겨 풍선을 구할 수 없으므로 여러 번 기회를 주어 시행착오 끝에 어떻게 하면 풍선을 떨어뜨리지 않고 띄워 올릴 수 있을지 함께 고민하는 시간을 주는 것도 좋다. (사람이 많아지면 가능한 모든 신체 수단을 사용하는 것으로 규칙을 바꾸는 것을 추천한다.)

▶ 처음에는 4인이 손을 맞잡고, 풍선 1개로 경기를 시작한다.

▶ 모둠 연합으로 도전할 때에는 풍선의 개수도 같이 늘려 주면 더욱 재미있는 활동이 된다.

위 활동이 끝나면 학생들에게 보상과 자신의 행동을 연결시켜 보는 대화를 하도록 해 본다.

"벽에 있는 친구들이 적극적으로 도와주어서 더 쉽게 모둠들이 풍선을 살릴 수 있었던 것 같아요. 그런데 만약, 선생님이 학급 전체 보상이 아니라 우승 모둠에게 간식을 준다는 규칙으로 바꾸었다면, 의자에 앉은 '벽' 친구들은 다른 모둠을 도왔을까요?"

"아니요. 도와주면 자기 팀에 불리하니까 안 도와줬을 것 같아요!"

"그런데 결국 도와주었죠. 학급 전체 보상이니까요."

"맞아요. 그래야 우리 반 전체가 점수를 얻으니까요."

"어떤 규칙과 방법으로 놀이를 하는지에 따라 여러분의 행동이 바뀔 수 있어요. 여러분의 인성이 나빠서가 아니라, 규칙 때문에 우리끼리 다툴 수도 있겠다는 생각을 해 봤으면 좋겠어요."

"놀이를 하다가 싸웠다면, '저 녀석이 나빠서'라는 생각보다 '우리가 싸우게 된 이유가 뭘까? 어떤 규칙으로 하면 싸우지 않게 될까?'를 고민했으면 좋겠습니다."

사례 5 쉬는 시간, 놀이를 함께하고 있는 학생들을 관찰하고 있었다. 그런데 참여한 많은 학생 중 2~3명이 놀이를 주도하고 있었다. 참여하는 나머지 학생들은 멋쩍게 웃고 있었지만, 정말 즐거울까 하는 의구심이 들었다.

'손님 모셔 오기'라는 놀이가 있다. 만난 지 얼마 안 된 학생들의 이색함을 줄여 주기 위한 활동으로 시간 날 때 틈틈이 했던 놀이다.

손님 모셔 오기 놀이

① 의자를 원형으로 둘러 놓는다. 학생 수보다 1개 더 많은 의자를 준비한다.
  - 학생들이 앉았을 때 빈자리가 생긴다.
② 빈자리의 양옆에 앉은 학생은 '사장'이 되고, 빈자리로 '손님'을 모셔와야 한다.
③ 게임 시작 전 다 같이 "손님은 왕이다!"를 외친다.
④ 빈자리에 손님을 모시기 위해 두 사장은 손을 잡고 가고 다른 학생에게 찾아가 손님으로 모셔 온다. 모셔 올 때에도 다 같이 손을 잡고 와야 한다. (손님을 공손하고 안전하게 모셔 와야 한다.) 손님을 데려오면서 빈자리가 생기는 곳의 양옆 학생은 다시 사장이 된다. 이런 방식으로 학생은 자신들 사이에 빈자리가 없도록 다른 학생을 데려와 앉혀야 한다.
⑤ 제한된 시간(타이머 사용)을 정하되, 진행자만 시간을 알도록 한다. (시간은 1분을 넘지 않도록 한다.) 시간 내에 손님을 모셔 오지 못하거나 손님을 모셨으나 자리에 앉지 못하면 벌칙을 받게 된다.

* 직전에 모셔 왔던 손님, 현재 사장들의 옆자리에 앉은 손님, 방금 전 사장이었던 사람도 모셔올 수 없다. (남남 사장은 반드시 여자 손님, 여여 사장은 남자 손님, 남녀 사장은 자유롭게 모셔 올 수 있다.)

시간이 짧을수록 학생들은 바쁘게 왔다 갔다 하며 손을 서로 부여잡고 정신없이 움직인다. 그러다가, 이 놀이의 치명적인 문제점을 알게 되었다. 학생들 몇 명(친한 그룹의 학생들) 중심으로만 사장과 손님이 바뀌며 놀이가 패턴화되는 것이다. 짧은 시간 동안 여러 번 하게 되는 놀이의 특성상 모두가 손님을 체험하는 건 어려운 일이지만, 이렇게 소수 학생만이 놀이의 주인공이 되는 것을 확인한 뒤로 고민이 깊어졌다.

"여러분, 손님 모셔 오기를 재밌게 즐기고 있는 것 같네요. 그런데 그렇지 못한 친구들도 있는 것 같아요. 혹시 한 번도 손님이 되어 보지 못하거나 사장을 못 해 본 친구가 있을까요?"

"저요!" "저도 못 해 봤어요."

"생각보다 많은 친구들이 구경만 하고 있었던 것 같아요."

"맞아요. 다른 놀이 하면 안 되나요?"

"규칙을 이렇게 바꾸면 어떨까요?"

학생들에게 포스트잇을 한 장씩 나누어 주고, 자신의 옷이나 이마에 붙이게 했다. 친구가 데리러 와서 손님이 되면 포스트잇을 떼어 날려 버리는 것이다.

"그래서 이 게임은 지금부터 '감옥 탈출' 놀이입니다. 빈자리로 친구를 데려오는 규칙은 같지만, 감옥에 갇힌 친구를 데려오는 것으로 탈출시키는 겁니다. 탈출한 친구는 자기 몸에 붙은 포스트잇을 떼며 '나는 자유다'라고 외쳐 주시면 됩니다. 탈출 제한 시간 동안 최대한 많은 친구가 탈출(포스트잇 떼기)하면 탈출한 학생 수만큼의 점수를 주도록 하겠습니다."

그리고 1분의 시간을 주었다. 1분이 되기도 전에 교실은 학생들의 발소리로 가득 찼고, 모든 학생들이 손님과 사장을 경험하며 놀이가 끝났다. 골든벨 형식의 퀴즈 놀이에서도 비슷한 현상을 발견할 수 있다. 본질은 배운 내용을 확인하는 것이지만, 교사는 패자부활전이나 떨어진 사람의 마음을 헤아리는 데 더 신경을 쓰게 된다. 떨어진 학생들의 원성과 교묘한 방해 공작까지 더해져 마지막에는 3~4명만 집중적으로 참여하고, 최후까지 남은 학생만 기분 좋은 활동이 된다. 그래서 최근 교사들은 탈락 없는 골든벨 활동을 선호한다.

> **탈락 없는 골든벨 활동**
> ① 모든 학생은 의자에 앉은 상태로 퀴즈에 참여한다.
> ② 문제를 맞추면 책상 위에 앉는다. 틀리면 바닥에 앉는다.
> ③ 책상 위에 앉아 있는 학생이 문제를 더 맞추어도 올라갈 단계가 없다. 바닥에 앉아 있던 학생이 퀴즈를 맞추면 의자에 앉을 수 있다.

그런데, 이 탈락 없는 골든벨 활동도 보상으로 연결되면 문제가 생길 수 있다.

"책상 위에 올라가 있는 학생들의 수만큼 학급 전체 보상을 하겠습니다."

이렇게 말하면, 바닥과 의자에 앉아 있는 학생은 패배감을 느끼게 되어, 원망 섞인 말이 나올 수 있다. 이럴 때는 '랜덤 보상(복불복)' 방법을 쓰면 좋다. 놀이의 결과와 보상을 분리하는 것이다. 교사는 세 개의 쪽지에 각각 의자, 바닥, 책상을 적은 뒤 접어 둔다. 그리고 퀴즈 활동이 끝났을 때 세 개의 쪽지 중 하나를 뽑아 그 쪽지에 적힌 위치에 앉아 있는 학생들의 수만큼 보상하는 것이다. 퀴즈의 결과가 바로 보상으로 이어지지 않는 데다가, 퀴즈는 잘 맞추지 못했어도 보상에는 기여할 수도 있다는 점 때문에 퀴즈 놀이의 재미와 보상의 의외성이 주는 재미를 함께 얻을 수 있다. 한 가지 더 추가하자면, 등수가 결정될 수밖에 없는 놀이도 있다. 1등부터 꼴찌까지 숫자가 적힌 쪽지나 카드를 준비하고, 교사가 랜덤으로 뽑아 해당 등수의 학생이 보상을 받는 방법으로 랜덤 보상 방법을 활용할 수 있다. 보상에 대해 모두가 동등한 확률을 가지게 되니 학생들은 순위에 집착하거나 서로 원망하지 않게 된다.

놀이는 기본적으로 어느 정도 경쟁의 요소가 있고, 능력에 따라 경쟁에서 밀려나는 학생이 생길 수 있다. 그러나 교사가 교실 속 놀이 활동으로 얻고자 하는 가치는 그런 것이 아니므로, 경쟁의 대상을 조정하는 방법으로 학생들이 차별받거나 소외되는 감정이 들지 않도록 계획해야 한다. 학생 대 학생의 경쟁을 특정 목표 달성으로 바꾸거나, 혹은 학생 전체 대 교사로 대결 구도 잡기, 랜덤 보상 제도 등을 활용하면 학습과 놀이에 흥미를 추구하면서도 보상에 있어서는 불공평하다고 느끼는 일들이 차츰 줄어들 것이다.

앞서, 5가지 사례들을 톺아보면서 의도는 좋았으나 결과는 엉망

진창이 되었던 활동들을 어떻게 바꾸면 좋은지 알아보았다. 사실, 제시된 사례는 모두 실제로 겪었던 실패를 통해 알게 된 것들이다. 불과 몇 년 전까지는 그게 문제인지도 몰랐다. 잘하는 팀에 보상을 주는 게 무슨 문제란 말인가? 나만의 이야기는 아닐 것이라고 생각한다. 교사는 하루에도 몇 개의 수업과 놀이 활동을 계획하고 실행한다. 가끔은 미처 챙기지 못해 생기는 불평등과 감정 문제를 겪을 수도 있다. 그렇기에 학생들과 활동을 계획하고 실행할 때 가장 근본적이면서 핵심이 되는 원칙을 한 문장이나마 기억해 주었으면 좋겠다.

"잘하는 학생의 성공이 반대편 학생의 '확정된 실패'가 되지 않도록 활동을 계획한다."

3。의사결정 과정으로 문제 해결하기

거의 대부분의 학교에서는 전교 단위와 교실 단위의 자치회의가 이루어진다. 최근 민주시민교육에 대한 관심이 높아지면서, 학생들은 좀 더 주도적으로 자치회의를 실시하며 단체를 구성하고 있다. 그리고 회의에서 결정된 사항을 학교의 구성원이 존중하여 현실화하는 방식으로 학생들이 직접 학교를 바꾸는 모습을 보여 주고 있다. 그럼에도 불구하고, 초등학교에서 이루어지는 학생자치 활동에 대해 교사들은 걱정이 많다. 학생들의 판단을 온전히 믿고 실행해도 될지, 그 행위의 결과를 감당할 수 있을지, 교사가 너무 많은 간섭을 하여 자치활동을 왜곡하지는 않을지 걱정하는 것이다.

아타깝게도 대부분의 걱정은 현실이 된다. 그렇기에 전교 단위, 교실 단위의 자치활동, 회의(다모임) 등에서 학생들이 합리적인 방식으로 의견을 제출하고 선택할 수 있는 방법에 대한 교육이 필요하다. 민주적 의사결정 과정을 따랐지만, 결론적으로는 민주적이지 않으면서 난감해지는 대표적인 상황들을 살펴보고 해결 방법을 알아보자.

상황1 자유 시간에 어떤 놀이를 할 것인가를 주제로 투표한 결과, 피구를 하자는 의견에 찬성 14, 반대 12표가 나와 다수결로 피구 경기를 했지만 거의 절반에 해당하는 학생이 제대로 참여하지 않고 계속해서 볼멘소리를 냈다.

'다수결'은 효율적인 의사결정 방법이지만, 정의롭거나 합리적인 방법인지의 여부는 상황과 결과에 따라 달라질 수 있다. 그렇기에 대부분의 의사결정 과정에서는 다수결 이전에 대화와 설득, 타협의 시간이 선행되어야 한다. 어찌되었든 투표는 패배한 소수에게 상처가 되기 때문이다. 일부 학생들은 다수결로 이겼다는 것 자체가 마치 놀이에서 이긴 것 같은 감정으로 '소수 의견은 무시해도 괜찮다'는 모습을 보일 수도 있다. 사회에서 다수결에 따른 결정은 냉혹하기 그지없지만, 교실에서 추구하는 것은 민주적 의사결정 과정에서 충분히 대화를 나누고, 소수의 의견에 귀를 기울이려는 태도를 기르는 것이므로 다수결을 보완하여 결정하는 장치를 마련해야 한다. 특히 위의 예에서 14대 12의 결과라면 피구를 하지 말자는 쪽이 결코 소수라고 볼 수도 없기에 '투표에서 졌으니 싫어도 그냥 해' 식의 전개는 그 자체로 민주적이지 않은 방식이다. 이를 보완하기 위해 모두가 함께 참여하고 기여하는 '소수위원회'를 구성한다.

'자유 시간에 어떤 놀이를 할지는 14명이 원하는 피구로 정했지만, 그 경기를 하는 데 필요한 규칙은 피구를 원하지 않았던 12명이 결정한다.'

'4인 모둠 구성의 콜라주 미술 시 3명이 찬성한 주제로 꾸미기를 하기로 결정했다면, 나머지 1명이 결정한 재료나 캐릭터 1가지는 반드시 작품에 반영하도록 한다.'

다수결에서 큰 결정을 선택받지 못했지만 결정의 일부를 맡을 수 있도록 하는 방법을 통해 우리 반 모두가 의사결정에 항상 서로 영향력을 주고 있으며, 어떠한 경우에도 선택권을 가지고 있다는 점을 경험하게 하는 것이다. 소수위원회는 상황에 따라 학급, 모둠, 개인 단위별로 구성할 수 있다.

"오늘 체육 시간 주제는 음악에 맞추어 무용 만들기입니다. 어떤 노래로 할지 먼저 정해 주세요."(노래 선정 후) "결정된 노래에 반대했던 각 모둠별 친구들 모여 주세요. 어떤 이유로 그 노래를 반대했나요? (이야기 경청하기)"

"각 모둠원은 무용 만들기에서 소수위원회(노래 선택을 받지 못한 학생들)가 원하는 동작 하나를 반드시 포함시켜 주세요."

처음 얼마 동안은 반드시 교사가 직접 소집하고 참여하여 해당 결정에 반대했던 이유, 보완되었으면 하는 것들에 대한 이야기를 함께 나누는 것이 좋다. 소수위원회 학생들도 독단적으로 결정하기보다 다른 학생들의 의견을 수집하고 가장 좋은 대안을 선택하도록 한다. 의사결정 과정이 평화롭고 만족스럽게 이루어졌다면 굳이 소수위원회를 만들지 않아도 된다. 모둠별 구성원에 따라 분위기나 욕구가 다를 수 있기 때문에, 이에 맞춰 소수 위원회를 발동할지의 여부를 결정해도 된다. 이런 과정을 경험하고 관찰하면서 학생들은 소위 '생떼'를 부리거나 '어깃장'을 놓는 행동을 하지 않게 된다. 비록 선택받지 못했지만 자신도 영향력이 있는 결정과 기여를 할 수 있기 때문이다. 또 한 가지, 이렇게 찬반 의견이 팽팽할 만한 주제, 중요한 의제는 손을 들어 투표하는 방식보다, 모두가 돌아가며 한마디씩 자신의 의견을 말하고 이후에 투표를 진행하는 방식을 추천한다.

"저는 피구가 좋습니다. 제가 좋아하기 때문에 피구를 하는 것에 찬성합니다."
"저는 피구를 반대합니다. 특정 학생만 공을 던지기 때문입니다."
"저는 기권하겠습니다. 뭘 선택해야 할지 모르겠습니다."

물론, 기권할 수도 있다. 의사 확인 과정 없이는 손을 들어 숫자로 정하는 다수결 방식으로만 의사결정을 하면 '관심 없는 무심한 기권'이 생길 수 있기 때문이다. 중요한 의사결정이라면 자신이 지금 어떤 의제에 '기권'이라는 의견을 나타냈는지 아는 것도 중요하다.

상황2 체험학습 버스 안 자리 앉기 회의 결과, 자유롭게 앉기 7명, 제비뽑기로 정하기 6명, 선생님이 정하는 대로 앉기 5명, 선착순으로 앉기 5명, 기권 2명이 나왔다. 다수결에 따라 자유롭게 앉자는 의견으로 결정해야 하지만 7명의 의견으로 전체의 행위를 결정하는 것이 옳은지 고민이 된다.

학급살이에서 가장 어려운 의사결정은 보통 찬반이 분명한 주제보다 선택지가 많은 경우이다. 위의 사례처럼 각자의 욕구가 다양한 주제의 경우, 선택지는 많아지고 다수결의 정당성은 흔들린다. 간단히 산술로 생각해 보자. 다수결로 자유롭게 앉기를 결정하면 결과적으로 찬성 7명에 반대 18명인 셈이다. 이런 경우에 몇 개의 과정을 거쳐 최대한 합리적인 결정을 해야 한다. 단, 이 방법은 합리적이지만 많은 시간이 필요하다. 우선 일반적인 학급회의 과정은 이렇다.

① 안건을 제시한다.
② 의견을 낸다.
③ 각 의견에 따라 투표한다.
④ 결정된 의견에 따른다.

②번과 ③번 사이에 몇 가지 의사결정 전략을 추가하는 것이다.

첫 번째 전략은 최대한 많은 결정을 경험하게 하는 복수투표, 결선투표제이다.

복수투표는 학생들이 어떤 선택을 하는 데 있어 충분히 자신의 욕구를 표현할 수 있게 한다. 가끔 일부 학생들은 친구들이 많이 선택하는 것을 따르는 '대세 선택'을 하는데, 실제 학생들의 선택을 반영하는 것이 아니기 때문에 어떤 선택이든지 복수투표를 할 수 있게 하면, 눈치를 보며 대세를 따르는 일은 사라진다. 복수투표 이후에 상위 2개의 의견 중 하나를 선택하는 것이다. 만약 복수 투표 결과 3개의 의견이 비등하다면, 3개의 의견을 복수투표하고, 다시 2개만 남겨 결선투표를 하면 된다. 이런 방식을 학습하면, 학생들이 자치회의 시에

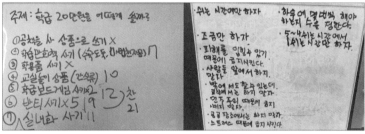

▶ 학급운영비 20만원을 어떻게 쓰면 좋을지 의견을 받았다. 7가지의 의견이 나왔고, 학생들은 원하는 방법을 중복해서 투표할 수 있다. 1차 투표 결과 공책과 학용품에는 아무도 투표하지 않았고, 보드게임과 반티를 구입하자는 의견이 가장 많았다. 반티 구입이 19표, 보드게임이 12표를 받아 반티 구입을 결정해도 되지만, 복수투표로 인해 다른 선택을 한 친구들의 선택이 '죽은 표'가 될 수 있으므로 결선투표를 한다.

▶ 다양한 의견에 대한 허용적 문화가 형성되면, 정말 다양하고 참신한 의견들이 나오기 시작한다. 행위의 금지와 양보는 자신의 관점에 따라 다르지만, 모두 나름의 이유를 갖고 서로를 설득하기 시작한다. 학생들이 이런 모습을 보일 때, 뿌듯함을 느낄 것이다.

▶ 현장학습 버스 자리 앉기, 교실 내 자리 바꾸기는 생각보다 고민할 부분이 많고, 이 부분도 학급자치 활동으로 해결해도 좋을지 걱정이 될 수 있다. 시도는 하되, 교사가 걱정되는 부분을 적극적으로 이야기하고, 교사로서의 '최소 기준'을 제시한 상태에서 학생들과의 의견을 조율하는 경험을 해 보았으면 좋겠다.

▶ 학급 전체 보상을 계획할 때에도 분명한 원칙과 기준을 세워야 한다.
'선생님은 비용을 대지 않는다. 모두가 함께 누려야 한다. 수업 시간을 많이 뺏으면 안 된다.'
이 기준을 중심으로 학생들은 학급 전체 보상의 아이디어를 계획했다.

결선투표로 결정할 것을 알기에, 최대한 많은 의견을 제시하고 공유하는 것이 가장 좋은 결과를 얻는 방법이라는 점을 경험하게 된다.

두 번째 전략은 의견의 장단점 등을 깊게 이해하는 공청회 활동이다. 학급비 20만원을 사용하는 일은 단순하다. 그러나 최초 제시된 '체험학습 버스 안 자리 앉기'는 학생들에게 민감하면서도 가치판단이 개입할 여지가 많은 선택이기 때문에 투표하기 전, 의견에 대해 충분히 숙고의 시간을 가져야 한다. 교실 공청회 활동은 실제보다 간소화한 형태로 진행한다.

① 교사는 해당 주제에 대한 공청회 활동을 미리(최소 2~3일 전) 안내하다 의견 제시용 종이 벽보를 붙이고 의견을 받는다.

- 제시된 의견을 확인하고 정리하여, 1차 투표를 진행한다. 투표한

학생끼리 모여 팀이 된다.(복수투표의 경우 더 선호하는 의견으로 가서 팀을 이룬다.) 각 의견에 대한 장점과 선택받아야 하는 이유를 함께 토의하며 정리한다.

- 의견 제시 종이에 의견을 제시한 학생 혹은 모임에서 선발된 학생이 주장의 대표로 참석한다.

② 공청회가 시작되면 각 의견의 대표자들이 모두 나와 교실 앞 가운데에 앉는다.

③ 각 대표자들은 자신의 의견과 합리성을 주장하고, 청중들의 질문을 받는다. 공청회에 참여한 사람들끼리의 논쟁도 허용한다.

④ 대표자가 답변하기 어려운 경우, 같은 팀의 다른 학생이 대신 발언권을 얻어 대응한다.

⑤ 복수투표를 진행하고, 결선투표까지 진행한다.

"자유롭게 앉아서 갑시다. 현장학습을 더 마음 편하게 즐길 수 있습니다. 친하지 않은 친구와 함께 앉으면 조금 불편할 수 있습니다."

"선생님이 걱정되는 게 있어요. 만약 선택받지 못하는 학생이 생기면 어떻게 될까요? 그 학생은 무척 속상할 것 같습니다. 그래서 선생님은 제비뽑기로 자리를 앉았으면 합니다. 이번 기회에 잘 모르는 친구와도 친해지는 건 어떨까요?"

상황에 따라 교사도 공청회의 대표자로 참석하거나 청중으로 참여할 수 있다. 피구 경기 규칙이나 간식 종류를 고르는 일은 학생들의 의사결정만으로 충분하다. 그러나 교육과정의 변경이 필요하거나 존중과 형평성을 훼손할 우려가 있는 사안의 경우에는 그 결과의 책임이 교사에게도 있기 때문이다. 따라서 의사결정의 결과가 누군가에게 상처가 되는 방향으로 잘못 흐를 것이라는 생각이 든다면, 회의 초기에 교사로서 결과에 대한 책임과 한계를 명확히 해 두는 것이 좋다.

"자유롭게 앉아서 가는 것이 결정되면 걱정되는 부분이 있습니다. 원하는 대로 앉으면 누군가가 소외될 수도 있다고 생각합니다. 누군가에게는 그날 하루의 기분을 망치는 일이 될지도 모릅니다. 그래서 만약, 자유롭게 앉기가 결정된다면, 선생님이 1차로 희망 조사를 받은 뒤 소외되는 학생이 발생했을 때 이 부분을 해결할 방법에 대해 다시 이야기해 보았으면 합니다. 여러분이 좋은 아이디어를 낼 수 있다면 더 좋겠습니다. 만약, 소외와 관련된 문제가 해결이 되지 않으면 이 방법 그대로는 진행할 수 없음을 미리 알려 드립니다."

첫 회의부터 공청회 방식을 도입하기에는 낯설 수 있다. 따라서 역할 놀이를 통해 공청회 방식을 연습해 보는 활동을 소개한다.

"히어로라는 직업을 합법화해야 할까, 하지 말아야 할까?"

공청회 역할 놀이 하기

① <인크레더블 2> 감상 (네이버 등에서 '인크레더블 2 연결고리 영상' 잠시 감상)

"인크레더블 가족이 사람들을 구하려 하지만, 영웅끼리 싸우다 보니 도시가 파괴되고, 구조되는 사람도 있지만 크게 다치는 사람도 있었습니다."

② "슈퍼히어로의 합법화는 슈퍼히어로를 정식 직업으로 인정하고 지원금을 제공하며, 그들이 망가뜨린 재산에 책임을 물을 수가 없습니다. 불법화의 경우 모든 문제는 경찰이 해결해야 하며, 슈퍼히어로는 나설 수 있으나 발생한 피해에 대해서는 책임을 져야 합니다."

③ 역할이 적힌 쪽지를 받은 학생은 합법과 불법을 지지하는 캐릭터 역할을 맡는다.

- 학생들이 어려움을 느끼리라고 예상되면 쪽지를 나누어 주기 전에 같이 한 번씩 읽어 보며, 이 쪽지의 캐릭터가 어떤 내용을 주장하고 역할을 연기해야 하는지 설명해 주면 좋다. 그러나 되도록 내용을 모르는 것이 재미를 높이는 데 도움을 준다.

당신은 **슈퍼히어로**입니다.

당신의 이름은 킴크레더블, 강한 힘과 체력을 가진 슈퍼히어로입니다.

수년간 합법적으로 슈퍼히어로로 활동하며 정부로부터 '지원금'을 받았습니다.

그러나 최근, 은행털이범 김마이너를 잡는 과정에서 실수를 연속으로 하였고, 주변의 건물과 자동차 등을 부수었고, 문화재마저 파괴하게 되었습니다.

그리고 김마이너를 잡지도 못하였습니다.

슈퍼히어로로가 불법화되면 정부의 지원이 끊기게 되고 당신 가족은 생계가 어려워집니다.

당신에게는 아내(남편)과 아들1, 딸1명이 있습니다.

그래서 슈퍼히어로의 합법화가 절실하며 꼭 필요합니다.

당신은 킴크레더블이 되어 슈퍼히어로 공청회에서 합법화의 열렬한 지지자가 되어주십시오!

당신은 **슈퍼히어로**입니다.

당신의 이름은 최일라스틱, 마음껏 늘어나는 유연한 몸을 가졌습니다.

수년간 합법적으로 슈퍼히어로로 활동하며 정부로부터 지원금을 받았습니다.

그러나 최근, 은행털이범 김마이너를 잡는 과정에서 실수를 연속으로 하였고, 주변의 건물과 자동차 등을 부수었고, 문화재마저 파괴하게 되었습니다.

그리고 김마이너를 잡지도 못하였습니다.

슈퍼히어로가 불법화되면 경찰들이 알아서 잘 할테지만, 김마이너 같은 강력한 악당들이 나타나거나, 시민들이 매우 위험한 상황에 빠졌을 때 그들을 구할 사람이 없다고 생각하고 있습니다.

만약 히어로활동이 불법이라면 누가 목숨을 걸고 위험한 시민들을 구할까요?

당신은 최일라스틱이 되어 슈퍼히어로 공청회에서 합법화의 열렬한 지지자가 되어주십시오!

당신은 **슈퍼히어로**입니다.

당신의 이름은 박엘라스틴,
머리카락 부드러워지는 능력을 가졌습니다.
당신은 히어로지만, 그 동안 정부로부터 슈퍼히어로로
인정받지 못했습니다.
왜냐고요? 왜냐하면 당신의 능력은
사람을 구하는 데는 아무런 쓸모가 없기 때문이죠.
미용실에서 일하는 데는 최고의 능력이었지만요.
그러나 김크레더블이나 최일라스틱 같은 능력이 없기에
정부의 지원금도 받지 못하는 것이 서러웠습니다.
왜 같은 초능력을 가졌는데 차별을 받아야 할까요?
솔직히 억울하고 화가납니다!
당신이 박엘라스틴이 되어 슈퍼히어로 공청회에서
불법화의 열렬한 지지자가 되어주십시오!

당신은 **슈퍼빌런**입니다.

당신의 이름은 김마이너,
땅을 기가막히게 파는 능력을 가졌습니다.
이번에 멍청한 김크레더블 덕분에
은행을 오히려 쉽게 털수 있었습니다.
경찰은 여기저기 길을 막고,
지명수배도 내리기 때문에 번거롭거든요.
오히려 슈퍼히어로 들이 등장하면
경찰들은 그냥 구경하기도 하고요.
당신은 슈퍼히어로가 불법인 세상이 더 좋다고 느낄 겁니다.
하지만, 공청회에서 내가 김마이너라는 것을 밝히면
잡혀갈테니 적당히 합법을 반대하는 사람으로 참여해서
반대의견을 내겠습니다.
이름도 이 쪽지를 받은 학생시민의 이름을 써야 겠군요.
혹은 경찰, 피해시민, 구조 시민 등으로 위장할 수도 있고요.
어쨌든, 당신은 김마이너가 되어 슈퍼히어로 공청회에서
불법화의 열렬한 지지자가 되어주십시오!

당신은 **경찰**입니다.

당신의 이름은 (쪽지 받은 사람), 이 도시의 경찰입니다.
당신은 그 동안 슈퍼히어로의 활동에 불만이 많았습니다.
왜냐고요? 왜냐하면 슈퍼히어로 때문에 시민들은
경찰을 믿지 않거든요.
게다가 그것 때문에 경찰의 수가 줄어
일자리를 잃은 동료경찰도 있습니다.
그렇다고 히어로들이 일을 잘하냐?
그것도 아니에요. 범인을 놓칠 때도 있어요.
만날 다 때려부수고, 뒷정리와 청소는 늘 우리 몫입니다.
경찰이 시민을 지켜야 합니다. 그게 우리의 임무입니다.
당신이 경찰이 되어 슈퍼히어로 공청회에서
불법화의 열렬한 지지자가 되어주십시오!

당신은 **경찰**입니다.

당신의 이름은 (쪽지 받은 사람), 이 도시의 경찰입니다.
당신은 그 동안 슈퍼히어로의 활동을 응원하고 있었습니다.
왜냐고요? 왜냐하면 슈퍼히어로 덕분에
경찰이 구하지 못한 시민들을 구한 경우가 많았거든요.
경찰이 도착하는 데 오래 걸리는 먼 지역의 경우
슈퍼히어로가 먼저 가서 범죄자를 잡고, 상황을 정리하면
우리는 범죄자를 감옥에 넣습니다.
히어로와 경찰은 서로 협력할 수 있어요.
당신이 경찰이 되어 슈퍼히어로 공청회에서
합법화의 열렬한 지지자가 되어주십시오!

당신은 **구조된 시민**입니다.

당신의 이름은 (쪽지 받은 사람), 이 도시의 시민입니다.
당신은 김마이너 사건에서 구조된 할머니의 손자입니다.
할머니는 거동이 불편하셔서 잘 못 걸으셨는데,
김마이너 사건에서 한 슈퍼히어로가
떨어지는 물건으로부터 할머니를 구했고,
오늘도 서로 안아주며 인사할 수 있었습니다.
만약 그 히어로가 없었다면 오늘 저의 아침에는
할머니가 안계셨을거에요.
슈퍼히어로가 살린 시민들이 얼마나 많겠습니까?
당신이 시민이 되어 슈퍼히어로 공청회에서
합법화의 열렬한 지지자가 되어주십시오!

당신은 **구조된 시민**입니다.

당신의 이름은 (쪽지 받은 사람), 이 도시의 시민입니다.
당신은 김마이너 사건에서 구조된 자동차운전자입니다.
김마이너의 탱크가 도로를 부숴어요.
최일라스틱이 가까이 오질 말라고 했지만 저의 자동차는
멈추질 못했죠. 그리고 저는 떨어졌어요.
하지만 최일라스틱씨가 팔을 늘려 저를 구해주었고,
저는 크게 다치지 않았어요.
만약, 최일라스틱이 없었다면
저는 오늘 병원에 누워있지 않았을까요?
당신이 시민이 되어 슈퍼히어로 공청회에서
합법화의 열렬한 지지자가 되어주십시오!

당신은 **피해자 시민**입니다.

당신의 이름은 (쪽지 받은 사람), 이 도시의 시민입니다.
당신은 김마이너 사건에서 김크레더블이 부순 자동차의
주인입니다. 어제 새로 산 자동차였어요.
그런데 김크레더블이 제 차를 던져서 탱크를 막았다는군요.
어이가 없어요. 경찰에게 이야기 했더니 슈퍼히어로가
합법이기 때문에 그들에게 책임을 물을 수 없대요.
이게 말이 되나요? 그리고 받은 보상금은 딸랑 100만원!
재차는 1억짜리라고요!
우리에게는 경찰이 있으니 경찰이 시민을 지키면 됩니다.
슈퍼히어로의 무분별한 활동으로 물건이
파괴되면 안됩니다!
당신이 시민이 되어 슈퍼히어로 공청회에서
불법화의 열렬한 지지자가 되어주십시오!

당신은 **피해자 시민**입니다.

당신의 이름은 (쪽지 받은 사람), 이 도시의 시민입니다.
당신은 김마이너 사건에서 부숴진 문화재관리인입니다.
저는 직장을 잃었어요. 왜냐면 김크레더블이
문화재를 부숴서 관리할 사람이 필요없어거든요.
제가 듣기로 수많은 히어로가 지원금을 받기 때문에
시민들이 내야할 세금이 많이 늘어났다고 합니다.
차라리 그 세금으로 경찰을 늘리고 상담시설이나
일자리를 늘리는 건 어떨까요?
당신이 시민이 되어 슈퍼히어로 공청회에서
불법화의 열렬한 지지자가 되어주십시오!

당신은 **현명한 시민**입니다.

당신의 이름은 (쪽지 받은 사람), 이 도시의 시민입니다.
당신은 다른 사람의 의견과 주장을 들으며 슈퍼 히어로의
합법화와 불법화 중 하나를 선택해야 합니다.
공청회에서 각각의 증인들이 나올 때
그들의 의견이 타당한지 귀 기울여 들어주시고
더 타당한 쪽에 손을 들어주세요.
그리고 의미 있는 질문을 해주세요.
같은 시민들과 이야기할 때는 고기질리를 지켜주세요.

당신의 선택에 따라 슈퍼히어로의
앞으로의 활동이 결정됩니다!
어떤 선택을 하시겠습니까?

당신은 **피해자 시민**입니다.

당신의 이름은 (쪽지 받은 사람), 이 도시의 시민입니다.
당신은 다른 사람의 의견과 주장을 들으며 슈퍼 히어로의
합법화와 불법화 중 하나를 선택해야 합니다.
공청회에서 각각의 증인들이 나올 때 그들의 의견이
타당한지 귀 기울여 들어주시고
더 타당한 쪽에 손을 들어주세요.
그리고 의미 있는 질문을 해주세요.
같은 시민들과 이야기할 때는 고기질리를 지켜주세요.

당신의 선택에 따라 슈퍼히어로의
앞으로의 활동이 결정됩니다!
어떤 선택을 하시겠습니까?

<필요한 인물>

히어로 4명 : 김크레더블(합법)/박엘라스틴(합법)/최일라스틱(불법)/김마이
너(악당, 불법)
경찰 2명 : 합법과 불법 각각 1명
구조된 시민 2명 : 합법
피해자 시민 2명 : 불법
일반 시민 : 합법과 불법 선택

* 김마이너는 경찰, 시민 어떤 역할로도 참여할 수 있다. 역할을 위해 거짓말도 할 수 있다.
* 학급 인원에 따라 역할을 축소, 확대할 수 있다.
* 공청회 시작 전에 충분한 시간을 주어 학생들이 자신의 역할에 몰입할 수 있도록 한다.

④ 공청회 전에 사전 투표로 일반 시민들의 생각(시민 쪽지를 받은 실제 학생들의 생각)을 확인한다.

⑤ 먼저 합법 찬성과 반대의 의견을 직업별로 들어 본다. 히어로 3명(김마이너는 악당이기 때문에 등장하면 체포됨.)이 먼저 나와 공청회를 시작한다. 다음으로 경찰, 시민의 순으로 나와 자신이 맡은 역할에 맡는 주장을 한다. 경찰은 특별한 역할이 있는데, 시민 중에 숨어든 김마이너 악당을 찾는 것이다.

"먼저 히어로의 합법에 찬성하는 히어로를 모셔 보겠습니다. 어디 계시나요?"
"여기 있습니다." "저도요!"
"합법에 반대하는 불법화를 원하는 히어로가 있으신가요?"
"접니다."
"그럼 세 분을 앞자리에 모시고, 공청회를 시작하겠습니다. 각자 자신이 누구인지 자기소개부터 해 주세요. 시민들을 설득하기 위한 시간을 드리겠습니다."

⑥ 같은 방식으로 진행하고 최종 투표를 통해 일반 시민들의 생각은 어떻게 바뀌었는지 확인 후 그 까닭도 알아본다.

⑦ 히어로와 경찰은 김마이너로 의심되는 사람을 지목할 수 있다. 투표 결과 합법이 나오면 히어로가 김마이너를 찾고, 불법이 되면 경찰이 김마이너를 찾아내야 한다. 김마이너를 체포하는 것으로 활동은 종료한다. 못 찾는 경우 그대로 김마이너의 승리가 된다.

복수투표, 결선투표제, 공청회 활동 등을 통해 의사결정 과정에서
최대한의 선택권을 보장하고, 의견에 대한 충분한 정보를 제공받아
고민하도록 할 때 더욱 합리적으로 의사결정을 할 수 있을 것이다.

상황 3 학급회의 안건으로 급식을 배식하지 않고 (배식 중에 양의 문제
로 다투는 일이 생긴다는 이유로) 자유롭게 먹자는 의견이 나왔고, 학생
들은 긍정적인 신호를 보내며 활기찬 모습을 보이기 시작했다. 그러
나 교사 입장에서는 예상되는 걱정이 있다. 그럼에도 이 문제를 학생
들이 스스로 해결하기 원한다.

학급살이의 어떤 일은 확실한 실패가 예상되기도 한다. 학급 내에
서 실시하는 자율 배식은 거의 100퍼센트 실패한다고 보면 된다. 그
렇기에 대부분의 교사들은 이런 위험성을 감수하려 하지 않는다. 그
러나 교실 민주주의에서는 실패의 경험도 매우 중요하다. 더 나은 방
법을 찾으려는 사고 과정과 대화와 타협의 경험 때문이다. 실패해 보
는 경험을 위한 '시범 기간' 제도 운영을 적극 활용하자.

"학급회의에서 결정되었으니, 자율 배식 한번 해 보죠. 단, 일주일
의 시범 기간을 두고 다시 회의를 하도록 하겠습니다."

일주일 동안 많은 일들이 있었다. 우선 첫날은 그런대로 모두가 평
화롭게 식사를 할 수 있었다. 그러나 문제는 그 다음 날이었다. 탕수

육이 나온 날 마지막 5명은 탕수육 소스조차 맛보지 못한 것이다. 학급회장을 통해 발생한 문제들을 학급회의 기록장에 적어 두게 하였다. 일부 학생은 회장에게 다른 문제점도 알려 주었다.

"일주일 동안 자율 급식을 해 보았습니다. 모두가 문제를 경험했을 텐데요. 자율 급식을 이대로 폐지할까요? 아니면 보완할까요?"
"폐지하기보다는 문제를 해결했으면 좋겠습니다."
"그럼 폐지 혹은 보완을 투표로 결정하겠습니다."(보완으로 결정)
"그럼 자율 급식에서 생긴 문제를 해결하기 위한 의견을 발표해 주세요."
"한 명 정도 급식을 과도하게 받는 것을 말리는 친구가 서 있었으면 좋겠습니다. 많이 가져가면 못 가져가게 하는 겁니다."

이 의견으로 결정되고 일주일이 흘렀다. 다시 불만의 목소리가 나왔고, 학급회의가 소집되었다.

"얼마나 가져가야 하는지 잘 몰라서 실수하는 경우도 있습니다. 그런데 감독하는 친구는 너무 잔소리를 했습니다."
"아무래도 잔소리하는 친구, 듣는 친구가 모두 존중받지 못하는 상황인 것 같습니다."
"그렇다면 잔소리 대신 가져가야 하는 양을 알려 **주면** 좋을 것 같습니다."

"양을 잘 모르면 어떻게 하나요?"

"그때는 선생님이 도와주시면 됩니다."

"네? 제가요? 일단, 또 일주일 해 봅시다."

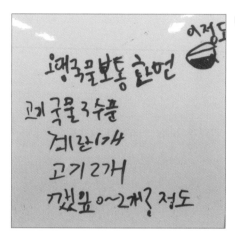

▶ 자율 급식의 문제점에 대한 보완책으로 급식 담당 학생이 매일 1일 자율 배식의 양을 칠판에 적어 주었다. 학생이 파악하기 힘들 때는 교사가 도움을 주어 적정량을 알려 주었다. 매일 영양교사가 알려 주는 급식표에도 1인 배식량이 적혀 있으니 참고해도 좋다. 배식량을 알려 주는 학생을 두는 것을 규칙으로 만든 뒤 배식에 실패하는 일은 거의 없었다.

"선생님, 친구가 걸어 놓은 가방 때문에 다치는 경우가 많은데, 빈 가방을 한곳에 다 모아 놓으면 안 될까요?"

"음, (그거 몇 시간도 안 되서 막 흐트러져서 발에 치이고 난리 날 텐데 ……. 그럼 그거 또 내가 다 치우고 꼴 보기 싫고 그럴 텐데…….) 그럼 학급 회의 기록장에 안건으로 적어 보세요."

"네!"

당연히, 학생들이 반대할 줄 알았는데, 안건을 제시한 학생의 엄청

난 호소력으로 학생들은 등교 후 가방 속 책을 모두 사물함에 정리한 뒤 빈 가방을 한곳에 모아 두기로 했다. 역시나 예상대로 처음엔 예쁘게 줄 서 있던 가방들이 어느 순간 흐트러지고 여기저기 뭉쳐 있었다. 일주일 후 먼저 이야기를 꺼냈다.

"여러분이 가방을 모아 놓아서 편해졌을지는 몰라도 선생님이 계속 가방 정리하고 신경 쓰이고, 그래서 나름 괴롭습니다. 이 문제를 해결해 주었으면 합니다."

▶ 교사도 당연히 불편함에 대해 학생에게 해결을 촉구하는 목소리를 낼 수 있다. 학생들은 고민 끝에 안내 경고문을 붙이는 방법을 썼고, 일주일 후에도 선생님이 괴로워하면 가방을 다시 자기 자리에 두기로 결정하였다. 그런데 그 이후로 가방은 잘 정리되었다.

가끔은 교사 한 사람의 큰 목소리보다 학생들 스스로가 만들어 낸 '작지만 여럿의 목소리'가 더 큰 힘을 낼 때가 있다. 실은 가끔이 아닌, 자주 그런 경험을 하게 된다. 대충 적어 놓은 경고장을 보고 '저걸 보고 지킬까?' 하며 피식했다가 이후 학생들이 보여 준 민주성에 다시금 반성하게 되었다.

학생들이 교사에게 '민원, 신고'를 하는 일이 너무 잦아 교사의 스트레스가 쌓이는 한편, 기껏 중재와 화해의 시간을 가져도 서로의 사과가 성의 없다고 느껴져 문제가 해결되었다는 느낌이 들지 않는다.

대부분의 학급 문제를 학급회의에서 해결할 수 있지만, 학생 간에 생기는 매우 개인적인 마찰과 갈등은 대부분 교사가 문제를 접수하여 해결해야 한다. 온전히 학생의 민주성에 기대기 어려운 부분도 분명히 존재한다. "선생님, 쟤가 저를 치고 갔어요." "지우개를 허락 없이 가져갔어요." "저 보고 놀렸어요." 등 절차를 가지고 접근하기에는 너무나 빈번히 일어나, 일일이 시간을 들이기 어려운 문제들이 많다. 기본적으로 학급헌법의 권리와 의무에 따라 서로 존중하고, 인권을 지켜 주는 방향으로 문제를 해결해야 하지만, 감정이 격해진 경우에 거기까지 생각하기는 쉽지 않다. 그래서 학급회의까지 가지 않고 당사자 간의 문제 해결을 위한 규칙을 별도로 마련해 두는 것이 좋다.

갈등 해결을 위한 학생의 마음 3원칙
1. 지금 원하는 것이 무엇인지 생각합니다.
2. 나는 언제나 존중받아야 합니다.
3. 선생님은 재판하지 않습니다.

학생들이 무턱대고 교사에게 '신고'하는 행위가 근본적으로 무엇을 원하는 것인지를 생각하게 해야 한다.

"영지가 저를 밀치고 갔어요."

"지금 민호가 선생님한테 이야기하는 건, 무엇을 원해서인가요? 영지가 선생님한테 혼나면 좋겠어요?"

"('네'라고 답한 경우) 생각해 보면 잘못은 영지가 민호한테 했는데, 선생님한테 영지가 혼나고 나면, 영지가 민호한테 미안한 마음이 들까요?"

"('아니요'라고 답한 경우) 그럼 정말 원하는 건 뭔가요?"

"왜 그랬는지 알고 싶고, 사과도 받고 싶어요."

"그래요, 그럼 우리 영지를 불러서 같이 이야기해 볼까요?"

(갈등 중재 후)

"다음에는 선생님에게 오기 전에 먼저 친구에게 원하는 걸 이야기해 보세요. 만약 친구의 답이 만족스럽지 않았을 때 선생님에게 오면 도와줄게요."

학생이 스스로 문제의 당사자와 해결하는 과정을 경험할 수 있도록 기회를 열어 주는 것이다. 그리고 이러한 연습을 통해 학생들은 의사 표현에 대한 자신감을 얻기도 한다. 교사의 입과 권위를 통해서가 아니라 스스로 상대방으로부터 자신이 원하는 것을 얻을 수 있기 때문이다.

교사도 이러한 다짐을 선언함으로써 학생 간의 갈등에 대해 감정적으로 깊숙이 개입하지 않도록 한다. 교사들이 감정적으로 스스로를 다스리기가 가장 어려운 때는 "왜 그랬어? 도대체 왜 그랬냐고?"라고 묻고 싶은 상황이 생길 때이다. 솔직히 왜 그랬는지 들으나 마나인 감정 상태에 놓이기 때문에 '왜 그랬는지'보다, 최대한 '무슨 일'이 있었고 그때 어떤 감정에 놓여 있었으며, 지금 원하는 것은 무엇인지 확인하여 서로가 원하는 것을 조율할 수 있도록 한다. 물론 교사도 꾸준한 마음의 연습이 필요하다.

불편한 감정을 표현할 때

①'감'정 표현 : 네가 지금 나를 툭 치고 지나갔는데
　사과를 안해서 기분이 나빠.
②'사'과 받기 : 그래서 네가 사과해 줬으면 좋겠어.
③'약'속 받기 : 그리고 다음엔 안 그랬으면 좋겠어.

사과의 감정을 표현할 때

①'인'정하기 : 나도 모르게 실수로 부딪힌 것 같아.
②'사'과 하기 : 정말 미안해. 사과할게.
③'약'속하기 : 다음엔 조심해서 다니도록 할게.

갈등 해결을 위한 약속을 즉흥극 놀이로 연습하기

- 새치기를 한 사람과 새치기를 당한 사람
- 규칙을 위반한 줄 모르는 사람과 따지듯 그 친구를 지적하는 사람
- 친구의 책상 위에 실수로 물을 쏟은 사람과 자신의 책상 위에 물이 쏟아진 사람
- 장난으로 친구를 계속해서 놀리는 사람과 오늘따라 기분이 유난히 안 좋은 사람 등

학생들이 흔히 경험하는 갈등 상황을 주고, 일반적으로 대응하는 행동과 '감사약'과 '인사약'을 활용하여 대응하는 활동으로 나누어 즉흥극을 해 본다. 대본보다는 실제로 이러한 상황이 생기면 학생의 성향에 맞게 극을 편하게 진행하면 된다. 극적 재미를 위해 새치기를 하면서 몸을 밀거나 책상 위에 실제로 물을 쏟는 등의 리얼한 연출을 해 보는 것도 좋다.

▶ 미션 쪽지를 미리 준비하여 학생이 해야 할 행동을 적어 두면 즉흥극의 어려움을 느끼는 학생에게 도움을 줄 수 있다.

갈등 해결을 위한 약속은 학생들 간의 문제뿐 아니라 교사와 학생 간에도 사용하는 약속이다. 이러한 약속이 가끔씩 교사와 엇나가는 학생 간의 언어를 단속해 주기도 한다. 성인인 교사가 자신의 감정을 '어린이'인 학생에게 표현하는 것이 조금 간지럽게(?) 느껴질 수도 있다. 그러나 표현이 세련되지 못할 뿐, 학생이나 교사나 감정에 있어서는 높고 낮음이 없다. 교사의 감정이 깊어지면 이야기가 길어지고, 학생은 그저 긴 잔소리가 이어진다고 느낄 뿐이다. 약속을 통해 간결하게 감정을 전달하고 서로가 원하는 부분에 대해 합의하는 것이 서로의 힘을 아끼는 일이다.

교사가 느끼기에 갈등이 깊고 반복적인 대화가 필요하다고 생각하면, 다음과 같은 양식을 활용하여 학생이 자신에게 일어난 일을 적어 가면서 문제의 본질을 파악하도록 돕는다. 상담 자료로의 가치도 있으니 교사는 이것을 누적 보관하여 차후 생활지도에 활용하도록 한다.

갈등 해결을 위한 약속

1. 학급 권리와 의무, 규칙 혹은 누군가의 어떤 권리를 침해하였나요?

2. 구체적으로 어떠한 행동을 하였나요?

3. 지금의 감정과 '내가 원하는 것'은 무엇인가요?

4. 상처받은 권리와 마음을 회복하기 위해 어떤 노력을 실천하겠습니까?

5. 실천을 위해 친구 혹은 선생님이 도와주거나 이해해 주었으면 하는
   것은 무엇입니까?

관련된 친구의 한마디	선생님의 한마디

20 년 월 일 이름 (   )

앞의 사례들에 따라 민주적 의사결정을 위한 전략을 정리해 보자.

우선, **학생들에게는 충분한 시간이 필요하다.**

학급회의를 몇 번 하고 나면, 점점 학생들이 조용해져서 아무런 문제가 없어 보일 정도이다. 그러나 학급살이의 불편함에 대해 그냥 참거나, 정말 이야기해도 되는 것인지 걱정해서 말하지 못하는 학생들이 있다. 특히, 모두의 의견이 주목받는 학급회의 상황에서는 더욱 그렇다. 그렇기에 의견 개진을 학급회의 현장에서 하는 방식보다는, 쪽지나 일정한 양식으로 안건을 미리 받아 두는 방식을 정착시키는 것이 좋다. 전교 단위의 학생 다모임, 많은 의견이 필요한 주제 같은 경우에는 온라인 플랫폼을 활용해 의견을 수집한다. 충분한 시간 확보

▶ 학생 다모임을 개최하기 어려울 때, 원격수업으로 자치활동을 진행하게 되었을 때 패들렛 (https://ko.padlet.com/)이라는 플랫폼을 활용하여 전체 학생을 대상으로 공동의 생활에 필요한 약속을 정하기 위한 아이디어를 수집하였다. 패들렛은 공동 작업 게시판을 제공한다. 모두가 참여할 수 있는 포스트잇 온라인 게시판이라고 생각하면 된다. 교사가 게시판을 만든 뒤 링크를 각 학급에 공유하면 된다.

를 통해 좀 더 많은 학생들의 의견과 아이디어를 얻을 수 있다.

두 번째, **다수결의 함정을 보완하기 위한 '소수위원회, 복수투표, 결선투표제, 시범 기간 운영하기'를 활용한다.**

이 전략의 공통점은 최대한 많은 참여자의 의사를 반영하고, 최종 결정까지 많은 숙고의 시간을 가지는 것이다. 또한, 한번 결정되었다고 끝나는 것이 아니라, 실패하는 경험도 소중히 생각하며 새로운 변화의 기회로 삼는

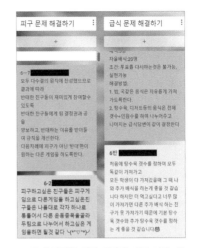

▶ 문제 해결을 위한 전략을 배운 다음, 학생들에게 가상 문제 상황을 제시하고 해결 방안을 받아 보는 활동을 해 보면, 실제 문제 상황에서도 의사결정을 조금 더 민주적이고 합리적인 방식으로 해결할 것이다.

것이다. 추가로, 언제나 최종 결정 전에 '설득의 시간'이라는 단계를 거치는 것을 추천한다. 최종 후보 의견들에 대한 장단점을 학생들의 입으로 들어 보는 것이다.

마지막으로, **교사의 역할을 바꾸기 위해 '분쟁 해결을 위한 약속' 체계를 만드는 것이다.**

교사는 학생 간의 문제에 있어 '사과'를 받아야 하는 대상이 아니며, 최종 판단의 기구가 되어서는 안 된다는 것이 핵심이다. 학생은

자신의 감정을 원인이 되는 대상에게 직접 밝히고, 원하는 바를 얻어야 한다. 이 과정에서 문제에 휘말린 학생들 모두 자존감과 민주성을 회복하고, 교사는 가해자 처벌이 아닌 두 대상에 대한 적절한 보호와 격려에 더 에너지를 쏟을 수 있게 된다. 교사는 학생들의 문제를 해결해 주는 해결사가 아닌, 문제를 해결하도록 돕는 조력자의 역할을 하는 것이다.

교실에는 하루에도 수많은 문제가 발생한다. 그때마다 의사결정이 늘어지고 지지부진해질 때, 답답함을 느낄지도 모른다. 솔직히, 이것 말고도 할 일이 얼마나 많은가? 그럼에도 불구하고, 이 늘어지는 의사결정의 과정과 뻔히 실패할 것을 알면서도 해 보는 경험, 최대한 많은 학생들이 자신의 의견을 내는 모습에서 우리는 교실 민주주의 본연의 모습을 찾게 될 것이다.

민주시민의 성장 씨앗을 찾아서

앞서 학생들과 지지고 볶았던 교실 민주주의를, 감수성 활동을 중심으로 실패와 성공 사례로 나누어 돌아보았다. 나를 거쳐 간 수많은 학생들이 현재 민주시민으로서의 역량을 얼마나 성장시켜 갔을지 확인할 방법은 없다. 더 많은 시간이 흘러야 알 수 있을 것이다. 그러나 확실한 것은 교사라는 우물 안에 있던 내가 '인간은 본질적으로 자유롭고 싶어하고, 존중받을 때 가장 가치 있는 일을 할 것'을 믿는 성장을 경험했다는 것이다.

'초등학생들이라, 아직 어린이니까 뭘 알겠어.'라는 생각에서 '어린이도 기본적으로 자유와 권리, 존중을 본능적으로 아는 시민'일 수 있다는 생각으로 바뀌면서, "선생님, 이거 다 같이 결정해야 하는 거 아니에요?"와 같이 가끔은 매서운 학생들의 한마디가 정신을 번쩍 들게 했다. 민주적 교사와 교실을 표방하지만, 교사로서의 권위를 더 인정받고 싶고, 학생들을 통제하고 싶은 욕구는 내 안에 여전했기 때문이다. 민주적 소양은 완성이 없다는 것을 다시금 깨닫게 된다. 어쩌면 지독한 수행의 길이라고 볼 수도 있을 것이다.

신규 시절 공개수업을 준비하느라 밤을 새고, 뒤에 앉아 있는 교장, 교감 선생님, 동료 교사들에게 멋진 수업을 보여 주고 싶었다. 그러나 겨우 활동 1개 끝내고 수업종이 울리자 수많은 고뇌의 시간이 주마등처럼 스쳐 갔다. 수업이 끝나고 내가 철저히 준비한 수업에 따르지 않았던 몇 명의 학생들이 눈에 밟혔다. 사실 미운 감정도 들었다. 그 학생들은 늘 같았다. 수업 중 농담을 던지기 좋아했고, 집중력은 좀 떨어져도 학급의 분위기를 높이는 데 도움을 주는 학생들이었다. 그들은 평소 모습 그대로인데, 공개수업에서 내가 원하는 모습을 보여 주지 않으니 괜한 심통이 나는 것이었다.

그렇다. 우리가 학생에게 받는 스트레스의 대부분은 '교사' 자신 때문에 발생한다. 노력하고 애정을 쏟은 만큼의 결과를 내기를 바라는데, 학생들은 그런 교사의 노력에 1퍼센트의 관심도 없기 때문이다. 교사의 민주성은 교사가 짜 놓은 이상적인 그림의 캔버스를 찢고, 행복한 독재의 시나리오를 구겨 버릴 때 첫 싹이 튼다.

지금 교사들이 만나는 세대는 자신들을 지적하는 어른들을 꼰대라고 조롱하면서, 같은 그룹 내에서 이루어지는 정당한 비판이나 성찰에 대해서도 '불편러', '선비', '젊은 꼰대'와 같이 조롱하는 양면의 모습을 보이기도 한다. 예전보다 인권이 존중되는 사회에 살면서도 그 어느 때보다 존중의 경험과 민주시민교육이 필요한 세대를 맞아들이고 있는 것이다. 존중과 민주적 교실을 경험하지 못한 세대의 교사가 그것에 가장 민감한 세대를 가르쳐야 하는 상황이 참 난감하다. 불편하고 부당한 일에 침묵하지 않고, 소수의 목소리에 귀를 기울이며 함께 협력하고 연대할 힘과 감수성을 가진 민주시민의 역량은 학생뿐 아니라 교사에게도 필요하기 때문이다. 교실 안에서 함께 성장해야 한다. 우리에게는 아직 시간이 남아 있다. 교사들이 한발 앞서 본연에 숨겨 둔 민주시민의 성장 씨앗을 찾아내야 한다. 민주시민교육의 성장기에 놓인 대한민국의 교실에서 여전히 교사의 영향력은 매우 크고, 교사도 학교의 구성원으로서 존중받는 경험과 민주적인 의사결정의 경험이 삶에 얼마나 긍정적인 영향을 끼치는지 알기 때문이다. 그렇기에 교실 민주주의는 교사의 성장과 삶의 질을 위해 더욱 필요하다.

누군가를 벌하기 위해서가 아니라 모두가 행복하기 위해서
네가 나빠서가 아니라 상황이 안 좋았을 수 있어서
어쩌면 존중과 민주적 의사결정을 경험해 보지 못해서

라는 마음으로 학교와 학생, 스스로를 바라보면 구제불능의 '인간'에서 함께 해결할 수 있는 '문제'가 보일 것이다. 앞서 수많은 이야기와 활동에서 이러한 실마리를 조금이나마 얻었기를 바란다.

교실 민주주의를 위한 10가지 제안

수년간 학생들과 교실 민주주의를 실천하겠노라 다짐하며, 몇 개의 문장들이 머릿속에 차곡히 남았다. 더 나은 교실 문화를 만들기 위해 많은 교사들이 아래의 생각들을 함께 고민해 보았으면 좋겠다.

1. 매년 3월 교사에게는 새로운 기회가 주어진다.

다음에 또 같은 학년을 맡을 수도 있다. 그러나 학생에게는 단 한 번의 기회와 만남이다. 열정만으로 교사를 하는 것은 무척 위험한 일이다. 교실은 성장의 장이고 실패의 경험이 필요한 곳이지만, 교사의 낙서장이 되어서는 안 된다. 충분한 고민과 협력을 하고, 다른 교사의 실수와 이야기를 경청해야 한다.

2. 교실은 교사와 학생의 삶의 공간이다.

교실도 삶의 다른 부분이 된다는 것이다. 나의 고등학교 시절을 돌이켜 보면 학교는 공부하러 간다는 곳이라기보다 스타크래프트 전략을 친구들과 함께 짜는 곳, 새로운 록밴드의 음악을 만나는 곳이었다. 교사의 직장으로서 학교가 온통 일로만 가득 차 있지 않은 것처럼 교실도 온통 수업으로 차 있지는 않다는 점을 기억해 두자. 우리가 수업에 집중하는 것은 우리의 의무를 다하는 것이지만 학생의 행복과 즐거움의 많은 부분이 어디에서 오는지 생각해 보면, 수업 이외의 삶에도 관심을 가져야 한다는 것을 알 수 있다. 누군가에겐 학교가 삶 그 자체일 수 있다.

3. 학교의 주인은 누구인지 따지기보다는 지금 누구와 함께하고 있는가를 고민해야 한다.

일반적으로 학교의 주인은 누구냐는 질문에 '학생'이라고 대답을 하는 경우, 대부분 학생에게 불리한 상황일 때 그런 대답이 나온다. 학교의 주인이 딱 누구라고 정하기는 어렵다. 교실 청소가 안 되어 있을 때, 교실의 주인이 학생이라면 청소가 오롯이 학생의 몫이겠지만, 초등학교의 경우 1인당 공간 차지 비율은 교사가 훨씬 크다. 교육 과정의 주인이 누구냐고 했을 때, 역시나 학생이라는 답이 정답처럼 나오겠지만, 구성과 시수의 책임은 교사의 몫이기 때문에 학생이 주인이라는 말은 선언에 그치고 만다. 그러므로 주인이 누구인가의 문제보다는 누구와 함께하고 있는가를 더 고민해야 한다.

4. 교사 중심의 학급운영으로도 문제가 잘 해결되었다면, 방법이 좋았던 것이라기보다 인내심 강하고 교사를 잘 따르는 학생들을 만났다고 생각하는 것이 좋다.

'내가 하면 다 좋아하던데?'라는 인지편향에 빠져서는 안 된다. 당신은 정말 운이 좋았던 교사일 수 있다. 일부 교사들은 1년간 최선을 다해 잘 지내려고 노력하지만 뜻대로 되지 않아 절망감에 빠지기도 한다. 그러나 면밀히 살펴보면 실세 학생의 수준이나 걸음걸이에 맞추기보다 '내가 그린 예쁜 그림'에 참여하지 못한 것에서 오는 배신의 감정일 경우가 많다. 개인의 속도와 능력의 한계치는 모두 다르기 때문에, 내가 틀릴 수도 있다는 생각을 가져야 한다.

5. 학생들이 학습하는 최고의 민주시민 교재는 교사라는 점을 꼭 기억해 두자.

학교교육에서는 결과보다는 과정을, 성공뿐 아니라 실패도 소중히 여기는 것을 중요한 가치로 여긴다. 그러나 실제로 학급에서 일어난 삶의 충돌과 교사의 말, 행동에서도 정말로 그러한지는 되돌아보아야 한다. '정말 우리는 실패해도 괜찮다고 하는가?'를 고민해 보자. 모두가 평등하고 존중받아야 한다고 교과서에서 가르치지만 책을 덮으면서 나가는 첫마디가 '똑바로 앉아라, 정신 차려라'와 같은 말이라면 일상의 민주시민교육은 이룰 수 없다. 민주시민 역량과 교육 그 자체도 교사의 삶과 밀착된 상태로 녹여 내야 한다. 그렇기에 교실 민주주의는 분명 교사에게 힘든 점이 있다. 교사는 언제나 더 나은 민주시민이 되기 위한 현재 진행형의 노력이 필요하다.

6. 공동체는 중요하다. 그러나 전체주의는 곤란하다.

마치 개인이 중요하지만, 이기주의는 곤란한 것처럼 말이다. 학교 안에서 같은 기준을 적용하기 위해 통일하는 것들이 꽤 많다. 학생들의 번호 부여 방식이나, 신발장 사용 등 사용자인 학생의 의견 없이 학교 전체가 무의식적으로 편의적인 획일화를 하는 경우들이 있다. 돌이켜 보건데 학급 안에서도 분명 '통일감'을 중요시하는 부분은 꽤 많다. 하나씩 톺아보자. 학생들의 이야기를 들어 보자. 그리고 고쳐 보자. 생각보다 어려운 일이 아니다.

7. 사람보다 상황을 더 생각하면 문제 해결의 실마리가 보인다.

사람을 비난하고 벌을 주는 것은 무척 쉬운 일이다. 그러나 사람이 아닌 상황으로 접근하면 '문제아'가 아닌 '문제적 상황'이 보이고 이 문제적 상황을 민주적으로 풀 기회도 생기는 것이다. 비교사 그룹에서 '교사들은 여름방학에 놀러 다니기만 한다'는 비난을 그저 여름방학에 해외를 간 교사 개인에게 맞추면 문제는 쉽게 해결된다. 그러나 '그럼 교사는 언제 놀러 갈 수 있는데?'와 같이 반문하며 학기 중에 쉴 수가 없는 상황, 교사 기간제 수급의 문제, 더 나아가 한 명이라도 쉬면 안 되는 학교 업무 문제로 나아간다면 이야기의 양상은 달라진다. 앞에서 언급했던 '운동장 현관문 이야기'에서 좁다고 느끼지만 '무엇이 문제인지 모르는 교사와 학생'에게는 상황을 비판적으로 볼 수 있는 능력도 필요하다. 그리고 우선적으로 노력해야 할 사람은 당연히 교사이다. 또한 간과하면 안 되는 중요한 사실은 학생의 문제를 개인이 아닌 상황의 문제로 마주할 때, 그 상황적 요인으로 '교사' 자신의 문제도 있을 수 있다는 것이다.

8. 어떤 상황에서도 '존중'은 최고의 가치가 되어야 한다.

자존감은 민주시민이 가져야 할 최소한의 감성이자 감정이다. 자존감이 무너진 시민, 학생은 폭력과 혐오를 쉽게 드러낸다. 존중에 기반

하지 않은 민주시민교육, 교실 민주주의는 또 다른 기계적 학급경영의 다른 이름이 될 뿐이다. 교실에서는 하루에도 수십 건의 크고 작은 문제들이 일어난다. 이런 문제들은 결국 언젠가는 해결된다. 그러므로 그 해결의 과정에서 누군가가 상처받는 일을 최소화하는 것이 중요하다. 더불어 교실의 문화에서 결과, 평가 중심의 격려와 존중보다 과정을 견뎌 내고 삶 그 자체를 살아 내는 것들을 격려하고 존중해야 한다. '지각을 하던 학생이 일찍 왔으니 칭찬하자'보다는 '학교를 와 주고 있다는 것' 자체를 격려하고 존중하자는 것이다. 당연한 것에 대한 감사와 존중이 필요하다. '일상의 존중화', '존중의 일상화'라고 표현하고 싶다.

9. 교실 민주주의 최고의 난관은 '다름'을 인정하는 것이다.

가끔 학생의 반대와 거절을 어떻게 받아들여야 하는지 고민이 된다. 이 지점에서 교사는 자신의 권위, 혹은 권한으로 그냥 학생을 눌러 제압할 수도 있을 것이고, 좌절하며 포기할 수도 있을 것이다. 우리 사회는 최근 들어 이러한 다름을 인정하되, 문제를 해결하기 위한 동의를 이끌어 내기 위해 다양한 시스템을 만들고 연구하고 있다. 완벽하지 않아도 예전보다는 나을 것이라는 믿음을 가져도 좋다. 확실한 것은 우리가 지붕을 씌워야 하는 것에 동의만 한다면 기둥의 모양이 다른 점에 대해서는 인정하고 공존할 수 있다는 점이다.

10. 처음에는 천천히, 그리고 충분한 대화로 시작하자.

태도를 형성하는 것은 무척 어렵고, 오래 걸리는 일이기 때문에 처음 교실 민주주의에 대한 고민은 시스템과 체계를 만들어 가는 것부터 시작하는 것이 좋다. 합의된 체계 안에서 교사가 먼저 태도를 형성해야 한다. 다만, 이것을 확대하여 시스템을 새로운 통제 도구로 사용하면 안 된다. 따라서 계획은 언제나 가역적이고, 한시적이어야 한다.

교실 민주주의를 위한 활동 로드맵

	활동 내용	참고 사항	비고
권리와 의무 합의하기	**1. 권리와 의무 이해하기 – 권리(권한)와 의무 설명하기**		
	① 권리와 의무 이해하기 활동 – 하고 싶은 것과 권리 연결 짓기 – 권리 충돌과 조화로운 상황 이야기하기	학습지 제공 판서를 통한 브레인스토밍	3월 1주
교실 민주주의 시작하기	**2. 평등한 대화 나누기 – 교실 민주주의 토대 '대화' 시작하기**		
	① 배.경. 없는 대화 – 비언어적 존중 방법 체험	PPT 설명 자료	3월 1주
	② 감정의 걸음과 물컵 – 언어에 따른 감정 변화 – 감정의 수용, 이해 체험	크기가 다른 종이컵 필요	3월 1주
	③ 평평 대화 5가지 규칙 –'대화 번호' 정하기 –'좋.서.많'으로 마음 세우기 –'TPS 대화'로 생각 시간, 발표하기 –'고/기/질/리'로 듣는 방법 배우기 –'정리하기'로 대화 독점 방지, 발표하기	PPT 설명 자료	3월 1주
	④ 7가지 거짓말 찾기 놀이 – 대화 방법을 모두 활용하기 – 협력의 이로운 점 경험하기	PPT 화면 혹은 학습지로 활동	3월 1주
	다름을 이해하고 존중하기 – 민주적 감수성 키우기		
	① 오리-토끼와 드레스 사진의 차이점 – 다름을 이해하고 인정하기	사진 및 동영상 링크 자료 제공	3월 2주
	② 보이지 않는 '000' 찾기 – 생각의 한계 깨닫기		
	③ 카푸친 원숭이 영상 보기 – 차별이 주는 스트레스 이해하기		
	④ 평등과 형평 그림 보기 – 결과의 평등을 이해하기 – 나만의 새로운 그림으로 평등의 해법 찾기 – 어린이의 경험으로 장벽 허물기	원작자 플랫폼에서 새로운 평등 그림 구성 툴 다운로드 활용	연중, 장애인의 날 배리어프리의 관점으로 활용
	⑤ '나'답게 활동하기 – 기존에 남, 여로 구분되는 낱말과 문장 찾기 – 실제 자신의 모습을 이해하기 – 남녀가 아닌 '나'다운 모습 찾기	대중문화 혹은 생활 경험을 브레인스토밍 포스트잇 활용	성 평등 교육, 여성의 날, 편견과 차별 관련 계기교육 활용
	⑥ 고정관념 깨뜨리기 – 벡델 테스트, 포스터 살펴보기로 편견 찾기	PPT 설명 자료	
	⑦ 평화와 존중 내면화하기 – 간접적 폭력과 평화 이해하기		학교폭력 예방 교육 시

	3. 권리와 의무 공존의 체계 만들기 – 학급의 권리와 약속, 규칙		
교실 민주주의 문제 해결하기	① 나의 권리 알고 실천하기 – 학생의 다양한 권리 탐색하기 – 나의 권리가 불편함이 되는 경험하기 – 권리 보호를 위한 의무를 떠올리기	칠판이나 화이트보드에 대립되는 권리 적기	3월 1~3주 정도 충분한 시간을 가지고 천천히 진행
	② 권리 분류하기 – 보장/양보/금지의 영역으로 분리하기 – 학교의 특수성, 생명 안전, 형평성 고려하기		
	③ 권리와 의무가 조화로운 문장 만들기		
	④ 권리와 의무가 공존하는 학급헌법 만들기 – 1단계, 지난 규칙 살펴보기 – 2단계, 생활 장면에서 꼭 필요한 권리와 의무 알아보기 – 3단계, 조율하고 확정하기	교내 대형 인쇄 프린터기로 출력해 문 등에 붙이기	
	공평한 수업과 놀이 활동 생각하기 –민주적 방식의 진행과 평등 추구하기		
	① 발야구 – 격차에 한계를 두기 ② 과녁 맞추기 – 스스로 도전하는 방식 설계 ③ 과잉 행동 – 규칙 권한 주기 ④ 과잉 경쟁 – 결과와 보상 분리, 복불복 ⑤ 한쪽의 성공이 다른 쪽의 확정된 실패가 되지 않도록 계획하기	패들렛을 활용하여 문제 상황의 해결 방 법을 다 같이 탐구 https://ko.padlet. com/)	수업, 놀이 기획 단계에서 참고하여 합의
	의사결정 과정으로 문제 해결하기 – 다양한 전략으로 해결의 실마리 제공하기		
	① 소수위원회 – 소수에게 권한의 일부 주기 ② 결선투표제 – 복수투표로 선택 좁혀 가기 ③ 공청회 활동 – 교사도 자신의 의견 합리적으로 제시하기 ④ 시범 운영제 – 성공과 실패의 경험 공유하기 ⑤ 갈등 해결을 위한 약속 정하기 – 교사, 학생의 마음가짐 약속하기 – '감.사.약'과 '인.사.약' – 즉흥극으로 연습하기, 약속 활동지 활용하기	패들렛을 활용하여 문제 상황의 해결 방 법을 다 같이 탐구 (https:// ko.padlet.com/)	3월 1주

*위 활동에 필요한 설명과 그림, 영상 자료는 에듀콜라에서 다운받으실 수 있습니다. (www.educolla.kr)

교실 민주주의를 위한 추천 영화

영화	활용 내용	비고
우리들 2016, 윤가은 감독	– 간접적 폭력으로 상처받는 이에 대한 묘사가 뛰어나며, 특히 10대들의 정서와 상처를 잘 다루어 공감을 이끌어 냄.	4~6학년
4등 2016, 정지우 감독	– 목적 달성을 위해 '체벌'까지 감내하라는 부흥자와 어린이의 갈등과 성장을 다룸. – 초반 수영 감독의 유년기 시절 도박, 흡연 등 나태한 지난 모습을 보여 주는 장면은 간단히 설명 후 건너뛰어도 무방함.	5~6학년

원더 2017, 스티븐 크보스키 감독	– 남들과 다른 외모의 '어기'와 가족들의 삶을 다룸. – 일반적으로 장애를 다룬 영화에서 장애를 개인이 극복해야 할 과제로 제시하는 것과 달리, 장애에 대한 주변인의 시선과 관점을 바꿔야 함을 이야기함. 더불어 어기의 가족이 비장애인으로서 처한 상황도 진지하게 다루어 함께 살아가기 위해 무엇을 합의해야 하는지 표현하고 있음.	3~6학년
주토피아 2016, 바이론 하워드/리치무어 감독	– 동물의 세계에서 초식동물과 육식동물의 갈등과 화해를 재미있게 표현한 영화 – 편견에 둘러싸인 토끼 '주디'와 여우 '닉'을 통해 편견과 차별은 개인의 노력만으로 해결될 수 있는지, 사회와 공동체의 노력과 변화를 함께 짚어 가며 이야기해 볼 수 있음.	4~6학년
인크레더블 2 2018, 브래드버드 감독	– 영웅 가족의 성장 스토리를 담고 있으며 기존 히어로 영화의 전형성을 부수고, 가족의 육아 문제에도 생각할 거리를 던져 주며 이야기해 볼 수 있음. – 히어로 합법과 불법에 대한 토론, 공청회 역할극 수업으로 활용	4~6학년
스윙보트 2012, 조슈아 마이클 스턴	– 선거의 중요성과 민주주의에 미치는 영향, 민주주의가 어디까지 망가질 수 있는지 코믹하게 그려 낸 영화 – 민주주의 및 투표 관련 수업, 한국과 미국의 선거제도 비교 수업 등에 활용	6학년

교실 민주주의를 위한 추천 도서

도서	활용 내용	비고
감기 걸린 물고기 박정섭, 2016 사계절출판사	– 배고픈 큰 물고기와 작은 물고기를 잡아먹기 위해 소문과 편견을 어떻게 활용하는지 보여 주는 그림책 – 고정관념과 차별의 문제점, 가짜 뉴스를 통한 혐오의 생산과 결과를 생각해 보는 수업에 활용	3~6학년
틀려도 괜찮아 마키타신 글, 하세가와 토모코 그림 / 2006, 토토북	– 틀려도 괜찮은 교실을 담담하게 읽어 주는 그림책 – 다름을 인정하고 누구나 틀릴 수 있다는 것을 이야기로 풀어 가면서, 우리가 무엇을 틀릴수 있는지로 확장하는 수업에 활용	1~6학년
왜 하면 안 돼요? 엘렌두티에 글, 다니엘라 마르타곤 그림 / 2015, 마루벌	– 그림에 대한 다양한 질문들에 대답하며 평등과 생명 존중 등 사회정의에 대해 고민해 볼 수 있는 그림책 – 평평 대화를 위한 훈련으로 활용하고, 토의를 통해 민주적 감수성을 키우는 데 활용	4~6학년
아나톨의 작은 냄비 이자벨 카리에 / 2014, 씨드북	– 불편함으로 여겨졌던 아나톨의 작은 냄비를 다른 관점으로 볼 수 있도록 만드는 이야기 – 누구나 가질 수 있는 불편한 상황과 신체 등에 대해 차별과 편견의 시선이 아닌 다름과 존재의 인정으로 접근하는 수업에 활용	3~6학년
이게 정말 나일까? 요스타케 신스케 / 2015, 김영사	– 나를 대신할 로봇에게 나에 대해 아주 사소한 것부터 소개하는 과정을 그린 그림책 – 배경 없는 대화, 평평 대화 훈련을 위해 자신을 소개하는 소재로 활용 가능하며, '나답게 수업'에서 자신을 더 이해하기 위한 수업으로 활용	1~6학년
원피스를 입은 모리스 크리스틴발다키노 글, 이자벨 말랑팡 그림 / 2016, 키다리	– 원피스 입기를 좋아하는 모리스가 겪는 경험을 담담하게 풀어내고 있는 그림책 – 다름을 인정하고 개인을 존중하며, 더 나은 삶과 꿈에 대한 이야기로 관점을 바꾸어 주는 수업으로 활용	5~6학년